Augusto Guido Bianchi

Der Roman eines geborenen Verbrechers

Selbstbiographie des Strafgefangenen Antonino M.

Augusto Guido Bianchi

Der Roman eines geborenen Verbrechers
Selbstbiographie des Strafgefangenen Antonino M.

ISBN/EAN: 9783741130274

Hergestellt in Europa, USA, Kanada, Australien, Japan

Cover: Foto ©Andreas Hilbeck / pixelio.de

Manufactured and distributed by brebook publishing software (www.brebook.com)

Augusto Guido Bianchi

Der Roman eines geborenen Verbrechers

Der Roman eines geborenen Verbrechers.

Selbstbiographie
des
Strafgefangenen Antonino M....

von

A. G. Bianchi.

Zu wissenschaftlichen Zwecken herausgegeben
mit einem psychiatrischen Gutachten
von Professor

Silvio Venturi
Direktor der Provinzial-Irrenanstalt in Catanzaro.

Autorisierte deutsche Übersetzung von Dr. Friedr. Ramhorst.

Berlin und Leipzig
Alfred H. Fried & Cie.
1891.

Vorrede.

I.

Dieses Buch kann und soll nicht nach gewöhnlichen Gesichtspunkten beurteilt werden: Der Titel Roman ist subjektiv gerechtfertigt, insofern die Empfindung, welche den Helden dieser Blätter veranlaßte, sie zu schreiben, sicher nicht von der verschieden ist, welche viele zeitgenössische Autoren veranlaßte, ihre Gedanken und Gefühle in einer oft selbstbiographischen Form herauszugeben. Dostojewski's „Schuld und Sühne", Zola's „Bête humaine" und Gabriele d'Annunzio's „Giovanni Episcopo" und „l'Innocente" sind die letzten Proben dieser pathologischen Litteratur, wo die Genialität der Verfasser zu einer tiefen Intuition krankhafter Bewußtseinsphasen sich erhebt und die Kunst das Ansehen der Wahrheit erreicht.

In diesem Fall ist die Kunst arm, aber die Aufrichtigkeit ist vielleicht größer, und die Unerfahrenheit des Verfassers dient dazu, ihr Relief zu geben; denn wenn das Wahre sich hervorhebt und einen unverkennbaren stilistischen Ausdruck annimmt, so kann das Unwahre nicht, wie bei den berufsmäßigen Schriftstellern, den Firnis stilistischen Schmuckes oder der angenehmen Täuschung erlangen.

So kommt es, daß das, was nach der Absicht des Verfassers ein Kunstwerk sein sollte, in der That ein wissenschaftliches Dokument geworden ist.

Der Verbrecher, diese antisoziale Individualität kann sich mit Recht als die great attraction der zeitgenössischen Litteratur bezeichnen: Feuilletonromane und Gerichtsberichterstattung, um nicht vom wirklichen Kunstwerk zu reden — alles dreht sich um den Verbrecher und die verschiedenartigsten Gefühle werden wachgerufen; das gewöhnliche Interesse, das sich am Unwahrscheinlichen entzündet, das Mitleid mit dem Unglück, die Hoffnung auf die Rehabilitation, der Fatalismus.

Auch die Wissenschaft ist der Frage näher getreten, und wenn die Kunst das Interesse des Abenteuers dem des psychologischen Einzelfalls hintanstellt, so tritt für die Wissenschaft das Studium des Verbrechens hinter dem Studium des Individuums zurück. Zwischen der Darstellung des Verbrechers, wie sie von den alten und wie sie von den neuen Schriftstellern geübt werden, ist genau derselbe Unterschied wie zwischen dem althergebrachten Studium des Verbrechens, das durch die Macht der Tradition noch in den Gesetzen herrscht, und der neuen Wissenschaft, welche das Studium des Verbrechers fordert.

Aber die Wissenschaft hat notwendiger Weise vorerst in der Allgemeinheit stehen bleiben müssen, sie mußte Hunderte und aber Hunderte von Verbrechern beobachten, um das mehr oder weniger häufige Wiederkehren eines physischen oder psychischen Charakters zu erkennen, und aus diesen Beobachtungen sind Theorien hergeleitet, welche nicht immer auf jeden einzelnen Fall passen. Ebenso wie die Bewohner eines Landes nicht völlig dem Nationaltypus entsprechen, ebenso wenig entsprechen die Insassen der Gefängnisse dem Verbrechertypus.

Diese Mannigfaltigkeit der kriminellen Elemente, die nur eine Folge der Mannigfaltigkeit der Ursachen ist, von denen die Menschengeschicke abhängen, ließ den Typus in der Vorstellung der Gelehrten unbestimmt und unsicher erscheinen.

Lombroso, der eine graphische Reproduktion des typischen Verbrecherschädels erlangen wollte, nahm seine Zuflucht zur zusammengesetzten Photographie, indem er die zu einer Aufnahme nötige Zeit in sechs Abschnitte teilte, und in jedem dieser Abschnitte einen anderen Schädel vor das Objekt brachte. Auf diese Weise wiederholten sich die jedem Schädel gemeinsamen Züge und kamen schärfer zum Ausdruck, und während die Photographie nicht als die Reproduktion eines einzelnen bezeichnet werden konnte, ähnelte sie allen in ihren typischen Elementen.

„Der Typus ist eine synthetische Impression", hat Gratiolet gesagt. Und Goethe definierte ihn als ein „abstraktes und allgemeines Bild".

Geoffroy St.-Hilaire schrieb: „Der Typus einer Art zeigt sich niemals unseren Augen, er erscheint nur unserm Geist. Er ist eine Art festen und gemeinsamen

Mittelpunktes, um den sich die verschiedenen Differenzierungen als Abweichungen und Schwankungen gruppieren."

Anderseits schien das Studium des Typus notwendiger als das des Einzelfalls, da ja die synthetische Impression immer dem analytischen Studium voraufgeht.

Heutzutage glaubt man diese synthetische Impression erreicht zu haben, und der Verbrecher wird physisch und psychisch als ein Typus beschrieben, der zwischen dem Wilden, dem Epileptiker und dem moralisch Irrsinnigen rangiert.

Gegen diesen Glauben lehnt sich das analytische Studium auf. Nachdem die typischen Verbrechercharaktere abstrakt beschrieben sind, läßt sich feststellen, wer als Verbrecher angesehen werden kann, und man kann zum Studium des Individuums fortschreiten.

Das hat zuerst Lombroso erkannt, der in seinem „Archiv" zahlreiche Einzelfälle beschreibt und in seinem „Palimsesti del carcere" verschiedene Selbstbiographien von Verbrechern veröffentlicht hat. Aber vielleicht ist das Studium immer ein hastiges gewesen, da es mehr dem Zweck dienen mußte, dem allgemeingiltigen Gesetz die Grundlage zu liefern, als die Untersuchung der Einzelfälle zu vertiefen und zu beleben. Und daraus kann man keinen Vorwurf herleiten, die Wissenschaft war dazu noch nicht reif und hatte anderes und bringlicheres zu thun.

Diese Veröffentlichung soll einen Beitrag bilden zu dem Studium der Verbrecherpersönlichkeit, einerseits durch den Bericht der Erlebnisse, die der Verbrecher mit eigener Hand niedergeschrieben hat, andererseits durch das Gutachten des berühmten Gelehrten Silvio Venturi, Professors an der Universität Neapel und Direktors des Irrenhauses zu Girifalco, der Gelegenheit hatte, den Verbrecher zu beobachten und zu studieren.

II.

Der Held dieses Buches lebt und befindet sich zur Zeit in einem der zahlreichen Gefängnisse des Königreichs Italiens. Mit Rücksicht auf seine Familie und seine Kinder habe ich seinen Namen nicht vollständig gegeben und die Namen vieler Persönlichkeiten verschwiegen. Wenn er von dieser Veröffentlichung wüßte, würde er wahrscheinlich gegen diese Unterdrückung protestieren, die doch nichts weiter ist als ein Akt der Rücksicht gegen sein Unglück. Es ist unzweifelhaft, daß er von der Publikation seines Buches seine Rehabilitation erwarten würde, denn er nennt sich stets einen Unglücklichen, nie einen Schuldigen, und widmet seine Denkwürdigkeiten, die so voll Schmutzigkeiten sind, dem Liebling unter seinen Söhnen.

Indessen sein Name existiert heute nicht mehr, statt dessen trägt er eine Nummer, denn das Gesetz hat ihn jeder Persönlichkeit entkleidet, und sein Name gehört nur seinen armen Kindern. Die elementarste Menschlichkeit mußte mich veranlassen, den Namen eines Mannes zu verschweigen, den das Gesetz der bürgerlichen Rechte be=

raubt und die Wissenschaft der moralischen Verantwortlichkeit bar erklärt hat.

Besser als sein Name wird seine Erzählung und die im vorigen Jahre aufgenommene Photographie wirken,*) und das Zeugnis des Prof. Venturi dürfte jeden Zweifel über die Authentizität zerstreuen.

Ich habe M... nicht gesehen und kann mir ein Urteil über ihn nur aus dem Kontrast bilden, welcher zwischen seiner Selbstbiographie und seinem wirklichen Lebenslauf besteht.

Venturi, der berühmte Verfasser der Degenerazioni psicosessuali, der bei dem letzten Prozeß gegen M... als Sachverständiger hinzugezogen wurde, hat sich lebhaft zum Studium des Helden hingezogen gefühlt; ihm übergab M... das Manuskript seiner Denkwürdigkeiten, und auf diesem Wege ist es an mich gelangt. Ich würde es nicht veröffentlicht haben, wenn mir der wissenschaftliche Beistand des Psychiaters gefehlt hätte, und wenn dieser mich nicht in den Stand gesetzt hätte, die objektive Wahrheit gegenüber der subjektiven Darstellung des M... festzustellen.

Nach den Ermittelungen Venturi's gebe ich im Folgenden eine Biographie des M..., welche in vielen Fällen den Schlüssel zum Verständnis der Selbstbiographie abgeben, deren Lücken ausfüllen und die Fälschungen aufdecken wird, die entweder von einer ihm oft selbst unbewußten irrtümlichen Auslegung der Dinge oder von der Verbrechereitelkeit diktiert sind.

---

*) Dem Original ist das Bild des M... beigefügt.

III.

Antonino M . . . wurde in Pargbelia, Provinz Catanzaro, im Jahre 1850 geboren. Er ist heute 42 Jahre alt. Er war einer jener kleinen Grundbesitzer, die für die südlichen Provinzen charakteristisch sind. Seine Eltern sind tot; sein Vater starb im Alter von 45 Jahren an Bauchfelltuberkulose (tabes mesenterica), die Mutter mit 37 Jahren in der Entbindung. Der Vatersbruder starb als Verrückter, er hatte eine bescheidene Bildung, aber glaubte, daß er an Gelehrsamkeit und Weisheit unerreicht dastehe, er litt an gelegentlichem Verfolgungswahn, so daß er mehrere Male in große Erregung geriet, weil er meinte, daß unter seinem Bette Soldaten verborgen seien, die ihm nach dem Leben trachteten, und daß er sich von den Leuten, die nur in seiner Phantasie lebten, dadurch befreien wollte, daß er sein Haus ansteckte.

Eine Vaterschwester, die noch lebt, wird in der ganzen Stadt die „Verrückte" genannt, sie führt ein einsiedlerisches Leben, flucht unaufhörlich und läuft aus dem Hause.

M . . . hat einen Bruder und eine Schwester, die gesund sind.

Im Alter von 10 Jahren wurde M . . . mehrere Monate krank, man hielt ihn für schwindsüchtig, aber er genas vollständig. Er genoß keinen anderen Unterricht, als in der Elementarschule seiner Vaterstadt, einer Schule, die vor dreißig Jahren als ein legalisierter

X

Analphabetismus bezeichnet werden kann. Das ist bemerkenswert, denn es macht die Proben von Genie, die sich in der Selbstbiographie fanden, noch auffälliger.

Mit siebzehn Jahren begannen die Verhängnisse seines — wie er es nennt — bejammernswerten Lebens. Eines Tages schoß er auf öffentlichem Platz, ohne ersichtlichen Grund, nur um eine seinem Bruder zugefügte Kränkung zu rächen — auf einen Landsmann, der sofort eine Leiche war. Der Gerichtshof in Monteleone verurteilte ihn zu fünf Jahren Gefängnis.

Hier schloß er Freundschaft mit den berühmtesten Camorristen jener Zeit; die berüchtigsten kalabrischen Briganten, die in den Gefängnissen Catanzaros saßen, waren, wie er sagt, seine treuesten Freunde.

Er nahm an einem Aufstand im Gefängnis teil, der durch das Eingreifen der Zivilbehörden von Catanzaro beigelegt wurde. Von hier aus kam er nach Pizzo, dann nach Lucera di Puglia.

In Pizzo blieb er nur einen Monat, aber das genügte schon für ihn, die Strafgefangenen zu einem Fluchtversuch zu verleiten, der nur durch Zufall mißlang.

Von Pizzo kam er nach Neapel in das Gefängnis bei Carmine, wo er von dem Haupt der Camorristen herzlich aufgenommen wurde. Fortan hatte er seinen Genossen Liebe und Achtung und dem Masto blinden Gehorsam geschworen; er war Mitglied der Camorra.

Mit lebhaftem Verstand begabt, begriff er rasch die Regeln der Gesellschaft, sein Name war bekannt und gefürchtet wie der eines alten Genossen. Von Neapel kam er nach Foggia und dann nach Lucera mit einigen Gefährten, die ihn als Haupt der Camorra anerkannten.

So fand er, ein Jüngling noch, ehe er noch den Einfluß der ersten Strafe richtig gefühlt hatte, welche Verbrecher von nicht verdorbenen Anlagen bemütigt, im Gefängnis einen Ort, welcher der Entwickelung einer verbrecherischen Persönlichkeit Vorschub leistet, die nur schlechter und raffinierter aus dem Gefängnis heraus kommt: der impulsive und blutdürstige Charakter hat dort oft Gelegenheit, hervorzubrechen und nicht immer in richtiger Beziehung zu den Thatsachen, die entweder falsch interpretiert werden oder sich als kleine Funken erweisen, welche einen ganzen Brand entfachen der von dem immer brennenden Herd ausgeht. Wenig fehlte und er hätte eines Tages den Krankenwärter erschlagen, der nach seiner Darstellung in das Chinin Kalkstaub mischte.

Von Lucera, wo ihn das Sumpffieber heimsuchte, kam er nach der Strafanstalt zu Neapel. Hier setzte er sich sofort mit den Camorristen in Beziehung und nahm Teil an einem heftigen Kampf zwischen kalabrischen und neapolitanischen Camorristen, einer wahren Schlacht, bei der sechzehn tötlich verwundet, einem Wächter die Eingeweide ausgerissen, zwei getötet und einer leicht verwundet wurde. Von Natur blutdürstig, fand er im

Kampf seine eigentliche Atmosphäre. Als Camorrist tätowierte er sich, indem er sich auf die Brust ein Losungswort der Camorra schrieb: Tod der Schmach!

IV.

Nach verbüßter Strafzeit kehrte er nach Parghelia zurück, blieb hier einen Monat und wurde dann Soldat. Auch als solcher setzte er sein schlimmes Leben fort. Er duldete keine Vorwürfe, keine Tadel, verachtete die Vorgesetzten, verlor ihre Achtung und zettelte Intriguen gegen sie an. Seine gewaltthätige, blutdürstige, bösartige Natur wurde durch ein übertriebenes Selbstgefühl angestachelt: überall witterte er Nachstellung, Mangel an Respekt, Verrat; überall sah er Kränkungen und Aufreizungen.

Zeitweilig war er ruhig und frieblich; während solcher immer kurzen Periode war er freundlich gegen die Kameraden, die Vorgesetzten und seine fern weilende Familie. Aber plötzlich war das vorbei, die Luft nahm in seinen Augen eine andere Farbe an, und Zorn- und Wutausbrüche, Flüche, Blut- und Racheburst waren die Folgen, ohne einen anderen Grund, als daß ein Wort oder eine Handlung mißgedeutet wurde, die für jeden anderen ohne Belang gewesen wären.

Eines Tages gebot ein Vorgesetzter ihm Ruhe — er ohrfeigte ihn und versuchte ihn zu töten. Er wurde zu drei Jahren Gefängnis verurteilt; nachdem diese verbüßt waren, kam er wieder zum Regiment. Er änderte sich nicht. Die Perversität seiner Empfindungen machte ihn zum Päderasten, er knüpfte mit einem Kameraden ein Verhältnis an. Er schrieb einen anonymen Brief gegen seinen Sergeanten und verwundete seinen Kameraden im Gesicht, und wurde zu einem weiteren Jahre verurteilt. Im Kerker versuchte er mit einer halben Scheere, aus der er sich einen Dolch gemacht hatte, einen Kameraden umzubringen, um sich wegen einer alten Kränkung zu rächen, obschon der Gegenstand seines Hasses schon an sich in einem Zustand war, der Mitleid hätte einflößen können. Von da kam er zur zweiten und dann zur ersten Strafkompagnie in Venedig, wo er sich durch sein tückisches und unverbesserliches Benehmen auszeichnete. Strenger Arrest, langes Fasten nützten nichts; für ihn waren die Strafen immer ungerecht; jeder mißhandelte, mißachtete ihn.

Schon um diese Zeit (1879) brach sein heftiger und wilder Haß gegen seinen Bruder Michele los, der, wie er meinte, ihn vernachlässigte und seinen Tod wünschte, um sich die väterliche Erbschaft anzueignen, die schon zum größten Teil sich angeeignet zu haben er ihn beschuldigte. Die ersten Zeichen dieses Hasses traten hervor, als er im Lazarett zu Cava bei Tirreni war, wo er einen Brief seines Bruders, der Nachricht von ihm verlangte, mit häßlichen Worten und Hohngelächter empfing. Der einzige Grund für diese Zwietracht konnte in dem Temperament des M... gefunden werden.

Bei der Strafkompagnie versuchte er eines Tages einen Lieutenant zu ermorden, weil dieser ihn bestraft hatte. Er wartete, bis der unglückliche Lieutenant Nachts die Ronde machte, und mit dem Dolch in der Hand, den er sowohl als Gefangener wie als Soldat immer bei sich zu tragen oder im Strohsack oder im Futter der Kleidung zu verbergen pflegte, lauerte er Stunden lang; und nur dem Umstand, daß der Lieutenant von einem Kameraden gewarnt wurde, ist es zu danken, daß der Anschlag mißglückte.

Der Mangel an moralischem Gefühl zeigt sich auch darin, daß er eines Tages einen Kameraden, einen Schreiber im Militärbureau, dazu verführte, ihm eine Änderung in dem Register zu gestatten, indem er das Datum seiner Aushebung um ein Jahr zurückschrieb, um auf diese Weise ein Jahr früher vom Militär loszukommen.

Durch diese Fälschung gelang es ihm, ein Jahr früher verabschiedet zu werden; auf der Heimreise bekam er Händel mit den Eisenbahnbeamten und um ein Haar wäre es zur Schlägerei gekommen.

Die Fälschung wurde entdeckt, und er wurde von der Militärverwaltung reklamiert, darüber entrüstete er sich heftig, bewaffnete sich wie ein richtiger Brigant und begab sich in die Wälder. Aber er sah ein, daß er auf diese Weise doch nicht durchkommen würde und stellte sich der Militärbehörde in Catanzaro, die ihn wieder nach Venedig zur Strafkompagnie schickte. Durch eine günstige Beurteilung des Thatbestandes wurde er von der Anklage der Desertion freigesprochen.

Kaum wieder bei der Kompagnie, wurde er zu zwei Monaten Wasser und Brot und zur Kettenstrafe verurteilt. Er hatte den Skorbut; nachdem er geheilt war, kam er wieder in strengen Arrest bei Wasser und Brot und so verbrachte er das ganze Jahr fast immer in Arrest und in Ketten.

V.

Im September 1882 kehrte er zu seiner Familie zurück, nachdem er vierzehn Jahre lang im Gefängnisse und in der Strafkompagnie gewesen war.

Zuerst empfindet M . . . selbst, daß ihm Bruder und Schwägerin freundlich entgegenkamen. Und in der That nahmen sie ihn liebevoll auf, ließen ihn an ihrem Tische essen und gewährten ihm, was ihre finanzielle Lage gestattete. Nichts in der Selbstbiographie deutet an, woraus der Haß gegen den Bruder entsprungen sein kann, er häuft nur Schmähungen und wüste Schimpfreden gegen ihn. Aber wenn man die Antecedentien und den Charakter des Antonino M . . . in Erwägung zieht, so begreift man, daß zwischen den Brüdern keine Eintracht herrschen konnte. Antonino lebte im Hause seines Bruders in unhaltbarem Zustande, er konnte nicht zeitlebens wie ein Sohn von seiner Schwägerin zwei Soldi täglich für Tabak entgegen nehmen. Da er von sich eine übertriebene Meinung hatte und den Bruder mißachtete und ihn als Haupt der Familie haßte, so mußte Antonino notwendiger Weise eines Tages das Bedürfnis fühlen, fortzuziehen und für sich allein zu leben und mit der Familie des Bruders vollständig zu brechen. Er that es, und um die Position zu befestigen, nahm er sich eine Frau in der Person eines Mädchens aus Tropea, eines sanften, zärtlichen Wesens, einer kleinen Madonna, die sich ihm zum Weibe gab, besiegt von seiner Ueberredungskunst und von Mitleid mit seinem Unglück.

Neues Unheil hatte diese Verbindung im Gefolge.

Das knappe ererbte Vermögen konnte nicht ausreichen, außerdem hatte er keinen Hang zur Arbeit, war liederlich, rauchte, trank und gefiel sich darin, sich vor den andern beim Kaufen hervorzuthun. Sein Bruder stand ihm immer als derjenige vor Augen, der den größeren Teil des väterlichen Vermögens geerbt hatte, daher sein Haß, sein unbändiger Neid, seine Rachgier gegen ihn. Er erzählt selbst einen weiteren Grund und dieser bestand darin, daß seine beiden Tanten zu Gunsten des Sohnes des Michele testiert und so Antonino des zu erwartenden Erbteiles beraubt hatten.

So waren genug psychologische und thatsächliche Motive vorhanden, um zu begreifen, in welcher Gemütsverfassung Antonino gegen seinen Bruder war, und früher oder später mußte der angesammelte Haß zum Ausbruch kommen. Es war eine Lawine, die sich losgelöst hatte, und immer wachsend, dem Abgrund zurollte, die Hindernisse, die sich ihr in den Weg stellten, zerstörend. Antonino, der sich mehr und mehr in seinen Zorn verbiß, machte kein Hehl aus seinem Haß, er sprach öffentlich davon und von seinen Rachegedanken, und schürte dadurch noch mehr den Brand in seinem Innern; vielleicht dienten auch die Ermahnungen der Vorsichtigen und die Vorhaltungen der fähigen dazu, seine Lust am Schrecklichen und seine Neigung zur Rache noch zu verstärken.

Sein argwöhnisches Temperament war eine natürliche Folge seiner Eitelkeit. Der übermäßigen Anmaßung entsprach immer der Argwohn, daß ihm von seiten der andern nicht mit der nötigen Achtung begegnet werde und daher die fortwährende Tendenz, sich verfolgt zu glauben. Daher auch die übertriebene falsche Auslegung der Worte, der Absichten, der Thaten anderer, besonders der Personen, denen er stärkere Aufmerksamkeit schenkte und von denen er für seinen Haß und seine Drohungen Kränkungen, Beleidigungen, Verachtung und Unbill zu empfangen glaubte. Zuerst mußte die Schwägerin den Ausbruch des Sturmes spüren. Eines Tages begab er sich in das Haus seines Bruders, und man weiß nicht aus welchem Grunde, genug, er bedrohte sie mit einem Revolver, der Bruder kam dazu, und es gelang ihm das Blutvergießen zu verhindern, aber Antonino brachte ihm eine Bißwunde in die Hand bei, mit welcher er ihm den Revolver entriß. Es erfolgte die Klage und trotz der heuchlerischen Verleibigung, der demütigen Erklärungen und der wortreichen Beredsamkeit wurde Antonino zu einem Monat Gefängnis verurteilt. Es würde dieses Vorkommnisses nicht bedurft haben, um Antonino zu allen Frevelthaten gegen seinen Bruder fähig zu machen, aber es diente ihm in der Öffentlichkeit als Rechtfertigung für seine schon offen ausgesprochenen Blut- und Rachegedanken.

Von diesem Augenblick ab war das Leben des armen Michele eine fortwährende Angst und Aufregung; er traute sich nicht die Nase aus dem Fenster zu stecken oder die Füße vor die Thür zu setzen, ohne die Überzeugung zu haben, daß er von seinem Bruder getötet würde, der ihm coram publico unaufhörlich nachstellte und den Augenblick nicht erwarten konnte, wo er seinem Bruder den Rest geben würde.

Antonino erklärte öffentlich: Was mache ich mir aus dem Gefängnis!? Ein halber Tag oder zwanzig Jahre sind mir einerlei; ich werde Mann und Frau umbringen und dann bin ich zufrieden.

Er wußte, daß die Freunde seines Bruders ihn durch einen Pfiff herauszurufen pflegten, und so versuchte er eines Abends, ihn auf dieselbe Weise an das Fenster zu locken. Aber der Bruder merkte, woher der Pfiff kam, und antwortete nicht. Ein anderes Mal lauerte er ihm auf und trat endlich mit einer Flinte bewaffnet in das Haus seines Bruders.

Öfter sah man ihn mit der Flinte am Fenster der Küche stehen und wartete, daß der Bruder sich am Fenster seiner gegenüber liegenden Küche zeige. So fest stand bei ihm der Plan, daß er Frau und Kinder fortschickte und allein blieb, um sich ganz der Überwachung seines Bruders und der Ausführung des Mordes zu widmen. Und so trat denn endlich am 29. September 1889 das ein, was notwendig eintreten mußte.

Es war ein Sonntag, und Antonino M . . . pflegte alle Sonntag seine Familie, die er leidenschaftlich liebte, in Tropea zu besuchen. Diesen Sonntag blieb er in Parghelia; er wollte ein Ende machen. Er nahm eine

Doppelflinte, lud sie mit Schrot und mit einer Kugel und stellte sich auf die Lauer. Aber der Bruder kam nicht, er war drüben in der Küche mit seiner Frau und einer Tante und zerkleinerte Holz. Antonino lief hinzu, um in die Küche zu eilen, aber das Fenster war sehr hoch. Er nahm eine Leiter, stellte sie ans Fenster, stieg hinauf, sah den Bruder bei der Arbeit, nahm die Flinte und schoß zweimal auf seinen Bruder, den er am Kopfe verwundete.

Kaum war das Verbrechen verübt, so lud er von neuem und entfloh. Um freien Durchgang zu haben, rief er: „Platz da, Platz da!" Niemand hielt ihn an, denn alle kannten seinen blutdürstigen Charakter sowie seine Geneigtheit zu Gewalttätigkeiten, und wer ihn sah, floh entsetzt beiseite.

Einen Monat lang hielt er sich verborgen, endlich am 27. Oktober 1889 wurde er in Monteleone auf offener Straße verhaftet, nicht ohne daß er vorher einen Verteidigungsversuch gemacht hatte, indem er an den Staatsanwalt ein Schreiben gerichtet hatte, in welchem er die That als das Werk eines Zufalls darstellte, in der Hoffnung, daß diese plumpe Verdrehung der Thatsache ihm irgendwie dienlich sein könnte.

Nachdem er dem Gefängnis zu Monteleone übergeben war, zweifelte man, ob M... im Vollbesitz seiner geistigen Kräfte sei, und er wurde daher der Irrenanstalt zu Girifalco zur Beobachtung überwiesen. Bei dieser Gelegenheit hatte Venturi ihn zu studieren, und das Resultat dieser seiner Studien wird weiter unten abgedruckt.

XX

Vor dem Gerichtshof zu Monteleone im April 1891 definierte Venturi ihn als einen geborenen Verbrecher, einen Menschen, der sich der Strafbarkeit seiner Handlungen nicht so voll bewußt ist, wie es das Gesetz erfordert, um eine Verurteilung aussprechen zu können. Er schloß sein Gutachten folgendermaßen:

„M . . . würde also nach dem geschriebenen Gesetz für das begangene Verbrechen nicht verantwortlich oder nur halbverantwortlich sein, da er es nicht bei vollem Bewußtsein und in voller Freiheit seines Willens ausgeführt hat.

„Quid faciendum!

„Wenn er als unverantwortlich erkannt wird, wird man ihn dann in Freiheit lassen?

„Er würde versuchen, seinen Bruder wiederum zu ermorden, und ohne Zweifel mit größerer Ruhe, da er seine Straflosigkeit kennt und sich daher für berechtigt hält, mit der ganzen menschlichen Gesellschaft aufzuräumen. Soll man ihn in die Irrenstrafanstalt bringen, wie es das Gesetz für diejenigen vorschreibt, welche in einem krankhaften Hang zum Verbrechen leben, und denen die Gelegenheit genommen werden soll, ein Verbrechen zu wiederholen? Er würde zeitlebens darin verbleiben müssen, denn es ist nicht vorauszusehen, daß M . . . mit der Zeit seine Natur ändert, noch giebt es Heilmittel, die das bewirken können. Wie soll das Ziel erreicht werden, welches das Gesetz im Auge hat, um einen sicheren Schutz gegen das Verbrechen zu schaffen, ohne daß deshalb die Gesellschaft sich zu dem erlittenen

Schaden noch mit der Sorge für den lebenslänglichen Unterhalt des Verbrechers belasten müßte?

„Die Antwort liegt mir auf den Lippen, aber ich will sie nicht aussprechen, weil unsere Mondscheinromantik vorschreibt, auch die zu lieben, die uns Böses thun, also gerade das Gegenteil von dem, was die Natur thut, welche durch ihre ewigen Kämpfe eine reinigende Zuchtwahl vornimmt.

„Meine Herren Geschworenen, die Strafirrenanstalt in Italien ist ein Unding. Thatsache ist, daß die gefährlichen Narren, die nicht für strafbar erkannt werden, wieder frei herumlaufen, oder wenn sie ins Irrenhaus gebracht werden, mit Hilfe ihrer Advokaten bald wieder herauskommen. Und das Gesetz begünstigt ihre Entlassung. Wenn M... zu zehn Jahren verurteilt wird, so ist es so gut wie sicher, daß er während dieser Zeit die Gesellschaft nicht belästigen kann.

„Bedenken Sie: der Bruder hofft, daß er weder begnadigt wird, noch vor der Zeit wegen guter Führung entlassen wird. Alles kann daraus folgen!"

Ehe die Verhandlung geschlossen wurde, hielt M... eine Verteidigungsrede, die zwei Stunden dauerte. Er sprach mit unerhörter Emphase, er ließ sich in seinem Gedankengang und in der Erregung so sehr hinreißen, daß er in einen förmlichen Zustand der Raserei geriet, so daß man ihn beruhigen und die Sitzung unterbrechen mußte. Das Publikum war der Ueberzeugung, daß er für unzurechnungsfähig erklärt werden würde; der Bruder, der ihn von draußen hörte, flehte Gott, die Sachverständigen, die Geschworenen an, daß er verurteilt werden möchte. Wehe ihm, wenn er freigesprochen wurde. Er traute dem Panacee der Strafirrenanstalt nicht.

Während der ganzen Verhandlung gegen M... war seine Familie, ein Engel von Weib, und seine hübschen Kinder zugegen, und erschütterten durch ihr unaufhörliches Weinen das Publikum. Er wurde unter der üblichen Annahme mildernder Umstände zu sechzehneinhalb Jahren Zuchthaus verurteilt.

VI.

Das ist der Mann, dessen Biographie ich veröffentliche; das ist sein Leben inmitten der Hilfsmittelchen, mit denen die Gesellschaft sich einbildet, sich selbst verteidigen und verbrecherische Neigungen unterdrücken und sogar bessern zu können.

Aber anstatt Betrachtungen anzustellen, will ich eine andere Seite seiner Individualität aufschlagen, ich meine die physische und psychische Darstellung seiner Person. Und dazu gebe ich einem Manne das Wort, der dazu besser berufen ist als ich, dem Professor Silvio Venturi, welcher mit wissenschaftlicher Genauigkeit die besonderen Charakteristika des M... darlegen wird.

Physische Untersuchung.

Wenige Tage nach der Einlieferung des M... in die Irrenanstalt zu Girifalco schritt ich zu einer eingehenden Untersuchung, die folgendes Resultat ergab:

XXIII

Allgemeiner Befund: Kräftiger Knochenbau, starkes Fettpolster, Dolicocephale, Haar etwas spärlich, dunkelbraun, ab und zu mit weißen Fäden durchzogen; ziemlich hohe Stirn mit Längs= nnd Querfurchen. Die Ohren gut gewachsen, aber leicht henkelförmig, Gegenleisten kaum vorhanden, mit Spuren des Darwin'schen Höckers. Die Augen in gleicher Höhe, im linken Auge eine Nick=haut, Conjunktiva normal. Augenbrauen normal, rechts stärker geschwungen als links. Das Wangenjochbein tritt wenig hervor, weil mit Fettpolster bedeckt, der Gesichts=ausdruck ist schlaff und well. Die Zähne sind unter=brochen. Am Daumen der linken Hand eine Narbe, die von einem schneidenden Werkzeug herrührt, ebenso eine in der Leistendrüsengegend. Mehrfache Tätowierungen, auf dem rechten Arm: ors. fudali, auf der Brust: a morte l'infame (Tod der Schmach), auf dem linken Arm V und K, auf dem Rücken der rechten Hand O und F.

Craniometrie:

Diameter ant. post. maximus	mm	191
Diameter transversalis	„	153
Kopfindex	„	80
Horizontaler Umfang	„	550
Vorderer (halber) Umfang	„	275
Hinterer (halber) Umfang	„	275
Curva longitudinalis	„	300
Curva transversalis	„	220
Diameter bifrontalis minimus	„	95
Stirnhöhe	„	60

Proſopometrie:

Geſichtshöhe	mm	127
Diameter bizigomaticus	„	115
Geſichtsinder	„	30

Anthropometrie:

Größe	m	1,60
Weite der ausgeſtreckten Arme	„	1,58
Bruſtumfang	cm	85
Linea jugulo-xifoidea	„	16
Linea xifo-umbilicalis	„	25
Linea umbilico-pubica	„	15,05
Linea biiliaca	„	29
Länge des Oberſchenkels	„	68,05
Länge des Unterſchenkels	„	30
Körpergewicht	kg	75,00

Kurzer dicker Hals — die foſſae ober- und unterhalb des Schlüſſelbeins mit Fettpolſter bedeckt — breite Bruſt, die interkoſtalen Zwiſchenräume wenig ſichtbar. — Ausatmung auf beiden Seiten der Bruſt gleichmäßig — Anzahl der Atmungen ſiebzehn in der Minute. Bei Perkuſſion und Auskultation der Bruſt iſt weder vor noch nach der Atmung etwas Abnormales zu bemerken.

Blutumlauf: Herzdämpfung von normaler Größe — Herztöne rein — regelmäßiger und kräftiger Pulsſchlag — normale Funktion der Arterien.

Verdauungsapparat: Zunge rein und feucht. — Ab und zu leidet er an Schmerzen in den Eingeweiden. —

Stuhlgang regelmäßig. — Bauch weich und unempfindlich gegen Druck.

Geschlechtsapparat: Geschlechtsorgane normal — große Hoden. Die Untersuchung des Urins ergiebt folgendes Resultat: strohgelbe Farbe — saure Reaktion — Eiweiß und Zucker nicht vorhanden — kohlensaure Salze in geringer Menge — alkalische und erdige Phosphate in normaler Menge — Chloride ziemlich selten. — Bei mikroskopischer Untersuchung erscheinen keine organischen Gebilde.

Leberbämpfung von normalem Umfang, indolent.

Milzbämpfung normal.

Vasomotorische Erscheinungen: Die hyperhämischen Linien des Trousseau'schen Phänomens zeigen sich rasch und dauernd auf der Brust wie auf dem Unterleib.

Wärmeerzeugung normal.

Sensibilität:

Tastgefühl: Er fühlte die beiden Punkte des Aethesiometers als zwei

auf der	Stirn	rechts	in der Entfernung von			42	mm
"	"	links	"	"	"	"	37	"
"	Schulter	rechts	"	"	"	"	86	"
"	"	links	"	"	"	"	72	"
"	Brust	rechts	"	"	"	"	89	"
"	"	links	"	"	"	"	82	"
" dem Unterleib	rechts	"	"	"	"	77	"
" " "	links	"	"	"	"	63	"
" Schenkel	rechts	"	"	"	"	73	"
" " "	links	"	"	"	"	69	"

XXVI

auf der Zunge rechts in der Entfernung von 89 mm
„ „ „ links „ „ „ „ 50 „

Ortssinn: Wenn man ihn an verschiedenen Punkten des Kopfes und der Brust berührt, so vermag er den Punkt anzugeben; auf dem Unterleib ist eine Differenz von 4—5 cm vorhanden.

Schmerzempfindung: Einen einfachen Stich empfindet er in verschiedenen Körpergegenden gleich gut.

Wärmeempfindung: Er faßt rasch und sicher die Wärmeunterschiede verschiedener Gegenstände.

Sehvermögen: Auf dem rechten Auge normal, auf dem linken vermindert. — Farbensinn normal.

Gehör: Auf dem rechten Ohr hört er das Ticken der Uhr nicht, selbst wenn sie ihm direkt an das Ohr gelegt wird, auf dem linken nur in einer Entfernung von 15—20 cm.

Geruch: Scheint nicht beeinträchtigt.

Geschmack: Bei Experimenten mit Chinin und Chlornatron konnte er den Geschmack nicht angeben. — Bei Chinin sagte er nach verschiedenen Versuchen: Diese Substanz scheint mir einen bitteren Geschmack zu haben.

Von Zeit zu Zeit leidet er an Bauchschmerzen.

Abnormale subjektive Sensationen: Er klagt oft über Schwindel und heftigen Kopfschmerz — in der linken Schläfe empfindet er auf einem Raum von der Größe einer Hand oft ein Kribbeln, und es scheint ihm, als ob die Haare sich daselbst sträuben.

Bewegungen:

Der Gang ist im Ganzen regelmäßig. Jede willkürliche Bewegung geschieht leicht und vollständig.

Die Pupillen sind zentral und rund, reagieren gut, aber nicht gleichmäßig auf Licht- und Schmerzreiz; die linke rascher als die rechte. Zunge und Lippen ruhig, starkes Zittern der Hände.

Reflexbewegungen: Unterleibsreflex normal; Hobenmuskelreflex rechts stärker als links, Kniescheibenreflex lebhaft.

Dynamometer: r.H. 35; l.H. 35; beide Hände 45.

Psychische Funktionen:

Psychosensorielle Erscheinungen: Die Wahrnehmung ist in der Periode der Ruhe normal. Im Augenblick der Erregung scheint er Sinnesstörungen unterworfen, er sieht seine Feinde, die ihn bedrohen und beleidigen.

Gedankengang: Wenn er ruhig ist, regelmäßig; in der Erregung zeigt er fieberhafte und verworrene Verfolgungswahngedanken. Er spricht allein gegen die vermeintliche Ursache seiner Leiden, schimpft, schreit und flucht; lebhafte Einbildungskraft, gutes Gedächtnis. Er erinnert sich an alle Einzelheiten seines Lebens, nur wenn man ihn nach seinen Verbrechen fragt, will er sich nicht erinnern oder sie in einem Augenblick begangen haben, wo er sich selbst nicht kannte. Aufmerksamkeit rasch und lebhaft.

Stimmung: Gewöhnlich trübe, nachdenklich; fragt man ihn nach seinen Verbrechen, so wird er zerknirscht, stützt den Kopf und weint. Er denkt liebevoll seiner Familie und sagt, daß um seinetwillen Weib und Kinder werden betteln gehen müssen.

Willen und Instinkt: Er ist gelehrig, höflich, fleißig. Er verkehrt mit den ruhigeren seiner Gefährten und verträgt sich mit den andern. Wenn ihn die gewöhnlichen Anfälle überkommen, ist er heftig, sonst ruhig. Der Fortpflanzungstrieb ist normal; er ist ein starker Onanist.

Bewußtsein: Er weiß, daß er im Irrenhaus ist, und auch, daß er beobachtet wird, um zu ermitteln, ob er irrsinnig ist. Er empfiehlt sich der Gnade seiner Vorgesetzten und versucht sie auf alle Weise zu überzeugen, daß er sein Verbrechen in einem Augenblick des Wahnsinns vollbrachte.

Sprache und Schrift. Er spricht rasch, gut und ziemlich formvoll, ebenso wie er leicht und einbringlich schreibt, abgesehen von den Fehlern, die von seinem geringen Bildungsgrad herrühren. Er macht Gedichte von derbem und oft hochfliegendem Inhalt in sorgfältiger Form. Die Stimme hat tiefe und kräftige Färbung.

Gesichtsausdruck. Rundes volles Gesicht wie ein Fettkrämer. Die Augen hält er immer niedergeschlagen; wenn er erregt wird, bewegt er alle Gesichtsmuskeln und begleitet seine Worte durch Gesten.

Schlaf und Traum. Er schläft gut und spricht nie im Traum.

XXIX

M. . . wurde von Venturi einer mehrmonatigen Beobachtung unterworfen; ich reproduziere seine Beobachtungen während dieses Zeitraums.

Februar 1890. Die ersten vier Tage nach seiner Einlieferung war er erregt. Er sprach mit sich selbst, hauptsächlich nachts, und fluchte auf ein Frauenzimmer, das er die Ursache seines Unglücks nannte. Gefragt, weshalb er im Irrenhause sei, antwortete er: wegen einer verfluchten Sau, die mich verfolgt. Daß ich verrückt bin, sagten in Parghelia alle, aber diese Hure, meine Schwägerin, hat die Schuld. Er behauptet, sich an sein Verbrechen nicht zu erinnern. Wenn er spricht, so schüttelt er den Kopf und alle Gesichtsmuskeln geraten in Bewegung. Nach einem Tage wurde er ruhig, bat, daß man die Zwangsjacke ihm abnehmen möchte und versprach, sich gut zu führen. Er möchte in der Schneiderstube beschäftigt werden. Wurde bewilligt. Er scheint das Handwerk im Gefängnis etwas gelernt zu haben.

März 1890. Der Angeklagte giebt keine Ursache zu Tadeln, er ist höflich und fleißig. Am 11. März erwachte er schlechter Laune, sprach mit sich selbst, behauptete Stimmen zu hören und jene Frau zu sehen, die er als sein Unglück bezeichnet. Er fluchte gegen diese Frau, knirschte mit den Zähnen und bedrohte sie. Er hatte es auch mit einem Hauptmann zu thun, den er nicht nennt, und der ihm zu drei Jahren Gefängnis verholfen hätte. Nach fünf Stunden der Erregung mit anscheinenden Hallucinationen beruhigte er sich. Später erklärte er auf Befragen, daß er starkes Kopfweh habe, und behauptet, sich an nichts zu erinnern. Nachher bat er um Entschuldigung, wenn er vielleicht jemand beleidigt haben sollte. Am 12. ging er wieder in die Werkstatt.

April 1890. Immer ruhig, höflich, antwortet verständig auf alle Fragen; hatte keinen Anfall mehr. Heimlich schrieb er einen Brief, den er durch einen anderen Kranken, der das Zutrauen der Vorgesetzten besitzt, einer Person seiner Heimatstadt, die seine Familie kennt, zustellen lassen wollte. Auch ein Brief an seine Frau war dabei, in dem er ihr empfahl, guten Mut zu haben, denn er sei zufrieden mit seinen Vorgesetzten. Er bat um etwas Geld, um sich Zigarren zu kaufen. Dann fügte er hinzu: „Sei unbesorgt und denke, daß ich bald komme. Du weißt, was ich Dir mitteilen will. Ich küsse Papa und Mama die Hand, und lasse die Verwandten grüßen. Ich küsse und segne meine Kinder, grüße Vetter S... Ich umarme Dich."

Am 14. gegen Abend war er sehr schlechter Laune; er sprach mit sich selbst wie gewöhnlich, so daß man ihn nachts allein unterbringen mußte; er fluchte gegen die bekannte Frau, schlief sehr wenig. Am 15. war er niedergeschlagen, promenierte auf dem Hof, weinte, sagte, daß sein Nervensystem in Aufregung sei und daß er Ruhe brauche. Er schien innerliches Fieber zu haben. Das Schreien und Lärmen der Gefährten verletzte seine Nerven; gegen Mittag wurde er wieder ruhig und verlangte nach Arbeit.

Am 13. April wurde er aufgefordert, die Einzel=
heiten des versuchten Brudermordes niederzuschreiben;
anfangs wollte er nicht, dann, nachdem man ihm gesagt
hatte, daß es ihm von Nutzen sein könnte, ließ er sich
dazu bereit finden.*) — Mitten im Schreiben warf er
die Feder weg, und fing an zu schreien und zu fluchen,
und Bruder, Schwägerin und Verwandte zu bedrohen
und zu verwünschen. Man mußte ihn unschädlich machen.
Auf mehrmaliges Rufen antwortete er nicht; endlich
kam er herein und sagte, daß er es mit den Splingoten
zu thun hätte, mit denen er sich schlagen wollte.

Später wurde er ruhiger, zu Mittag wies er das
Essen zurück. Er sagte, daß er von den Schlägen, die
er bekommen hatte, vollständig gebrochen sei und große
Schmerzen leide.

Dem Arzt gegenüber beklagte er sich über die Be=
handlung. Sie, sagte er, lassen mich prügeln, daß es
eine Art hat, während ich mich um meine Angelegen=
heiten kümmere; aber Sie werden es bereuen. Später
wurde er ruhig wie gewöhnlich und behauptete auf Be=
fragen, sich an nichts zu erinnern, bat auch um Ent=
schuldigung, wenn er jemand beleidigt haben sollte.

7. Mai. Er wurde von neuem genau untersucht,
aber keinerlei Veränderungen wahrgenommen.

---

*) Der Bericht entspricht fast vollständig der Darstellung im
vierten Teil der Selbstbiographie, und wird hier daher nicht
wiederholt.

XXXII

Man sagte ihm, daß er den Kopf eines Poeten habe; er antwortete rasch: Was nützt die Poesie? Tante starb in der Verbannung, Tasso im Hospital. Er erinnerte sich an alle Einzelheiten seines Lebens, nur sagte er, daß ihm die Umstände nicht gegenwärtig seien, welche zu dem Mord, den er in seinem 17. Lebensjahr begangen hatte, führten.

17. Mai. Immer ruhig. Gestern beleidigte ihn ein Leidensgefährte, er prügelte ihn durch. Er wurde bestraft, aber war nicht empört darüber. Seit einigen Tagen sucht er einen Gefährten zur Flucht zu überreden. Auf Fragen antwortet er zusammenhängend, spricht gut von seinen Vorgesetzten, von denen er, wie er sagt, gut behandelt wird, erinnert sich genau an die Einzelheiten seines Lebens; wenn man ihm eine von ihm gehaßte Person nennt, stößt er Flüche und Verwünschungen aus. Er arbeitet in der Schneiderstube und führt sich gut.

Juni 1890. Betragen wie gewöhnlich; höflich, dienstfertig, gehorsam; er ist es zufrieden, im Irrenhaus zu bleiben, wenn seine Vorgesetzten es wollen. Er verlangt Lektüre, versucht zu dichten, aber klagt selbst, daß ihm die dichterische Ader und der Schwung fehlt. Er versucht, die Vorgesetzten sich geneigt zu machen und sie zu rühren, indem er sagt, daß seine Familie ohne ihn betteln gehen müsse. Er schrieb einen langen Brief an seine Frau, in dem er sich zufrieden und ergeben zeigt. Eines Tages verlangte er ein Blatt Papier und schrieb einen Vers aus Dante: und einen halb rhetorischen, halb wahnsinnigen Entwurf: „Der Gedanke".

Juli 1890. Er arbeitet fleißig in der Schneiderstube, und sein Benehmen ist in jeder Beziehung untadelhaft. In Worten und Briefen lobt er die Vorgesetzten, daß sie Mitleid mit einem armen Unglücklichen haben. Seiner Frau schreibt er, unbesorgt zu sein und zu hoffen. „Sorge für das Wohl unserer Kinder und achte darauf, daß ihnen kein Schaden zustößt." „Ich empfehle Dir," sagt er ein anderes Mal, „immer heiter zu sein und Dich mit Mut und Ergebung zu wappnen," und er prophezeit ihr eine glückliche Zukunft. Er ist mit Allem und mit Allen zufrieden und verlangt und wünscht nichts. —

Damit schließt die Beobachtungsperiode des M...

Diagnostische Erwägungen.

Nachdem so die Persönlichkeit des Antonino M... dargestellt ist, nachdem auch seine physische Beschaffenheit mit Rücksicht auf die körperliche Entwickelung und die Funktionen des vegetativen Lebens genau untersucht ist, nachdem alles in Erwägung gezogen ist, was während der Zeit, wo er in Observation war, in die Erscheinung getreten ist, wobei keine Gelegenheit und kein Mittel unbenutzt gelassen sind, um normale Veranlagung und krankhafte Neigungen zu entdecken, werden wir jetzt alles darlegen, was zu einem diagnostischen Urteil über den Geisteszustand des M... führen kann.

XXXIV

Wir fanden bei Antonino M...:

1. **Erbliche krankhafte Veranlagung.** Wir wollen auf die Mitteilungen über diesen Punkt kein Gewicht legen, da sie von der Ehefrau des M... herstammen, die an der Verteidigung interessiert ist. Dennoch ist eine Wahrscheinlichkeit vorhanden. Wie wir später sehen werden, läßt sich der krankhafte Charakter des M... als ein Komplex von Anomalien der Entwickelung darstellen, der nicht individuellen Ursprung haben kann, sondern ihm von seiner Familie überkommen sein muß, insofern er nämlich, abgesehen davon, daß er sie schon in sehr jugendlichem Alter zeigt, einen angestammten Mangel an dem Halt zeigt, vermittelst dessen Leute aus gesunden Familien gewöhnlich zum Gleichgewicht der geistigen Kräfte und der Nervenfunktionen gelangen.

2. **Gewohnheitsmäßigen Hang zum Verbrechen.** M... hat von seinem 18. Jahr bis heute in einer ununterbrochenen Kette von Verbrechen gelebt, die ohne Ausnahme alle nicht durch genügende, der Gesamtwirkung entsprechende Motive erklärt sind.

Deshalb ist kein Zweifel, daß man in M... eine Disposition zum Verbrechen annehmen muß, die an seine Konstitution gebunden ist. Es giebt keinen Fall, an dem man besser zeigen kann, daß es Verbrecher giebt, die es erst durch natürlichen Hang zum Verbrechen geworden sind. Das zeigt auch die Erwägung, daß er eine gewisse Art von Verbrechen und keine anderen begeht; in seiner Persönlichkeit ist immer das Movens zu einem Verbrechen gegeben, er findet in jeder gegebenen Bedingung der Umgebung oder der Gesellschaft einen Anlaß, mit Gewalttätigkeiten, Aufruhr und Blutthaten zu antworten, und er kann deshalb aus den verschiedensten Gesichtspunkten als der prägnanteste Typus des antisozialen Menschen bezeichnet werden. Strafen, Leiden, Vorwürfe, Entfernung vom Vaterland und den Angehörigen hatten keinen Einfluß auf die Ausbrüche seiner Natur. Er war und ist eine Gestalt des instinktiven Verbrechers, aus der Klasse der unmoralischen blutdürstigen Verbrecher. Ich hebe die bemerkenswerte Thatsache hervor, daß M . . . keinen Hang zum Diebstahl gehabt zu haben scheint. Unter den geborenen Verbrechern, den krankhaften Produkten individueller Entwickelung oder konstitutioneller Krankheit muß man mehrere Typen unterscheiden, welche gemeinsame und verschiedene Charakterzüge haben, die die Grenze zwischen den einzelnen bezeichnen, ohne deshalb die Thatsache auszuschließen, daß in demselben Individuum ein gemischter Typus auftreten kann. Nach den Ermittelungen hervorragender Kriminalisten sondern sich die Diebe von den Mördern und den Verbrechern gegen die guten Sitten, welche letztere auch Mörder und Diebe sein können, aber die Unterscheidung zwischen den beiden ersteren ist häufiger. Das entspricht mit großer Deutlichkeit dem klinischen Typus, den M . . . als Verbrecher der zweiten Klasse darstellt. Wir sagen das, weil seine päderastischen Anwandlungen von besonderen Umständen hervorgerufen und vorübergehend waren, und nicht zu anderen sexuellen Scheußlichkeiten sich entwickelten, die sonst den Sexualperversen eigen sind. Auch die Fälschung, die er einmal beging, kann man nicht als dem Diebestypus zuzuzählen bezeichnen, denn die Absicht, in der er sie beging, war vielmehr der Ausdruck eines Mangels an moralischem Gefühl, als eine Tendenz zu den Verbrechen, zu welchen Verstellung, Vorbereitung, Zähigkeit und gemeiner Charakter gehören. Der Umstand, daß M... sich auch in seiner Straf- und Dienstzeit wiederholt über Geldmangel beklagt, ohne daß er, wenigstens soviel wir wissen, sich zum Stehlen hat hinreißen lassen, zeigt, wie sehr der besondere und unbezwingliche Hang zum Verbrechen der natürliche Effekt seiner Konstitution und nicht außerhalb seines Organismus wirkender Bedingungen war. M... zeigt, abgesehen von einer besonderen Hartnäckigkeit und einer raschen Auffassungsgabe, die ihn unter seinen Gefährten hervorragen läßt und ihm leicht die Mittel zum Verbrechen und zur Verteidigung in die Hand giebt, eine der gewöhnlichen Intelligenz der Verbrecher überlegene Intelligenz, welche seinen Geist zu Urteilen allgemeinerer Art führt, so daß er den Rohstoff zu einem Schriftsteller und Philosophen in sich trägt.

M... war und ist auch besonderer Affekte des Hasses und der Liebe fähig, die an Intensität, Art und Färbung sich sehr von denen unterscheiden, welche bisweilen einen weniger uneblen Zug des gewöhnlichen Verbrechers bilden, bei dem es schon viel ist, wenn er inmitten der vielen Beweise für einen weitgehenden Mangel an moralischem Gefühl irgend eine zärtliche Neigung oder eine anscheinende Edelmütigkeit entwickelt, wenn er Perſonen oder Umſtänden ſich gegenüber befindet, die ſein Gelüſt oder ſein Intereſſe nicht reizen.

Man weiß, in welche Übertreibung eine gewiſſe Bewunderung für die Affekte und den Großmut der Verbrecher, beſonders der Briganten, ausgeartet iſt. M... iſt ein geborener Verbrecher, bei dem die Perioden, wo er wild, grauſam, heftig, falſch, verworfen, zornig, hochmütig, argwöhniſch ꝛc. ꝛc. iſt, mit anderen abwechſeln, wo er weniger wild geweſen und ſogar teilweiſe edelmütig und liebevoll iſt. Deshalb muß man feſthalten, daß M... als Verbrecher nicht von der Geburt allein den ganzen Umfang ſeiner krankhaften moraliſchen Diſpoſition habe. Der geborene Verbrecher hat als krankhafte Individualität ſeine Analogien mit ſtark nervenkranken und ſeelenkranken Perſonen, bei denen die Krankheit eine Folge von Entwickelungsanomalien infolge ererbter Urſachen oder eine Folge von Einflüſſen begenerierender Art iſt, die ſich im Verlauf des Lebens geltend machen. Insbeſondere hat der geborene Verbrecher Analogie mit dem Epileptiker und dem moraliſch Irren. Wir wollen ſehen, worin bei M... dieſe Analogien beſtehen.

3. Anzeichen epileptiſcher Natur. Dieſe finden ſich überall in M...'s Leben, und es genügt ganz allgemein, auf die exceſſiven Zuſtände hinzuweiſen, die immer die Handlungen und Gedanken des M... begleiteten.

M... hat alle moraliſchen Eigenſchaften der Epileptiker — er iſt choleriſch, aufbrauſend, ausſchweifend, grausam, verleumberisch, argwöhnisch, neibisch, eitel und übertrieben im Haß und in der Liebe. Man kann sagen, daß jede gute That und jedes Verbrechen aus der einen oder der anderen krankhaften Eigenschaft seines Temperaments hergeleitet werden kann. Und wenn M... ein geborener Verbrecher ist, weil bei ihm das Verbrechen nicht nur gewohnheitsmäßig und unwiderstehlich und durch unverhältnismäßige Anlässe hervorgerufen erscheint, sondern auch, weil die Neigung zum Verbrechen mit der Entwickelung seiner physischen und psychischen Persönlichkeit wuchs, und er sie erblich überkommen hatte als Ausdruck einer unstäten und krankhaften Naturanlage, so kann man sagen, daß sein Verbrechertum sich in seinen einzelnen Zügen immer durch den Mechanismus epileptischer Momente manifestierte: M... ist ein geborener Verbrecher, der regelmäßig unter der Wirkung epileptischer Anfälle Verbrechen begeht. Er stellt mit einem Wort die Form des gewohnheitsmäßigen epileptischen Verbrechertums dar.

Ein Beweis für die epileptische Natur des M... ist die Periodizität, in welcher sich sein krankhaftes Temperament äußert, indem die Zeiten, wo er ganz Zorn, Haß und Rachsucht ist, mit solchen abwechseln, wo er sanft, freundlich, milde, verliebt ꝛc. ist.

Aber nicht nur auf Ausdrücke des Temperaments beschränkte sich die psychische Epilepsie des M..., um diese psychische Epilepsie zu bestätigen, hatte er auch zuweilen wirkliche heftige Anfälle einer epileptischen Verrücktheit. Einmal, zur Zeit der Cholera, hatte M... einen Augenblick des Deliriums, das man als eine vor-

übergehende Verrücktheit epileptischer Natur bezeichnen
kann. Ein ander Mal wurde er zu Hause in seinem
Zimmer aufgefunden als Opfer einer geistigen Störung,
die bald nachher sich entfernte.

In meiner Anstalt litt er dreimal an Anfällen weiter=
gehender Verrücktheit, die heftig auftraten und sich als
Störungen des Gedankenganges, Wutausbrüche, schreck=
hafte Hallucinationen des Gefühls und des Gehörs,
Mordgelüste charakterisierten, denen Schlafsucht, Ab=
gespanntheit, Niedergeschlagenheit und Kopfschmerz
folgten.

Diese Anfälle waren unzweifelhaft epileptischer Natur,
weil sie sich mehrere Male wiederholten und auf der
Basis eines epileptischen Temperaments und ererbter
krankhafter Anlagen sich entwickelten. Abgesehen davon,
daß sie im wesentlichen in schreckhaften Fiebern und
Gefühlshallucinationen bestanden.

4. Veränderungen des moralischen Gefühls.
Das Leben des M . . . ist übervoll von Verstößen
gegen die Gefühle der Menschlichkeit, der Verwandt=
schaftlichkeit und der Gerechtigkeit. Alle seine Verbrechen
stehen in keinem Verhältnis zu der Schuld des Opfers,
in jedem Fall zeigte er einen Mangel an Gerechtigkeits=
gefühl und Mitleid. Er haßte seinen Bruder und seine
Schwägerin, ohne daß er in seinen Schriften auch nur
einen einzigen Grund dafür angeben kann und nur, weil
er neidisch auf sie ist, die frei und ruhig leben können;
während der Bruder nie seine verwandtschaftlichen
Pflichten versäumt zu haben scheint. Sein Benehmen

gegen seine Genossen im Gefängnis und im Heer, seine
Zugehörigkeit zur Camorra zeigen seine Perversität zur
Genüge. Aber auch hier greift dieselbe Ausnahme statt
wie bei der verbrecherischen Natur des M...; nicht
in allen Fällen und nicht allen Dingen gegenüber zeigte
er den Mangel an moralischem Gefühl. Unter gewissen
Umständen war er menschlich, anständig, edelmütig, und
gewissen Personen zeigte er lebhafte und andauernde
Zärtlichkeit. In Foggia, wo er in enger Freundschaft
mit den Camorristen lebte, rettete er einen Gefährten
vor der Rache der Camorra, er liebte und bewunderte
den Hauptmann der Strafkompagnie, war im allgemeinen
ein guter Kamerad und liebte sein Weib und seine
Kinder mit seltener Kraft. Dies zeigt einerseits, daß
M... nicht an einem vollständigen Mangel moralischer Gefühle litt, der Blödsinn gewesen wäre, und
andererseits beweist es zur Evidenz, daß die Veränderungen des moralischen Gefühls an die Bedingungen
geknüpft waren, die ich als epileptische bezeichnet habe
und die bisweilen die ganze Persönlichkeit des M...
nach der einen oder anderen Richtung hin verändern.
Deshalb stützen auch die Änderungen des moralischen
Gefühls die Ansicht, daß der gewohnheitsmäßige Hang
zum Verbrechen, der stets in ihm lebendig war, das
Produkt bestimmter krankhafter Konditionen gewesen sei,
die sich auf die Manifestation der epileptischen Art be-
ziehen, welche intensive periodische Änderungen der Persönlichkeit bewirken und besondere Arten zu empfinden,
zu wollen und zu handeln hervorbringen. M... ist

demnach nicht der geborene Verbrecher, der Verwandt=
schaft mit dem Epileptiker und dem moralisch Irren hat,
er ist vielmehr im wesentlichen ein Epileptiker, welcher
gewohnheitsmäßig kraft der Anreizungen und der krank=
haften Empfindungsart seiner epileptischen Natur Ver=
brechen begeht.

Mit anderen Worten, in seinem Fall sind es nicht
die Epilepsie oder der moralische Irrsinn, welche das
angeborene Verbrechertum vervollständigen, sondern um=
gekehrt, das Verbrechertum und der moralische Irrsinn
sind Ausdrucksweisen seiner Epilepsie.

5. Geniale Momente. Die Lektüre der umfang=
reichen Schrift M...'s läßt erkennen, daß er eine
lebhafte Intelligenz besitzt, die über das Mittelmaß
hinausgeht und von Zeit zu Zeit zu Geistesprodukten
gelangt, die genial genannt werden können. Das zeigt
sich in seiner wirkungsvollen, präzisen, energischen Schreib-
weise, in der glücklichen Wiedergabe einer Situation durch
ein einziges Wort, in einzelnen Dichtungen, in denen die
kräftige und glühende Auffassung geradezu wunderbar ist.
Auch darin zeigt sich wieder sein Temperament, welches
in jedem Fall excessiv, gigantisch ist, und welches sich
gelegentlich zu dem erhebt, was man gewöhnlich Augen=
blicke der Inspiration nennt.

6. Verfolgungs= und Größenwahnideen.
M... war ein Individuum, das die Dinge von
hervorragend subjektivem Standpunkt ansah. Er hatte
seltene Augenblicke der Ruhe, wo er bis zu einem ge=
wissen Grad von seiner eigenen Individualität zu abstrahieren

und die Dinge gerecht und billig zu beurteilen vermochte.

Alle Personen, so uninteressant und unwichtig sie für sein Leben auch gewesen sein mögen, er beurteilte sie immer als Freunde oder Feinde seines Ichs. Die Vorgesetzten, Gefährten, Beamten, Wächter waren entweder sehr schlechte oder sehr gute Leute. Entweder thaten sie ihm Unbill an, oder sie erwiesen ihm Höflichkeiten. Eine solche Art zu denken und zu urteilen ist den Personen eigen, die wir erblich belastet nennen, und die nicht genügend Mäßigung und Halt besitzen, sodaß sie automatischen Handlungen und Reflexen leicht unterworfen sind. Es sind Individuen, bei denen, wenn man so sagen darf, der Wille durch eine besondere Art zu empfinden beherrscht wird, wodurch alle ihre Handlungen eine gewisse Widerstandslosigkeit bekommen. Das klare Bewußtsein läßt sie oft im Stich, wenn auch sonst Intelligenz und Urteilskraft vorhanden ist, und sie urteilen über eine Fülle von Eindrücken, die durch ihre vorschnelle, übertriebene und irrige Art zu empfinden gefälscht werden. In diesen Fällen hat das den Dingen gegenübergestellte „Ich" das ausschließliche Übergewicht, und die Dinge sind oder sind nicht, je nachdem wie dieser oder jener Empfindungsmodus in dem Individuum es bestimmt. Je nachdem, ob sie entschlossen sind, die Dinge schmerzlich oder angenehm zu erfassen, schaffen sie sich eine systematische Disposition von größerer oder geringerer Intensität, um von schwierigem oder leichtem Temperament zu sein und sich verfolgt oder befriedigt zu fühlen.

Im allgemeinen wird jedoch aus der eben beschriebenen Hyperästhesie eine Gemütslage geschaffen, welche je nach den Augenblicken oder den Dingen wechselt, und so folgen sich abwechselnd angenehme und unangenehme Dispositionen. Der Exzessive, der von Natur argwöhnisch ist, ist gewöhnlich auch hochmütig, der Verfolgte ist auch stolz. Abgesehen von der Abnormität des Geistes wäre die Logik vollkommen. M . . . hatte, gleichzeitig mit dem Glauben, überall verfolgt oder geachtet, verraten oder geliebt zu werden, immer eine hohe Meinung von seinem Wert und seinen Verdiensten, und eine Art selbstherrlicher Gerechtigkeit, welches ihm oft das Verbrechen, welches er begeht, als eine gerechte That erscheinen läßt. Zuweilen erreicht seine Disposition zum Argwohn und zum Hochmut den Grad eines wirklichen Deliriums. Der Haß gegen den Bruder und die Schwägerin ist nicht mehr und nicht weniger als ein Verfolgungswahn, denn er wuchs ohne einen Schatten genügenden Grunds und nährte sich von rein imaginären Ansichten. Der Zorn gegen den zweiten Hauptmann der Strafkompagnie steigerte sich zur wahnsinnigen Heftigkeit. Seine Beredsamkeit in der Verteidigungsrede vor dem Militärgericht und dem Gerichtshof zu Monteleone zeigte krankhafte Selbstüberhebung. Welche Beziehungen hat nun diese Disposition zur Verfolgungs- und Selbstüberhebungswahnidee mit der epileptischen Natur, dem gewohnheitsmäßigen Verbrechertum und dem moralischen Irrsinn des M . . .? Wir haben gezeigt, daß die Epilepsie nicht jene gewöhnliche unverhüllte war, die sich in konvulsivischer Manifestation äußert, sondern daß sie sich vielmehr darauf beschränkt, eine sogenannte psychische Epilepsie zu sein, die sich in gelegentlichen psychischen Störungen äußert.

Anstatt der Konvulsionen ist sie vorwiegend eine auf den Ausdruck des epileptischen Temperaments beschränkte Epilepsie. Sie ist eine, wie ich es nenne, diffuse Epilepsie, will sagen, die Wirkung eines Moments unvollständiger Entwicklung der Epilepsie selbst, welche durch eine Serie epileptischer Individualitäten hindurch sich ausgestaltet, bis sie den Gipfel der selbsttätigen Impulsion erreicht hat, die auf einen beschränkten Zeitraum (epileptischer Anfall) und einen bestimmten Sitz im Gehirn beschränkt ist; anderenteils ist sie bei M... auf der Staffel der Ausgestaltung nicht mehr soweit zurück, daß sie nicht in gewissen epileptischen Anfällen zum Ausdruck gelangt, die als Zeichen ihrer Unreife die Möglichkeit zeitlicher Beschränkung und die rasche und leichte Veränderlichkeit des Temperaments aufweisen. Daher die seltsame Wandelbarkeit des M..., unmoralisch, grausam, sanft und poetisch. Der argwöhnische und selbstgefällige Habitus des M... ist nichts anderes als der rudimentäre Ausdruck jener psychischen Manifestationen, die während des epileptischen Anfalls hyperbolische Wahnsinnsformen annehmen und neue und akute Bewußtseinszustände und Handlungen schaffen.

Auch die Thatsache, daß M...'s Dispositionen zum Delirieren nicht in einem gewöhnlichen Anfall ihren Ursprung hatten, sondern im Laufe der Entwickelung seiner Person wuchsen und hierbei Gestalt und Intensität aus den Konditionen der anderen krankhaften Anzeichen gewannen, zusammen mit der Erwägung, daß die beiden Formen des Deliriums nicht wie bei der gewöhnlichen Entwickelung der Paranoria auf einander folgten, sondern ohne logische Beziehung neben einander auftauchten als Äußerungen der besonderen Disposition zur Reaktion, beweist, daß sie nur Äußerungen der degenerierten erblich überkommenen konstitutionellen Natur des M . . . sind.

Dieser M . . . leidet demnach, um unser Urteil zusammen zu fassen, soweit die historischen und psychologischen Beweise ergeben, an nervös-psychischer Degeneration, welche sich durch dunkle, rudimentäre und vielfältige Manifestionen äußert. Wenn die Epilepsie des M . . . sich in der einen oder der anderen Weise mit großer Intensität geäußert hätte, so würde sie eine geringere Mannigfaltigkeit der Äußerungen und sich als isolierte Form gezeigt haben. So ist zu schließen, daß M . . ., der im Grunde und hauptsächlich Epileptiker ist, auch ein Verbrecher, ein moralisch Irrsinniger, ein Genie und ein an Verfolgungs- und Größenwahn Leidender ist.

Vielleicht würden, wenn die degenerierte Natur des M . . . weniger ausgesprochen wäre, als sie es wirklich ist, die einzelnen krankhaften Erscheinungen von der Epilepsie weniger in Abhängigkeit gestanden haben, und würden anstatt die Schwestern, vielmehr die Töchter einer krankhaften Gesamterscheinung sein, die wegen der Differenzierung und Entwicklung der einzelnen Symptome sich aufgelöst hätte, ohne uns zur Erkenntnis zu gelangen. In dem Grade, wie die Epilepsie bei M... herrschte, konnte sie, wenn nicht als die Wurzel, so doch als der Stamm erscheinen, um den die krankhaften Erscheinungen hervortreten. Daher die wichtige Erwägung, daß die Disposition zum Verfolgungs- und Größenwahn mächtig dazu beitrug, den epileptischen Mechanismus in Bewegung zu setzen, durch den das Verbrechen ihm entsprang, insofern als diese Disposition in ihm den Boden schuf für die falsche Abschätzung, der die Reaktion entsprach, die ihrerseits mit der Größe der Beleidigung in keinem Verhältnis stand.

Wir wollen sehen, ob unser Urteil durch die physische Untersuchung gestützt wird, die wir wiederholt an M... angestellt haben.

7. **Anomalien im Körperbau.** Unsere sorgfältigen Untersuchungen haben zunächst einige Anomalien im Körperbau entdeckt, welche zwar keinen hohen Grad erreichen, die dennoch nicht übersehen werden dürfen. Es liegen vor:

  a) Leicht henkelförmige Ohren.
  b) Spuren von Darwin'schem Höcker.
  c) Kurzschädel.
  d) Unterbrochene Zähne.

Diese Anomalien sind hervorragend atavistischer Natur, sie enthüllen ein Zurückbleiben in der körperlichen Entwicklung und erinnern an anatomische Gebilde, die bei den Tieren ersichtlich sind, mit denen der Mensch

möglicherweise gleichen Ursprung hat. Der Kurzschädel
würde an und für sich wenig Bedeutung haben, aber
sie gewinnt, weil M . . . Kalabreser ist, wo der Langschädel die Regel ist, so daß das Gegenteil eine gewisse
Rassendegeneration andeutet.

8. Anomalien in der Sinnesempfindung.
Hier finden wir die größten Anomalien. M . . . hat:

    a) Subanästhesie des Tastgefühls am ganzen
       Körper, aber mehr auf der rechten Seite,
       mit Ausnahme der Zunge, wo sie auf der
       linken Seite größer ist.
    b) Verringerte Sehkraft auf dem rechten Auge.
    c) Fehlen des Gehörs auf der rechten und sehr
       schwaches Gehör auf der linken Seite.
    d) Sehr schwaches Geschmacksvermögen.

Diese Anomalien der Sinnesempfindungen haben
Wert als funktionelle Anomalien, die oft mit der
Epilepsie verbunden sind.

9. Tätowierungen. Die Tätowierung ist bei M . . .
ein klinisches Phänomen, und hat einen hervorragenden
psychologischen, soziologischen und pathologischen Wert.
Die Tätowierung erscheint bei den Gefängnisinsassen,
selten bei den Soldaten, welche Rachepläne und Erkennungszeichen unter der verbrecherischen Gesellschaft
verabreden. Für den Schmerz, den die Tätowierung
mit sich bringt und der gesunde Personen davon zurückhält,
zeigen die Verbrecher eine gewisse Unempfindlichkeit

und setzen sich demselben freiwillig aus. Die Tätowierung zeigt deutlich die Leichtfertigkeit und die Eitelkeit, die dem gewohnheitsmäßigen Verbrecher eigen sind, und die in ihm Gewissensbisse nicht aufkommen lassen und ihm eine Empfindung des eitlen Ruhms und der Überlegenheit verleihen.

10. **Subjektive Empfindungsstörungen:** Er leidet an Schwindel, heftigen Kopfschmerzen, glaubt, daß das Haar sich ihm sträubt, und empfindet nervöse Abspannung in mehr oder minder naher Beziehung mit epileptischen Vorkommnissen.

11. **Anomalien der Bewegung:** Unter dieser Rubrik verzeichnen wir:

a) Schwachen Reflex der Pupillen;
b) Zittern der Hände;
c) geringe dynamometrische Kraft.

Alle diese Eigentümlichkeiten sind den Familien der erblich Degenerierten mit ungenügender Entwickelung gemeinsam, von denen die Blödsinnigen, die Nervösen, die Verbrecher, die moralisch Irrsinnigen und die, welche leicht in frühzeitige Paranoia verfallen, herstammen.

Alle diese Anomalien vervollständigen das Bild, welches die historisch-psychische Betrachtung des M... ergab. Sie beweisen, daß der Körper des M... eine Verzögerung und Ungleichheit der Entwickelung erfahren hat, aber diese Anomalien sind im einzelnen nicht genügend entwickelt, um eine derselben besonders hervortreten zu lassen. Auch hier hat sich die reversive De-

generation des M... auf einen rudimentären Grad
beschränkt; daher das gleichzeitige Auftreten so vieler
funktioneller Manifestationen verschiedener oder unent=
wickelter Natur.

Das pathologische Fundament der nervös=psychischen
Anomalien des M... haben wir hauptsächlich in der
Epilepsie gefunden, um welche sich als symptomatische
oder coordinierte Erscheinungen alle anderen reihen:
Verbrechertum, moralischer Irrsinn, Genialität, Ver=
folgungs= und Größenwahn. Das pathologisch=anato=
mische Fundament der Anomalie des Körperbaues, der
Sinnesempfindungen und der Bewegungen tritt nicht
so evident hervor, aber es ist ohne Zweifel die ge=
hemmte Entwickelung der morphologischen Konstitution
der Nervenzentren. Wie die psychische Epilepsie nicht
bis zu den konvulsivischen Störungen vorschritt, so sind
auch die Störungen des anatomischen Baues rudimen=
tär, auch mit Beziehung zur Epilepsie, da sie nicht so
weit gehen, dem Schädel die sonst bei den anderen
Formen der Epilepsie gewöhnliche Form des Plattkopfes
zu geben. Das Benehmen des M... in dem Irren=
hause war ein solches, wie man es nach Kenntnis und
Schätzung seiner Antecedentien erwarten konnte. M...
war intelligent, vielleicht glaubte er, daß das Irrenhaus
und das Urteil der Irrenärzte allein ihn der Justiz
entziehen könnte. Zuversichtlich und selbstvertrauend
hatte er den festen Vorsatz, zum Ziel zu gelangen.
Auch er hatte seine Periode gewöhnlichen Simulanten=
tums, worin sich die Eile, das gewünschte Urteil zu

erlangen, äußerte. Aber sein scharfer Verstand mag ihm gesagt haben, daß er seine Position verdarb, und daß in den Augen der Psychiater die Simulation lächerlich und unwirksam ist. Deshalb wechselte er seine Taktik und suchte durch sein Benehmen das Wohlwollen und das Mitleid derer, die direkt oder indirekt einen Einfluß auf sein Urteil üben könnten, für sich zu gewinnen.

Aber sein Leiden enthüllte sich uns ohnehin, weil wir in den unnachahmlichen und physischen Anomalien die volle Übereinstimmung mit den psychischen Anomalien fanden. Jeder begreift, wie sehr seine Manuskripte Zeugnisse sind, die unser volles Vertrauen verdienen. In ihnen zeigt sich, ohne daß der Schreiber es gewollt hatte, die ganze krankhafte Anlage seines Temperaments, und sie sind eine treue Wiedergabe seines Charakters und eine genaue Formel der ganzen Dynamik, die ihn immer wieder zum Verbrechen hintrieb.

Gesamturteil.

Wir halten es für voll erwiesen, daß M... ein durch erbliche Veranlagung degenerierter Mensch ist, welcher Zeichen einer leichten anatomischen und funktionellen Entwickelungshemmung und atavistische und pathologische Zeichen aufweist, welche auf das Gebiet der nicht zur vollen Reife gelangten Entwickelung gehören.

Genau gesprochen halten wir ihn befallen von Formen des instinktiven Verbrechertums, des moralischen

Irrsinns, des Verfolgungs= und Größenwahns, welche
alle, obgleich ursprünglich die Erzeugnisse der reversiven
Degeneration, von der Epilepsie beherrscht werden, an
der M... auch leidet, und auch diese ist, wie die
anderen krankhaften Erscheinungen, im rudimentären
Zustande vorhanden.

Wir haben vorher gesagt, wie aus der Gesamtheit
der krankhaften Natur des M... die Beweggründe zu
seinen verbrecherischen Thaten entspringen mußten, denn
er empfand und urteilte exzessiv, wie er auch subjektiv
im Handeln und Reagieren war. Er tötete, verwundete
und beleidigte, weil er sich beleidigt und verfolgt glaubte.
Er tötete, verwundete und beleidigte ohne Erregung und
ohne Mitleid, weil er keine normale Empfindung für
Moral und Mitleid hatte. Er tötete, verwundete und
beleidigte, wo kein genügender Grund dazu vorlag, denn
in seinem heftigen impulsiven Charakter kamen die hem=
menden und mäßigenden Faktoren nicht genügend zur
Geltung. Der Fall des versuchten Brudermordes wird
durch unsere Definierung des M... vollständig erklärt.
Er haßte seinen Bruder infolge seiner Verfolgungswahn=
idee und der mangelhaften Art, verwandtschaftliche Liebe,
Dankbarkeit und Verträglichkeit zu empfinden. Er be=
reitete das Verbrechen zähe und umsichtig vor, infolge
seines exzessiv reizbaren und rachsüchtigen Temperaments.
Er schoß den unschuldigen Bruder mitten in die Brust,
weil in ihm Zorn und Haß blind, die Empfindungen
verworren waren und jedes Maß fehlte. Er bereitete
seine Verteidigung mit Zähigkeit und Verlogenheit vor,

weil in ihm das ursprüngliche Gefühl der Selbsterhaltung riesenhaft überwog, jenes riesenhafte Gefühl, welches alle anderen sozialen Gefühle in ihm verdrängt, soweit sie nicht seiner, dem bürgerlichen Leben widerstrebenden Natur sich anpassen. Er handelte stets zum augenfälligen Nachteil für sich und die andern, oft auch unter der Illusion des unmittelbaren eigenen Nutzens. Er war kein Verbrecher aus Dummheit, denn er war intelligent; er war ein Verbrecher aus Instinkt, in ihm war ein Charakter der Unordnung, des Schadens, des sozialen Umsturzes personifiziert.

Er ist der Typus des Verbrechers, den die Gesellschaft bösartig nennt, jener Typus, den die Lombrososche Doktrin zu leugnen drohte, und welcher der gewöhnlichen Ansicht von der Geißel entspricht, die Gott entsendet, um die sündige Gesellschaft zu strafen.

In meinen Augen ist das in Wirklichkeit der Fall, denn wissenschaftlich gesprochen ist er einer der Faktoren des sozialen Gleichgewichts, und er blüht und gedeiht in der Gesellschaft, wo sich die biologische Notwendigkeit der Beschränkung der Bevölkerung geltend macht. Die flüchtigen und seltenen Anzeichen des Genies in ihm deuten darauf hin, daß die Natur von demselben Stoff wie für die abnormale Entwickelung die Elemente jedes für die Erhaltung des Gleichgewichts in der menschlichen Gesellschaft bestimmten Instruments nimmt. M. . ., in dem die Charakteristik des Verbrechers vorherrscht, wurde ein vorwiegend negatives Element.

War M..., als er den Brudermord versuchte, in einem Zustand, daß er nicht das vom Gesetz erforderliche Bewußtsein seiner strafbaren Handlung hatte? Das würde außer Zweifel sein, wenn er die That während einer den epileptischen Anfällen vorausgehenden Verrücktheit begangen hätte. Aber er gebrauchte lange Vorbereitungen dazu, und in dieser Zeit wußte er, was er thun wollte und was er auch gethan hat, er wußte es bis auf den Tag und die Minute.

Aber war es wirkliches Bewußtsein von seiner That, das M... hatte?

Wir unterscheiden zwei Bewußtseinsformen, eine intellektuelle und eine moralische. Daß er die erstere hatte, ist klar — aber die zweite? Hier muß man das sogenannte moralische Bewußtsein in der Erkenntnis der Immoralität einer Handlung und in der Empfindung dieser Immoralität unterscheiden.

Bei der ersten weiß ein Individuum, daß eine gewisse Handlung nicht nur andern schädlich ist, sondern auch, daß sie in der Gesellschaft, in der er lebt, für tadelnswert und verdammungswürdig gehalten wird; bei der zweiten empfindet er einen instinktiven Schauder, die That zu begehen, welche die Gesellschaft tadelt und verdammt. In der Regel existieren bei der bürgerlichen Erziehung beide Formen gleichzeitig neben einander. Aber es ist möglich, daß die Erkenntnis der Immoralität vorhanden und die Empfindung derselben nicht zur Ausbildung gelangt ist. Dies ist der Fall bei dem Zustande der Anomalie in der Formation der geistigen

Persönlichkeit; bei den entgegengesetzten Zuständen der Dekadenz kann das moralische Empfinden vorhanden sein, während die Erkenntnis verschwunden oder verändert oder verdunkelt ist — oder umgekehrt; diese kann bleiben, während die Empfindung der Moralität verloren, abgeschwächt oder verändert sein kann. Auch können beide nicht gebildet, oder schlecht gebildet, oder verfallen oder verändert sein.*)

Von grundlegender Bedeutung für die strafgesetzliche Verantwortlichkeit ist die Erkenntnis der Handlung; demgemäß muß diese Verantwortlichkeit die Erkenntnis der Immoralität voraussetzen und der Empfindung der Immoralität allmählich näher kommen.

Hatte nun M... in dem Augenblick, wo er den Brudermord versuchte, die Erkenntnis der Immoralität seiner Handlung? Gewiß, aber nicht entsprechend der Erkenntnis, welche in der Gesellschaft, in der er lebte, gewöhnlich ist. Er wußte, daß die Gesellschaft seine Handlung tadeln würde, aber er wußte bei sich selbst, daß die anderen und nicht er Unrecht hatten, und daß er natürlicher Weise das Recht habe, das zu thun, was er that. Ein Mensch von seinem Charakter hatte sich eine eigene Welt gestaltet, die seinen eigenen Gedanken entspricht, und er handelte in der Ueberzeugung, etwas zu thun, was von den andern getadelt werden würde, aber nicht von den Gesetzen der Gerechtigkeit, wie er

---

*) Vergl. mein Buch: Degenerazioni psicosessuali, das Kapitel „Immoralität".

sie auffaßte. Er hatte, um es so auszudrücken, das intellektuelle Bewußtsein der juristischen Immoralität seines Verbrechens, aber nicht die eigentliche Überzeugung der Immoralität der That selbst. Es ist genau die Sache wie mit einem Menschenfresser, der hier zu Lande einen Menschen verzehren würde: Er weiß, daß dies für schändlich gehalten wird, aber er selbst findet es in der Ordnung. Und da dieser Wilde nicht von der Immoralität überzeugt ist, als welche die andern seine Handlung erklären, so kann sich in ihm, so lange diese seine Meinung andauert, nicht eine Empfindung festsetzen, welche ihn spontan von seiner Handlung zurückschrecken lassen würde.

Das moralische Empfinden des M... wurde sicherlich nach dem Muster des speziellen Begriffs der Moralität, die er in sich trug, gebildet.

Heutzutage will das Gesetz, daß nur die im intellektuellen Bewußtsein begangenen Handlungen bestraft werden, oder meint es mit dem allgemeinen Wort „Bewußtsein" auch das moralische Bewußtsein? Wenn es auch dieses fordert, so ist klar, daß es dasselbe nach dem Muster desjenigen verlangt, wie es das Erbteil der gesunden und normalen Gesellschaft ist, und nicht wie es als Produkt irgend welcher krankhaften Geisteszustände erscheinen kann, und ohne Zweifel soll das Gesetz auch die Existenz des moralischen Bewußtseins fordern; denn das natürliche Fundament eines jeden Gesetzes ist bei einem freien Volke die allgemeine Überzeugung von seiner moralischen Nützlichkeit.

Hatte nun M...., als er die That beging, die volle Freiheit des Handelns?

Man kann sagen, er hatte sie weder ganz, noch fehlte sie ihm vollständig. Die freiwillige Handlung ist nicht ein freies Produkt des Geistes. Sie ist das Resultat vorhergehender psychologischer Motive, deren Intensität einen analogen freiwilligen Akt als Resultat giebt, und die Intensität der psychologischen Motive und der darauf folgenden Handlung steht in Beziehung mit der gewöhnlichen Art zu empfinden und zu urteilen und entspricht der Persönlichkeit.

Wir haben gesagt, daß M... durch seine epileptische Anlage exzessiv, heftig und impulsiv war. Daraus geht hervor, daß die Freiheit, über welche M... anscheinend verfügte, keine eigentliche, sondern durch sein Temperament beeinflußt war. Es ist bekannt, daß die Epileptiker leicht zu übertriebener Reaktion hingerissen werden.

Der Wille ist der Ausdruck einer korbialen Funktion, er ist das Produkt einer langsamen Evolutionsarbeit, welche als entfernte Antecedentien die automatischen Bewegungen und als Vermittler die Reflexhandlungen hat. Das, was automatisch und reflexiv ist, ist eine Nervenkraft, die noch nicht so weit ausgestaltet ist, daß sie ein Ausdruck bewußter Funktion ist. Das, was in den Willensakten exzessiv ist, ist eine Nervenkraft, die unter dem Impuls automatischer oder reflexiver Aktionen handelt. Zwischen dem Willensakt und dem Urteil, das ihm vorhergeht, besteht bei normalen Bedingungen ein Äquivalent der Intensität; der Exzeß des

Willens stellt ein Gewicht dar, welches von außen dem Gleichgewicht hinzugefügt ist, ebenso wie das Gegenteil bei der Willenlosigkeit der Fall ist.

... Die Epilepsie ist an sich selbst eine krankhafte Thatsache, welche einen Zustand der ungenügenden Willensentwickelung darstellt; sie ist der Ausdruck der Permanenz automatischer oder halbreflexiver Einflüsse. Um so eher mischt sie sich in diejenigen Willensakte, die von dem Urteil oder der Empfindung hervorgerufen sind, je weniger sie voll entwickelt, d. h. je mehr sie diffus ist.

M... leidet an dem, was ich diffuse Epilepsie nenne, und was gewöhnlich epileptisches Temperament genannt wird, und deshalb können seine Willensakte niemals richtig an der Intensität der logischen Motive, die sie hervorrufen, gemessen werden. Wenn er gegen seinen Bruder gerechten Grund zum Haß zu haben glaubte, und wenn seine Vernunft ihm das Urteil eingegeben hatte, sich zu rächen, so ging sein Wille außerordentlich über die Vorschriften der Vernunft hinaus, bis zum Mord.

Und deshalb war M... am Tage des Verbrechens nicht freier Herr seiner Handlungen.

Demnach würde M... im Sinne des Gesetzes nicht für das begangene Verbrechen verantwortlich gewesen sein, sondern entweder unverantwortlich oder halb verantwortlich.

Ist er unverantwortlich oder halb verantwortlich?

Das sind Fragen, die gewöhnlich dem Richter vorgelegt werden, der sie löst, indem er die Umstände,

Thatsachen und Folgerungen sich in seiner Weise zurechtlegt.

Der Irrenarzt hat nicht die subtilen und endlosen Unterscheidungen des Rhetorikers oder Metaphysikers zur Verfügung, die ihm gestatten, die Schuld oder das Verdienst an einer gegebenen Handlung zum Teil auf die Seele und zum Teil auf den Körper zu verteilen.

Als ich mich dem dunklen Abgrund näherte, wo die Seelenthätigkeit sich vollzieht, da hat mir die schwache Leuchte der Wissenschaft flüchtig einige der Faktoren enthüllt, welche die gröbsten Äußerungen des Geistes bestimmen. Und dieses geringe Ergebnis genügte, um mich zu überzeugen, daß auch in der Thätigkeit des Geistes ein unabänderlicher Determinismus herrscht, daß unter gegebenen Umständen besondere Aktionen bestimmte notwendige Wirkungen hervorrufen. Aber in der langen Kette von Reizen, welche jede Bewegung des Geistes bestimmt, vermag man nicht zu sagen, wie weit eine Aktion durch eine andere aufgehoben oder beeinflußt werden kann.

Wenn in M... beim Begehen seines Verbrechens der Einfluß realer äußerer Motive die Reaktion bestimmt, so wissen wir nicht, einerseits inwieweit diese Motive Unterstützung oder Widerstand in seinem habituellen Charakter fanden (d. h. in seiner gewöhnlichen Art zu denken und zu reagieren, die durch erbliche und erworbene Neigungen, welche allmählich aus der Erfahrung hergenommen werden, bewirkt ist), und inwieweit andererseits die realen Motive einen Antrieb oder eine mehr oder minder starke Färbung durch jenes Mittelmaß empfangen haben, welches gewöhnlichen Menschen zukommen würde, die ungefähr in seiner Lage und seinen Verhältnissen sich befinden. Wenn man also sagen wollte, daß M. . . bis zu dem oder jenem Grade die moralische Verantwortung für sein Verbrechen trage, so hieße das glauben machen, daß man den Vorgang, der sich in der Seele bis zum Zustandekommen eines bestimmten Willensaktes abspielt, genau übersieht.

Der Wissenschaft soll man solche Fragen nicht vorlegen, sie gehören den Metaphysikern und den Theologen, welche den Fuß auf den festen Boden setzen, der ihnen durch ein Axiom oder ein Dogma gegeben wird, und von wo aus sie durch Syllogismen weiter schließen. Uns fehlen beide Prämissen.

Was heißt verantwortlich oder unverantwortlich für den Gelehrten?

Wir können bezüglich des M. . . nur die Erklärung abgeben: das Verbrechen erfolgte als Reaktion auf Motive, die zum großen Teil delirienartiger Natur waren, und die in dem krankhaften Temperament des M. . . günstige Konditionen gefunden haben, um exzessive und unmoralische Wirkungen hervorzubringen.

Ist M. . . strafbar oder nicht?

Auch auf diese Frage hat der Irrenarzt nicht zu antworten.

Der Begriff der Strafe, wie er vom Gesetzbuch verstanden wird, ist eine soziale Konvention, welche, um angenommen zu werden, als notwendige Voraussetzung

LX

die allgemeinen und besonderen Bedingungen hat, unter welchen im allgemeinen Verträge als giltig anerkannt werden. Dazu gehört in erster Linie die geistige Gesundheit des Kontrahenten.

In unserm Fall ist M... nicht gesund; folglich hat man mit Bezug auf ihn nicht von einer „Strafe" zu sprechen. Vielmehr hat der Irrenarzt sich zu fragen: Ist es möglich und wahrscheinlich, daß er unter denselben oder ähnlichen Umständen die That wiederholt, und glaubt die Behörde eventuell ein Mittel zu finden, ihn für die Gesellschaft unschädlich zu machen?

Auf diese Frage antworten wir: M... wird nie von seiner Krankheit gesunden und wird deshalb immer geneigt sein, die Verbrechen zu wiederholen, von denen seine Existenz bis heute voll ist. Und deshalb hat die Behörde, in der Ueberzeugung, daß in dem vorliegenden Fall den M... keine Schuld trifft und ihn darum keine Strafe treffen kann, dafür zu sorgen, daß er unschädlich gemacht werde.

Soll sie ihn in die Verbrecherirrenanstalt schicken?

Er müßte an einen sicheren Ort gebracht werden, den er nicht eher verlassen dürfte, bis er unschädlich ist.

Wird das nie eintreten?

Man wird im Ernst nicht glauben, daß das vermittelst der Heilkunst geschehen kann, aber vielleicht könnte in dem Laufe der organischen Entwicklung des M... ein Moment kommen, wo M... für die Ge=

sellschaft unschädlich ist. Vielleicht könnte das Alter das herbeiführen.

Der erfahrene Mann, der mit der Überwachung des M... vertraut ist, könnte seiner Zeit beurteilen, ob der Fall eingetreten ist.

Und ohne den Makel der Schuld und ohne irgend eine Form der Strafe müßte M... der Öffentlichkeit die Sicherheit bieten, daß von ihm jetzt keine den Mitmenschen nachteilige Handlung mehr ausgehen wird.

Wenn übrigens der Gerichtshof die Sache anders auffaßt und M... zu einer langen Kerkerstrafe verurteilt, so würde der Irrenarzt sich dabei beruhigen, daß dem gefährlichen Menschen, wenn auch vermittelst des Gefängnisses, die Gelegenheit, weitere Verbrechen zu begehen, entzogen wird.

Wenn über der Kerkerthür nicht das Wort „Strafe" geschrieben stände, oder wenn, besser noch, diesem Wort eine vernünftigere Bedeutung beigelegt würde, wie etwa Besserung oder Abwehr, wieviel besser würde dann dieser Kerker sein als die Verbrecherirrenanstalt, aus der ein gefälliger Richter nach einem unqualifizierbaren Artikel des gegenwärtigen Gesetzbuchs die gefährlichen Menschen entlassen kann, welche Mittel haben, sich ihm zu empfehlen.

Girifalco, Juli 1891.

Prof. Silvio Venturi,
Direktor des Provinzial-Irrenhauses.

VII.

Das Gutachten Venturis beantwortet in so erschöpfender Weise alle Fragen, welche sich über die pathologische Persönlichkeit des Antonino M... erheben könnten, daß ich kein Wort hinzufügen werde.*)

Venturi hatte gleichzeitig mit Lombroso darauf hingewiesen, daß in dem geborenen Verbrecher ein atavistisches Produkt, eine Fusion der Epilepsie und des moralischen Irrsinns vorliegt. Später, in seinem Buch über die Degenerazioni psicosessuali stellte er als biologisches Merkmal des instinktiven Verbrechertums (des geborenen Verbrechers Lombrosos) nicht mehr die erbliche Perversität, sondern die Tendenz der Rasse und der Art zur Selbstvernichtung auf, vermittelst Individuen, welche dazu gehören, und welche, indem sie sich selbst oder anderen schaden, entgegengesetzt wie das Genie handeln.

Jetzt hat Venturi Gelegenheit, in M..., dessen Biographie ich veröffentliche, die wahrhafte Verkörperung des Typus des geborenen Verbrechers vorzustellen, in welchem die Krankhaftigkeit und die bösartige Tendenz zum Schlechten, die von selbst ohne erkennbaren Nutzen für den Handelnden, in Thätigkeit tritt, vereinigt sind,

---

*) Die Thatsache hat ihm Recht gegeben. Augenblicklich hat Venturi eine Tochter des Bruders des Antonino M... in Behandlung, die an sensoriellem Irrsinn leidet.

woburch M . . . als ein antibiologisches, antisoziales Wesen erscheint.

Dies vorausgeschickt gelange ich dazu, einige Worte über die Selbstbiographie des M . . . zu sagen.

Es ist nichts Gewöhnliches, daß die Verbrecher ihre Memoiren schreiben, und ich will dreist behaupten, daß der Fall einer so genauen und detaillierten Schilderung, die mehrere Male unterbrochen und wieder aufgenommen wird, äußerst selten ist.

Professor Lombroso hat in seinen Palimsesti del Carcere einige dieser Schriften gesammelt, die alle sehr verworren sind und oft den Eindruck der Verrücktheit machen. Zum großen Teil stammen sie von Verbrechern, welche pathologisch dem M . . . ähnlich, d. h. moralisch irre und epileptisch sind.

M . . . ist kein Schriftsteller, um so wunderbarer ist seine mechanische Art zu erzählen und sein Versuch, den Ereignissen und den begleitenden Umständen eine gewisse objektive Darstellung zu verleihen. Er hat Phantasie im Übermaß, oft entdeckt man in der verschwommenen Form die Tendenz, zu abstrakten Begriffen zu gelangen, aber, wie er sagt, seine Feder vermag dem Faden seines Gedankens nicht zu folgen.

Wenn man ihn genauer definieren will, so ist er ein Graphomane; die regelmäßige, gedrängte Schreibart, die in langen und geraden Linien seine großen Blätter bedeckt, die Vorliebe für gewisse Konstruktionen, die Wiederkehr der Widmungen und die Wiederholung ge=

wisser Phrasen in einer gegebenen Form lassen es vermuten. Aber was mich in dieser Ansicht noch mehr bekräftigt, sind folgende zwei Thatsachen.

1. Die vollständige Nutzlosigkeit der Memoiren, die anstatt ihn zu rechtfertigen bezüglich der Verbrechen, wegen deren er bestraft wurde, noch andere nicht minder schwere ans Licht bringen, wie z. B. das schamlose Verhältnis mit dem Korporal Alfonso S... und den Mordversuch auf den Lieutenant.

2. Die zweite Thatsache ist etwas verwickelter. Die Thätigkeit des Schriftstellers richtet sich nach gewissen Graden der Kulturhöhe und des sozialen Nutzens. Ein Volk fängt an, Bücher zu besitzen, wenn es zu einem gewissen Grade der Entwicklung gediehen ist, wo diese Form einer präziseren geistigen Manifestation sich ihm als ein Fortschritt darstellt. Die wilden Völkerschaften schreiben keine Bücher, so lange ihr Dach bedroht, ihr Lebensunterhalt dürftig und ihr Leben stets gefahrumgeben ist. Die Abessinier, welche doch das erste Volk Afrikas sind, haben als ganze Litteratur einige Gebetbücher, welche nur von den Priestern verstanden werden. Und die Buschmänner hatten einige Fabeln und Sprichwörter in den Zeiten ihres Glücks, aber nach ihrem Verfall verloren sie auch diese primitive Litteratur. So geht es auch mit den Menschen. Wenn ein Individuum ohne Bildung, ohne höheres Wissen, dessen Existenz stets eine Kette von Elend war, litterarisch thätig ist, so ist das entschieden eine anormale Erscheinung.

Er mag ein Genie sein, aber da die Genies sich leider nicht an jeder Straßenecke finden, so wird er in 999 Fällen unter 1000 ein Narr sein.

Antonino M... konnte kein regelrechter Schriftsteller sein, da er es auch nicht als Mensch war, höchstens konnte der Mangel an moralischem Bewußtsein ihm den Vorzug einer auffälligen innerlichen Aufrichtigkeit geben ...

Unter diesem Gesichtspunkt sind seine Memoiren ein wichtiges Dokument für das Studium gewisser „Aufrichtigkeiten" alter und neuer Schriftsteller. Von den Bekenntnissen J. J. Rousseau's bis zu den Memoiren Casanovas, bis zu gewissen Hymnen Paul Verlaine's auf sein péché radieux, um von anderen übel berufenen Zeitgenossen zu schweigen, und bis zu dieser Selbstbiographie herab — das psychologische Phänomen ist immer dasselbe und läßt sich in zwei Formeln zusammenfassen: **Mangel an moralischem Bewußtsein und Eitelkeit.**

Ich glaube, daß die Intelligenz sehr wenig mit dem moralischen Bewußtsein zu thun hat: Pritchard, Pinel, Nicholson, Maudsley, Tamassia — alle stimmen darin überein, daß sie bei den moralisch Irren den Intellekt vollständig in Ordnung fanden. Höchstens könnte nach Zelle, Mac Ferland, Gray eine gewisse Schwäche oder Unregelmäßigkeit vorliegen oder nach Campagne eine Absonderlichkeit*), die sich aber, wie

---

*) Vgl. Lombroso: L'uomo delinquente I, S. 600.

Morel bemerkt, in einem besonderen intellektuellen Habitus, in einer Gewandtheit im Sprechen, Schreiben oder einer Kunstfertigkeit mit Vorherrschung der Tendenz zum Paradoxen äußern kann. Und Venturi glaubt, daß, während bei Verbrechern die gewöhnliche Intelligenz mangelhaft ist, die höhere Intelligenz nicht selten vorkommt.

Das Wort Aufrichtigkeit ist eines von denen, deren Bedeutung oft mißbraucht werden: es kann nicht absolut verstanden werden, weil die Aufrichtigkeit meist eine subjektive ist, sie ist, sozusagen dem Lügen entgegengesetzt. Aufrichtigkeit besteht trotz gewisser konventioneller Formen, wie z. B. die Scham, der Anstand ꝛc., welche die Wahrheit verbergen und dennoch nicht Lüge genannt werden können; wie übrigens auch der Wilde und das Kind immer lügenhafter sind, als der zivilisierte Mensch, trotzdem sie durch Scham oder Anstand nicht befangen sind.

Venturi macht gegenwärtig in einer Abhandlung, welche in der von Tonnini in Palermo veröffentlichten Revue erscheint, die Lüge zum Gegenstand des Studiums und faßt sie als ein Phänomen der Degeneration auf, das seinen Ursprung in den Familien hat, aus denen die Lügner hervorgehen. Ebenso möchte ich sagen, weshalb könnte nicht auch die Aufrichtigkeit, wenn sie sich mit unwiderstehlicher Tendenz und ohne Nutzen für das Individuum selbst äußert, eine Thatsache degenerierter Anlage sein, eine jener Äußerungen des Verbrecher-Charakters, der sich oft mit der Eitelkeit vermengt, einer jener Defekte, deren die Verbrecher so voll sind?

Ich will hier keine Psychophysiologie der Aufrichtigkeit schreiben, um so weniger, als es für das, was ich sagen will, mir genügt, eine anerkannte Wahrheit anzuführen: nämlich daß wir mit Vernunft aufrichtig sind, insofern wir unnütze Vorurteile bekämpfen, aber daß das keine normale und gesunde Aufrichtigkeit mehr ist, die nicht die Bedeutung fühlt, welche gewisse Gewohnheiten mit dem Gange der Entwicklung genommen haben. Wer nicht den Druck der Scham empfindet, wenn er seine sexuellen Schändlichkeiten aufdeckt und sich ohne Schaudern einer Bluttat rühmt, der thut nicht mehr und nicht weniger als der Wilde, in dem das Gefühl der Scham noch nicht erweckt ist und der barbarische Krieger, der sich den Skalp der getöteten Feinde als Trophäe an den Gürtel hängt.

Diese Dinge mit liebevoller Genauigkeit zu erzählen und mit Wohlgefallen zu anatomisieren, das ist etwas, was der normale Mensch vergebens versuchen wird. Jeder wird in seinem Leben seinen abnormalen Impuls gehabt haben, aber er wird sich bemühen, ihn zu vergessen; und nicht einmal einer besonderen Anstrengung wird es dazu bedürfen, denn bei den nicht degenerierten Menschen unterdrückt die Vernunft, der kritische Sinn gewissermaßen automatisch die Abnormalität des Aktes.

Den moralisch Irren fehlt dieser kritische Sinn, die Intelligenz gehorcht den Impulsen und hemmt sie nicht, sie dient ihnen gern und sucht sie zu rechtfertigen. Sie töten — und sie werden beweisen, daß das Leben eines Menschen das eines andern wert ist. Sie verführen ein unerfahrenes Mädchen und verlassen es — und sie werden das Recht der freien Liebe predigen. Sie sind Päderasten — und sie werden sagen, es ist erlaubt, weil es möglich ist.

Im Leben stellt sich das deutlicher dar, als geschrieben. Denn beim Schreiben schärft sich die Intelligenz, ein Schimmer von Verständnis für das, was schändlich und unehrenhaft ist, bricht sich Bahn, es giebt keinen Menschen, er sei denn Idiot, der so niedrig ist, daß er nicht ein Streben nach etwas besserem oder weniger Unvollkommenem fühlt. Aber ein anderes ist die Moralität, ein anderes die Erkenntnis des Moralischen.

Zuweilen giebt sich wohl ein solch kleiner Fonds von kritischem Sinn zu erkennen, und daraus resultieren dann die lyrischen Stellen, die anscheinenden Gewissensbisse. Aber die Erzählung geht weiter, ohne Rückhalt, und der Verfasser zeigt sich in der Aufdeckung der Thatsache, so wie er wirklich ist, mit einer Selbstgefälligkeit, wie sie nur ein Exhibitionist haben kann, der seine Geschlechtsorgane zeigt.

Die Eitelkeit ist das erste Agens; ihre autobiographischen Erzählungen entspringen der Vermutung, daß sie hervorragend interessante Individuen sind, und daß ihre Erlebnisse große Bedeutung haben. Und da sie einen großen Teil ihres Seelenlebens ausmachten, so empfinden sie das Bedürfnis, sie sich wieder vor ihr geistiges Auge zu führen.

Es ist dasselbe Bedürfnis, welches viele ungebildete Menschen empfinden, sich den Namen ihrer Geliebten

oder ihre Verbrechen in die Haut zu tätowieren. Es
wird genügen, das schöne Beispiel eines Verbrechers zu
zitieren, den Prof. Santangelo*) beschreibt und der 106
Tätowierungen auf dem Leib trug, aus denen man seinen
ganzen Lebenslauf rekonstruieren konnte.

M... ist ein vollendeter Typus des moralisch
irren und epileptischen Schriftstellers; der Mangel an
kritischem Sinn und Gerechtigkeit tritt klar hervor, und
die Eitelkeit zeigt sich auf jeder Seite des Buches.
Wenn er studiert hätte, würde er als Schriftsteller
manchem Zeitgenossen ebenbürtig zur Seite treten. Die
Kenntnis der Moral würde tiefer gewesen sein und
festeren Halt gewonnen haben. Statt dessen mußte er
nun notwendiger Weise auf dieser Stufe litterarischer
Entwickelung stehen bleiben, wo der Intellekt die Dinge
in der Gestalt sieht, wie sie den andern erscheinen; die
unbewußte Nachahmung hat noch nicht der unmittelbaren
selbständigen Anschauung Platz gemacht, welche die
Originalität ausmacht.

So ist für ihn der große Meister des Stils Francesco Mastriani, jener populäre Zola, der den Naturalismus zur Trivialität und die Romantik zur weichlichen
Sentimentalität herabgezogen hat.

Und diese Empfänglichkeit, diese unbewußte Zugänglichkeit für fremde Einflüsse zeigt sich besonders in
seinen Dichtungen. Neue Wörter, die er liest, bleiben
ihm haften, wenn er ihnen auch nur schwer einen ihm

---

*) Vgl. Lombroso: Le più recenti scoperte ed applicazioni dell' antropologia criminale, Turin 1893.

verständlichen Sinn beizulegen vermag, den er durch eine volksetymologische Deutung zu ermitteln und durch entsprechende orthographische Abänderungen festzuhalten sucht.

Deshalb scheint mir, könnten diese Memoiren auch für das Studium des Phänomens eines in der Bildung begriffenen Schriftstellers von Interesse sein.

VIII.

Und hiermit will ich schließen.

Die Schule Lombrosos schreitet ihren Siegespfad weiter und schlägt die neidische Polemik durch Thatsachen.

Und während auf dem Kriminalisten-Kongreß in Brüssel das Ende des Verbrechertypus Lombrosos verkündet wurde, erschienen die Degenerazioni psicosessuali Venturis und lieferten den Beweis, daß die italienischen Gelehrten nicht auf eine Formel eingeschworen waren; und bei Schluß des Kongresses zeigte die französische Übersetzung der Sociologia criminale Ferris in ihrem neuen erweiterten Gewande, daß nicht allein der biologische, sondern auch der soziologische Faktor von den Mitarbeitern Lombrosos studiert wurde, und dieser hat mit seinen Nuove Scoperte geantwortet, welche in ihrem Aufbau und in der Masse der Thatsachen den Gang der italienischen Wissenschaft kennzeichnen. Und während dieser Band erscheint, wird la donna delinquente die Gegner ermahnen, wofern sie nicht blind sind, im Regieren vorsichtig zu sein, und dieses Werk wird den Beweis liefern, daß hinter dem Meister eine Reihe hoffnungsvoller Jünger stehe, unter denen mein Freund Guglielmo Ferrero als der Ersten einer hervorragt.

Als ich nach Schluß des Kongresses meine Bemerkungen Gabriele Tarde dargelegt hatte, und lange Erwiderungen von ihm empfing,*) da brannte ich vor Begier, wieder in die Arena hinabzusteigen, — aber Lombroso sagte mir: Nein, man muß mit Thaten, nicht mit Worten kämpfen!

Diese Ermahnungen haben mich ganz besonders zu dieser Veröffentlichung veranlaßt, in der Hoffnung, daß auch ich dazu beitragen könnte, der Wahrheit eine Gasse zu öffnen, um die Zweifel und Spottreden zu entkräften, welche verurteilen, ehe sie noch geprüft haben; daß auch ich helfen könnte, unsere Strafgesetzbücher und Strafanstalten in einer den Bedürfnissen des wirklichen Lebens angepaßten Weise umzugestalten.

Besser als ich es vermag, wird die Selbstbiographie des M. . . den Leser überzeugen, wie schlecht diese Institute funktionieren, die den Verbrecher nicht blos bestraft, sondern auch gebessert der menschlichen Gesellschaft zurückgeben sollten.

Antonino M. . . ist nicht durchweg der geborene Verbrecher Lombrosos, denn, wie ich schon sagte, dieser ist ein Typus und jener ein Individuum. Er beweist aber, wie Epilepsie und moralischer Irrsinn sich im Ver-

---

*) Vgl. Archives d'Antropologie und Revue Scientifique.

brecher zusammenfinden. Und die direkten sozialen Ursachen seines Verbrechertums wird man schwer finden können.

Als Gabriele Tarde*) zusammen mit dem Dr. Lacassagne die Leitung der neunten Serie des französischen Archives übernahm, da eröffnete er sie mit einer Verteidigung der soziologischen Kriterien, die den Stolz der französischen Schule ausmachen, und er schloß mit der Weissagung einer Versöhnung in der objektiven Forschung nach der Wahrheit, die nur auf Thatsachen sich gründen kann.

Gabriele Tarde wird nicht leugnen können, daß die Italiener sich bemühen, ein gutes Beispiel der positiven Methode zu geben, vom grundlegenden Werk des Meisters bis herab zu dem bescheidenen popularisierenden Beitrag des letzten unter seinen Schülern.

25. April 1893.

A. G. Bianchi.

Es konnte nicht die Aufgabe der Übersetzung sein, die Mängel, welche die ungenügende allgemeine und litterarische Bildung des M. . . . seiner Darstellung anhaften läßt, zu beschönigen. Wenn der Herausgeber die Selbstbiographie mit Recht ein wissenschaftliches Dokument nennt, so durfte der Übersetzer sich Kürzungen und Milderungen des Ausdrucks nur in mäßigem Umfange gestatten. Von einer Übersetzung der Dichtungen des M. . . . ist Abstand genommen, weil die pathologische Persönlichkeit des Verfassers aus dem Gebotenen hinlänglich erhellt und das eingehende litterarische Studium, dessen das Werk des M. . . . nach dem Hinweise Bianchi's wert ist, derselben entbehren kann.

Dr. J. B.

---

*) Biologie et sociologie. Réponse à M. A. G. Bianchi. S. 3—19 der Archives d'Antropologie criminelle, Januar 1893.

Antonino M......

Selbstbiographie.

Erster Teil.
Mein erstes Unglück.

Vorbemerkungen.

Wer rund geboren wird, kann nicht viereckig sterben.

Der Stern, der Dir im Mutterleibe strahlte, wird Dir ins Grab folgen.

Wer blind geboren wird, der wird nie den Himmel schauen.

Wenn Du Dir heute den Arm brichst, wirst Du morgen zum Galgen geschickt.

Der erste Fehler führt zu einem Abgrund von Unheil.

Wer den Verstand nicht zu beherrschen weiß, kommt gar rasch ins Gefängnis.

Meinem lieben Söhnchen Fernando Antonio.

Mein geliebter Junge!

Ich bin sehr unglücklich geworden und das rauhe Schicksal hatte niemals Mitleid mit mir, nie wurde es müde, mich zu verfolgen, und von der Wiege bis zum Grabe ist mir dieses elende und traurige Leben eine ständige Marter.

Dir erzähle ich die Verhängnisse meines bejammernswerten Lebens, und wenn Betrug und die Schmach dieser bösen Welt Dir die Schritte zu dem rauhen Pfad in der menschlichen Gesellschaft erschließen werden, dann weine keine Thräne um das Andenken Deines unglücklichen Erzeugers, nein, denn Weinen kommt den schwachen, feigen Herzen zu. — Deines muß stark und ruhig sein bei dem Anblick meines Unglücks; stark, stolz und weltverachtend; aber lerne, o Sohn, auf dem geraden Weg der Tugend und der Ehre wandeln, lerne, mein **süßes Söhnchen***) geduldig, ruhig und kalt sein, im Einverständnis und im Gegensatz mit der menschlichen Gesellschaft, lerne, vorausschauend für die Zukunft sein, ein Verächter der Feigen, ein Spötter der Heuchler, eifere den großen und edlen Thaten nach, sei ein lieb-

---

*) Die gesperrt gesetzten Stellen sind im Manuskript unterstrichen.

reicher Bruder der Bekümmerten, ein Freund der Gerechten und Ehrenhaften, gesittet und ehrfurchtsvoll gegen alle, besonders gegen alte und rechtschaffene Leute, ein Freund der Armen, und Deine Hand strecke sich gerne aus zum Trost der Elenden. Sei ehrlich und anständig im Sprechen und bilde Dir aus der Erziehung eine zweite Natur.

Liebe und achte Gott den Höchsten, bete zu ihm von Herzen in nächtlicher Stille und mit der Stirn im Staube, bete zu ihm an den heiligen Stätten; denn er, unser Gott, der Herrgott unserer Väter, wird Dir ein Führer und ein Tröster sein in den Widerwärtigkeiten des Lebens. Wende Dich an ihn in Deinen Nöten, in Deiner Bedrängnis, und Du wirst Trost, Kraft und Ergebung finden.

Liebe, achte und habe Mitleid mit Deinem Nächsten, er ist von Deinem Fleisch und Blut, er ist unglücklich und betrübt wie Du.

Wolle Deinen Schwestern wohl, ich lege es Dir an's Herz, und ich beschwöre Dich bei der Liebe, die ich zu Dir habe, bei den Thränen, die ich um Dich vergossen habe, bei den Küssen voll unaussprechlicher Zärtlichkeit, die ich Dir gegeben, liebe sie von Herzen, hilf ihnen in ihren Nöten und sei ihnen ein zärtlicher Vater. Ja, nicht wahr, mein lieber Junge, Du wirst Deine armen Schwestern lieben! Liebe sie, denn ich liebe sie, so wie ich Dich nur lieben kann, und um sie vor Schande zu bewahren, sollst Du Dein Leben auf's Spiel setzen, und tausend und abertausend Mal wagen; wenn nicht, verfluche*) ich Dich!!

Lerne aus meinem Leben ein Mensch sein, lerne geduldig leiden und Deine Schritte zum Schönen, Guten, Besten lenken.

Führe Deine Seele zur Ehre, zur Tugend, zur Weisheit.

Lies oft meine Briefe und klage mich der Übertreibung, der Überspanntheit, der Unverschämtheit, der Tollheit an, wie es die thaten, die mich kannten, und ich will Dir alles verzeihen; alles will ich Dir vergeben, Dir, der Du der köstliche Edelstein meiner Seele warst, Dir, dem Atem meines Lebens, dem Traum meiner Träume.

Parghelia, im Januar 1889.

Dein Vater
Antonino M . . .

---

*) Die fett gedruckten Stellen erscheinen im Manuskript größer und auffälliger geschrieben, als ob M . . . durch dieses Mittel den Worten mehr Nachdruck verleihen wollte.

Der Mord.

Am Mittage des 17. September des Jahres 1868 habe ich auf einem öffentlichen Platze einen armen Menschen ermordet. Ich war damals achtzehn Jahre alt, von erregbarem Temperament, von heißem Sinn, und ob aus Antrieb des Zornes oder nicht*), das schlechte Betragen jenes Dummkopfes, meines Bruders, ist die Ursache gewesen, daß ich einen Menschen ermordete und mich kopfüber in ein Meer von Schmach stürzte.

Die rauchende Pistole in der Hand, mit verzerrtem Gesicht und klopfendem Herzen schlich ich in das Haus des Herrn Francesco Antonio Calzona, der mich mit dem Ausdruck der Achtung und des Mitleids empfing. Er gab mir einen Strohhut, denn meiner war an dem Ort des blutigen Ereignisses abgefallen, während ich mit dem Sohne des Ermordeten rang. Ich nahm einen derben Knotenstock in die Hand, kletterte über eine Einfassungsmauer des Gartens und fing an, wie Kain über das Feld zu laufen, verfolgt von dem Gebell der Hunde, während ein entsetzliches Röcheln mir zu folgen schien, das mir sagte:

„Was hast Du gethan, Du **Mörder?!**"

Am Abend jenes verhängnisvollen Tages begab ich mich nach Tropea zu meinem Onkel, dem Doktor B...,

---

*) Bemerkenswert ist der Zweifel über die psychologische Beschaffenheit, in der der Totschlag vollbracht wurde. Dies ist lehrreich für die Unterscheidungen in unserer Rechtsprechung.

der mich aufnahm und mich in einem kleinen Schlupf=
winkel hinter der Treppe versteckte; dort zusammen=
gekauert beschmutzte ich mich mit Spinnengewebe und
Staub; man schloß mich in meinem Versteck ein, so daß
ich in völliger Dunkelheit blieb; bald hörte ich eilige
Schritte auf der Treppe, es waren die Karabinieri, die,
nachdem sie eine gründliche Haussuchung angestellt hatten,
davongingen, die Handschellen mit sich tragend.

Spät am Abend ließ man mich aus dem engen
Loch heraus, zog mir die Uniform eines Fußjägers an
und mit meinen beiden Vettern zog ich in der Richtung
nach Coccorino ab. In jenem elenden Dorf, das fast
von lauter Verwandten von mir mütterlicherseits bewohnt
wird, wurde ich mit Liebe aufgenommen und man brachte
mir alle erdenkliche Rücksicht entgegen.

Acht Monate lang blieb ich dort zwischen den Feigen=
bäumen, öfter machte ich nächtliche Ausflüge nach den
benachbarten Dörfern und nach Parghelia. Nachts schlief
ich auf Strohbündeln oder am Fuße eines Feigen=
baumes.

Wollt ihr ein Bild von jenem Dorfe? Mit zwei
Worten ist es rasch geschildert. Dreißig schlecht gebaute
und gedeckte Hütten, alt und von elendester Bauart, die
Straßen ein Haufen tierischen Unrats, so daß man sich
den Hals bricht, wenn man nicht Acht giebt, wo man
den Fuß hinsetzt; wie ein Riese beherrscht das ganze
der Schloßturm des Barons Fabiani, des Herrn und
Beschützers der ländlichen Hütten und ihrer Bewohner.

Nichts anderes sieht man als einen Hain von Feigenbäumen, deren schmackhafte Früchte sehr beliebt sind; nicht weil von diesem erbärmlichen Wohnort sieht man Coccorinello, an Leib und Seele jenem verwandt. Die Einwohner beider Dörfer sind elende Ackerarbeiter, zwei oder drei Familien ausgenommen, die ein kleines Stück Land besitzen, mit Feigenbäumen von allen Arten, blutfarben, naturfarben und weiß, bepflanzt.

Der Pfarrer dient als Arzt und als Apotheker, er betrügt die armen Kerle, schindet hier ein altes Huhn, da ein Paar Eier und dort einen Korb mit Früchten.

Die Einwohner sind gutherzig, ehrerbietig und liebenswürdig gegen Fremde, aber unwissend und abergläubisch.

Während ich in Coccorino im Hause meines Onkels Domenico weilte, eines guten Alten, der dem Bacchus sehr ergeben war, waren mir diese Verwandten sehr gewogen und wetteiferten darin, mir mein Versteck weniger unerträglich zu machen; meine Base Caterinuzzo, das Faktotum der Lagerräume und des Hauses des Barons Fabiani, regalierte mich oft mit schmackhaftem Kuchen oder Käse oder anderen Sachen; sie hatte mich sehr gerne und ich konnte aus dem Wohlwollen entnehmen, daß ein wenig irdische Liebe darin steckte. Sie war jung und nicht häßlich, aber in meiner kritischen Lage konnte ich mich um ihre bangen Seufzer wenig kümmern.

Eines Tages kam meine Tante Domenica an, eine Schwester meiner Mutter, mit ihrer Tochter Vincenzina, einer achtzehnjährigen Jungfrau, schön wie die Sonne, schön und verführerisch in der That, und wer sie kennt, wird mich nicht Lügen strafen; sie kamen Geschäfte halber aus Parghelia hierher; mir kommt es nicht zu, die Nase in die Angelegenheiten der Mutter und der Tochter zu stecken, die mir etwas launisch, aber durchaus ehrbar schienen.

Vincenzina verliebte sich, so viel ich sehen konnte, in einen Vetter von mir, Antonino bel B... aus Coccorino; als ich sie sah, so frisch und rosig, kam mir die Laune, ihr den Hof zu machen; wir sahen uns, wir lächelten uns an, und unsere Herzen krampften sich zusammen; eines Tages, als wir gerade allein waren, sagte ich ihr zitternd:

„Vincenzina, ich liebe Dich!"

„Ich liebe Dich auch," antwortete sie errötend.

„So wollen wir uns immer lieben?" fragte ich.

„Immer, immer," antwortete sie mit Thränen in den Augen; „aber Du wirst nicht fortgehen, nicht wahr, Antonino?"

Eine dichte Wolke flog über meine Seele, mein Herz wurde kalt, ich war vernichtet und stotterte:

„Die Zeit . . . die Wechselfälle des Lebens . . . es wäre möglich . . ."

Wir liebten uns die Tage, die sie in Coccorino blieb, und ihre Mutter war mit unserer Liebe zufrieden. Und wollt ihr es glauben? Niemand dachte daran, daß ich vom Gesetz verfolgt wurde, der Gefahr ausgesetzt, eine Verurteilung zu zwanzig Jahren Zwangsarbeit zu erhalten, niemand dachte daran, nicht einmal ich.

Nach einigen Tagen reisten meine Tante und ihre Tochter wieder ab, ich will nicht von der bitteren Trennung sprechen; wir reichten uns die Hände; Vincenzina und ich küßten uns und unsere Wangen bedeckten sich mit heißen Thränen. Wir setzten unsere Liebe im Briefwechsel fort. Heiß und zärtlich waren die Briefe Vincenzinas, und heißer und verliebter waren die meinen, die ich ihr täglich zukommen ließ. Es entstand eine mächtige Eifersucht zwischen mir und meinem Vetter Antonino, dem ersten Liebhaber Vincenzinas, den sie plötzlich verließ, indem sie mich an die Stelle ihres ersten Liebhabers treten ließ. Wenn nicht die Verhältnisse gewesen wären, wer weiß, was zwischen den leidenschaftlichen Liebhabern vorgekommen wäre.

Ich begab mich Nachts einige Male nach Parghelia in das Haus Vincenzinas, dort in einem Winkel der Kammer neben einander sitzend, schworen wir uns ewige Liebe, ewige Treue.

Eines Tages gelangte ein Freibrief auf acht Tage an mich, den mir Herr Bruno Chimirri, mein Anwalt in Catanzaro schickte. Von einigen meiner Vettern begleitet, begab ich mich nach meinem Hause in Parghelia.

Ich vergaß mitzuteilen, daß während meiner Verborgenheit meine beiden Schwestern sich mit zwei Spilingoten verheirateten, Antonio M... und Giuseppe M..., beides Vettern. Die beiden Ehen wurden geschlossen, ohne daß ich etwas davon wußte. Mein Onkel, der Priester Girolami M..., Bruder meines verstorbenen Vaters, ein sehr gelehrter und wissenschaftlicher

Mann, aber unkundig der Ränke dieser Welt und einfältig wie ein Kind, möchte ich sagen, willigte in die Ehe ein; man lockte ihn dadurch, daß man ihm zu verstehen gab, jene gewaltthätigen Männer seien Mordkerle und von allen gefürchtet, und daß dadurch, daß er mit ihnen verwandt würde, er und die Familie geachtet und gefürchtet sein würde. Armer blinder Herr!! . . .

Doch zu mir zurück und man verzeihe die Abschweifung.

Zu Hause fand ich Domenico M . . ., den Vater des eben erwähnten Antonio, der trotzdem die Mütze eines Kapitäns der Nationalgarde trug. An jenem Tage aßen und tranken wir vergnügt, aber am Abend gingen meine Vettern von Coccorino weg. Am folgenden Tage nach dem ersten Aufenthalt in meinem Hause begab ich mich zu meiner Geliebten Vincenzina, und an jenem Tage blieb ich bei ihnen zum Essen. Eine Tante von mir, eine Nonne, dumm und boshaft wie Proserpina, brachte uns ein fettes Huhn, um mein letztes Mahl mit Vincenzina zu feiern.

Jener Tag ist ein Tag der Freude und der Liebe für mich gewesen; die hübsche, rosige Hand meiner Geliebten reichte mir einen Flügel des Huhnes dar, dann einen Becher voll schäumenden Weins, indem sie mit der größten Anmut von der Welt sagte:

„Trink, Antonino, trink auf mein Wohl." Und ich trank begeistert, berückt, indem ich ihr in die schwarzen leuchtenden Augen schaute.

Nachdem das Liebesmahl beendet, trat Vincenzina, ihre Mutter und ich zu einer geheimen Ratssitzung zu-

sammen und begannen zu erwägen, wie Vincenzina und
ich uns durch unlösbare Banden knüpfen sollten. Nach
verschiedenen Meinungsäußerungen wurde beschlossen, den
Pfarrer zu rufen und uns in Gegenwart zweier Zeugen
heimlich zu verbinden. So geschah es. Nachdem der
ehrwürdige Erzpriester Don Girolamo Toccane gerufen
war, ein alter und hinfälliger Mann, und zwei Zeugen,
wurde er veranlaßt, sich zu setzen. Kaum saß er, so
pflanzte ich mich vor ihm auf und sagte mit fester, deut=
licher und lauter Stimme zu ihm:

„Hochwürden, diese" — indem ich Vincenzina zeigte,
„ist meine rechtmäßige Gattin."

Vincenzina erhebt sich und sagt mit gleicher Stimme:
„Dies, Hochwürden," — indem sie auf mich zeigte,
„Antonino M. . . ist mein rechtmäßiger Gatte."

Wütend erhebt sich der Hochwürdige und fluchend
und gestikulierend geht er seiner Wege.

Ich verehrte Vincenzina einen Ring mit Diamanten
und sie gab mir einen Ring mit ihrem goldenen Haar.

Es nahte sich der Tag, wo ich nach Catanzaro
abreisen und mich dem Präfekten vorstellen mußte.

Es wurde beschlossen, daß Domenico M. . . alias
Stadtvorsteher und Vincenzo M . . . alias Beigeordneter
mich nach Catanzaro begleiten sollten. Es giebt in
jenem Parghelia einige Bürschchen, die sich als Helden,
als Mordkerle ersten Ranges aufspielen, die sich für Wunder
was halten und nachher der Polizei Hülfe leisten, sie
verteidigen und beschützen: gemeine, dumme, falsche
Seelen! Sage ich unrecht, meine teuren Landsleute?

Folgen wir dem Faden unserer Erzählung und beschäftigen wir uns nicht mit jenen Dummköpfen, jenen Kanaillen von Spionen.

Von den Karabinieri begleitet, mußte ich mitten durchs Dorf gehen, um zu Vincenzina zu kommen und ihr das letzte Lebewohl zu sagen: wir küßten uns und unsere Thränen flossen zusammen, sie fiel ohnmächtig in meine Arme . . .

Ich durchwanderte die ganze Gegend, von den Bewaffneten begleitet. In Tropea empfing ein vierspänniger Wagen Domenico M . . ., Vincenzi M . . . und mich, im Galopp fuhren wir durch Monteleone, ohne daß jemand den Mund aufthat.

In Catanzaro begeben wir uns zu meinen Anwälten, den Herren Bruno Chimirri und Giacinto Oliverio.

Ich wurde dem Herrn Präfekten vorgeführt, und nachdem dieser den Haftbefehl ausgefertigt hatte, wurde ich durch einen Wächter der öffentlichen Sicherheit in das Gerichtsgefängnis S. Giovanni geleitet.

Der Wachtmeister, Luigi S . . ., früher ein berüchtigtes Mitglied der Camorra, jetzt ein wütender Verfolger derselben, zeichnet mein Signalement, Namen und Vornamen in ein großes Register ein, ein Gefangenenwärter befiehlt mir, mich auszuziehen und eine sorgfältige und gründliche Untersuchung ergeht über meine Kleider und über meine Person; dann kleide ich mich wieder an und werde in das sogenannte Neue Gefängnis geführt, wo man mich im Kassenzimmer läßt. Es waren drei Zimmer, von ungefähr zehn Gefangenen bewohnt,

darunter ein alter Mönch und zwei Priester, die wegen
Beihülfe zum Raub angeschuldigt waren und mehrere
andere Bürger wegen anderer Anschuldigungen. Unter
dem Fenster, wo ich weilte, und das durch ein vergittertes Mauerwerk gesichert war, war ein kleiner Hofraum, wo ungefähr zwanzig berüchtigte Briganten Luft
schöpften, da waren die berüchtigten Pietro Bianchi,
Bulsalaro, Pietro Lo Monaco, Perelli und andere, alle
von den Assisen in Catanzaro zum Tode verurteilt, die
sich hier während der Berufung befanden, um nach Be-
stätigung des Urteils durch den Kassationshof nach Reggio
Calabria überführt zu werden, wo sie die sanfte Schneibe
des Henkerbeils zu kosten bekommen, als Strafe für ihre
Räuberei*).

Ich blieb zwei Monate in jenem Labyrinth des
Jammers und erinnere mich, daß ich in eines der Fenster
die Worte eingeschnitten hatte:

„Antonino M . . ., zum Tode verurteilt."

Aus dem Neuen Gefängnis kam ich ins Alte Gefängnis, das demselben benachbart ist; dort fand ich
eine zweite Hölle, eine neue Brut elender Gefangener.

Ich mühe mich ab, einen Begriff davon zu geben, aber
es würde die Feder eines Eugène Sue oder eines Francesco
Mastriani nötig sein, um hundert dicke Bände zu schreiben,

---

*) Beachtenswert ist der Abscheu, den M . . . vor denjenigen
zeigt, die nicht mehr und nicht weniger thaten, als er. Und bemerkenswert ist auch, wie er sein Vergehen vergessen hat, als ob
es gar nicht geschehen wäre.

um die Leidenschaften, die Charaktere und die Herzen der Menschen zu schildern.

Ein großer und geräumiger Hofraum, der sechshundert Gefangene aufnehmen konnte, und ringsum elf Zimmer wie feuchte dunkle Höhlen. Ein einziges enges und niedriges Fenster mit zwei dicken Eisengittern liefert ein fahles, trübes Licht, und wenn man mit dem Blick sucht, sieht man draußen nichts als eine hohe massive Mauer; Läuse und andere ekelhafte Insekten kriechen scharenweise an den feuchten Wänden herum, ein widriger Fäulnisgeruch entströmt dem Pflaster. Am Eingang der Höhle waren zwei große Gitter, eins von Eisen, das andere von Holz, und wenn im rauhen Winter der Sturm raste, dann wurde in dem ekelhaften Loch ein höllischer Tanz aufgeführt. Die Bewohner der traurigen Gruft waren hagere, dürre, schimmelige, leichenhafte Gestalten, das Auge, der Spiegel der Seele, war erloschen und lag tief in der Höhle.

Schlecht gekleidet, schlecht ernährt, unsauber — trotzdem waren diese elenden Geschöpfe des lieben Gottes lustig, die Feinde Gottes und seiner gütigen Vorsehung.

Da waren zum Tode Verurteilte, zu zwanzig-, zehn-, fünfjähriger, zu lebenslänglicher Zwangsarbeit Verurteilte, solche, die zu sechs Monaten, zu einer Woche, zu einem Tage, zu einer Stunde verurteilt waren, Angeschuldigte, die entsetzt dem Ende ihres Dramas entgegenschauten, alles in buntem Gemisch durcheinander; zusammengekauert, eingeschlossen in einen eisernen Ring, unter der unerbittlichen Hand des Unglücks und unter der schweren Geißel der Gefängniswächter. Das war der Raum zu ebener Erde.

Der obere Raum setzte sich aus fünf großen Zimmern zusammen, die an dreihundert Gefangene enthalten konnten. Ein großer Säulengang mit langen Eisengittern in Hufeisenform diente dazu, die Gefangenen der oberen Wohnung aufzunehmen, wenn sie ihre Stunde frische Luft schöpften, und diente als Durchgang für die Wärter und die Gefangenen; zur linken des Eingangs war das Krankenzimmer, in zwei höher gelegenen Zimmern wohnten die Wärter. Um die oberen Räume kennen zu lernen, braucht man nur die unteren zu vergleichen, die ihnen gleich waren, was Schmutz und Lebensführung betrifft; jedoch mit dem Unterschied, daß man zu ebener Erde mit dem Strohsack auf dem nackten Boden, oben dagegen auf Pritschen lag; je zwei der fauligen und stinkigen Strohsäcke nahmen drei Gefangene auf.

Die Nahrung war sehr schlecht; die Suppe ein ranziger, bitterer, ekelhafter Brei, das Brot trocken, schwarz, widerlich; aber man achtete diese Nahrung wenig oder gar nicht, denn Donnerstags und Sonntags brachte jede Familie ihrem verwandten Gefangenen einen gut gefüllten Quersack und Geld mit, das in der unten gelegenen Schenke ausgegeben wurde.*)

Eines Morgens, als wir auf dem Hofe waren, zur Zeit der Freistunde, befand ich mich im Säulengang, denn ich war in eines der oberen Zimmer geschickt; es

---

*) Um die Strafe exemplarischer und sittenbessernd zu machen.

ertönt die Glocke als Zeichen, daß die zum Luftschöpfen
gewährte Stunde vorbei war und jeder Gefangene in
sein Gemach zurück mußte. Beim gewohnten Geräusch
rührt sich keiner, als ob man das Klingeln der Glocke
nicht gehört hätte; es läutet zum zweiten Mal; dieselbe
Gleichgiltigkeit bei den Gefangenen; nun stellten sich die
Wächter mit ihrem Oberhaupt im Kreise auf, schreiend
und drohend. Ein Schrei, ein drohendes Gebrüll erscholl aus tausend Kehlen.

„Nieder mit der Kanaille, nieder die Polizisten,
schlagt den Wachtmeister tot, schlagt die Wächter tot!"
Und zweitausend Augen funkelten im Dunkeln und
tausend spitze Eisen erhoben sich drohend in die Luft.
Der Wachtmeister und seine Untergebenen flohen schleu-
nigst, vernagelten die Eisengitter, eine Abteilung Soldaten
mit aufgepflanztem Bajonett bewachte den Ausgang,
zwei Kanonen wurden aufgefahren, die Mündung nach
dem Schloß S. Giovanni gerichtet.

Der Präfekt, von zwei anderen obrigkeitlichen Personen begleitet, kommt hinzu, und alle gehen zusammen
mit dem Wachtmeister auf den Säulengang, dem wütenden
Haufen gebietend, daß jeder sich in seine Zelle begeben solle.

„Herunter!" so ertönte es, „hinaus mit dem
Schurken!" und tausend Eisen leuchteten drohend zu dem
Präfekten empor. Nun ersuchte der Beamte die Menge
einen Augenblick um Ruhe; er ließ den Gefangenen
Diogene Pierre rufen und sprach mit ihm, während ein
triumphierendes Lachen seine trockenen Lippen umspielte.

„Brüder und Freunde", rief Pierre der schweigenden Menge zu, „geht alle hinein!"

Schweigen folgte diesen Worten, die Menge zog sich zurück, wie eine Viehherde in den Stall geht. Tags darauf wurde Diogene Pierre, der zum Tode verurteilt war, ein berüchtigter Räuber und Mitglied der Camorra, seiner Anstalt übergeben, um die heimatliche Luft zu genießen; wenige Tage später durchbrach er ein Gitter des Gefängnisses und entfloh auf das Land, in der Hoffnung, etwas zu seiner Zerstreuung zu finden, aber er fand nur eine gute Kugel von dreiviertel Lot Blei, die ihm ins Rückgrat gejagt wurde, sodaß er alsbald vor seinem Teufel stand, eine Rechnung über seine Heldenthat abzulegen. Nachdem Pierre aus dem Gefängnis fort war, verlor die Verschwörung ihre Kraft und Kühnheit; die Camorristen, ungefähr vierzig an der Zahl, wurden in schrecklichen düsteren Zellen in Eisen gelegt und ihrem Schicksal überliefert, wenn sie verurteilt waren; unter scharfe Aufsicht gestellt, wenn sie in Untersuchung waren. Mehr als alle hatte Francesco Pantano, dem die Knochen tüchtig mit der Zwangsjacke geschnürt wurden, zu leiden.

Meine Verteidiger kamen einige Male, um mich zu sehen; sie gaben mir wenig Hoffnung über den Ausgang meiner Sache; umsoweniger, da die Anklage auf Mord mit Vorbedacht und mit Nachstellung lautete.

Ich blieb acht Monate in der Misthöhle zu Catanzaro, bis eine Abteilung der Karabinieri in schleunigem und besonderem Auftrag mich fesselte, um mich nach

Monteleone zu bringen; dort war eine besondere Sitzung der Assisen eröffnet und wurden alle, welche an der Ueberführung teilnahmen, in öffentlicher Verhandlung abgeurteilt und ich mit ihnen.

Es war der 1. August des Jahres 1869; gefesselt ging ich zwischen zwei Karabinieri nach Tiriolo ab, zu Fuß. In diesen Hundstagen mußte ich sechs Stunden marschieren, der Sonnenglut ausgesetzt; um Mittag kam ich in Tiriolo an, müde und matt, ohne Geld und halb tot vor Hunger und Durst; ich hatte nur Schwarzbrötchen, die man mir gegeben hatte, als ich den Kerker zu Ca= tanzaro verließ, aber was nützten sie mir?

Mir war die Kehle zugeschnürt, ausgetrocknet, daß ich mit Mühe und Not etwas salziges Wasser schlucken konnte; die Nacht habe ich auf einer groben Pritsche geschlafen; Tags darauf wurde ich von den Bewaffneten in der Richtung nach Maida geführt und machte wieder fünf oder sechs Stunden angestrengten Marsches; dort warfen sie mich in eine Höhle, welche die Höhle von Maida genannt wird. Ein breites langes Fenster mit zwei ungeheueren Gittern versehen, öffnet sich nach einer Terrasse hin, gegenüber lag eine Spinnerei; dieses Fenster war brusthoch, sowohl von innen wie von außen. Da lag ich in der finsteren Höhle, gewiß würde ich sterben, ehe ich nach Monteleone kam; seit zwei Tagen war mein armer Magen völlig leer, die Kehle geschlossen und so ausgetrocknet, daß ich kaum sprechen konnte. Von unserm Herrgott und den Heiligen verlassen, wie konnte ich die Nacht durchleben, um morgen wieder fünf oder

sechs Stunden Wegs zu machen. Und ich beklagte mich
über Gott und seine Vorsehung.

Ich Dummkopf!

Die Vorsehung Gottes verläßt die Geschöpfe nie,
nein, sie verläßt sie nicht, der irregelenkte Mensch wird
von dem Blick des göttlichen Schöpfers verfolgt.*)

Unter meinem Fenster ging eine gute Alte vorbei,
sie sah mich und lächelte mich an, indem sie sagte: „Du
hier! Dein Papa und Deine Mama wissen nichts! O,
ich eile zu ihnen, ich werde es ihnen sagen!" Und
hinkend lief sie davon. Ich hielt sie für verrückt oder
albern, und gab nichts auf das, was sie mir gesagt hatte.

Es vergingen keine zwei Stunden, als ein edler
Greis mit langem weißen Bart sich vor mein Fenster
stellte und mich lächelnd ansah. Ich fragte ihn:

„Herr! wünschen Sie etwas von mir?"

„Nichts", antwortete er freundlich, „aber bitte,
könnten Sie mir sagen, woher Sie sind und wie Sie

---

*) Dieser asketische Fatalismus begegnet sich mit dem aber-
gläubischen Fatalismus, von dem M..... eine Probe in den
Vorbemerkungen zum ersten Teil giebt, wie z. B.: „Der Stern,
der Dir im Mutterleibe strahlte, wird Dir ins Grab folgen."

Beide kontrastieren dann mit dem nicht seltenen Hinweise auf
die Möglichkeit einer Entwicklung des Intellekts, durch Arbeit
und Anstrengung des Verstandes, in welche M...., man möchte
sagen durch unbewußte Intuition, verfällt. In denselben Vorbemerkungen sagt er: Wer den Verstand nicht zu beherrschen weiß, kommt
gar rasch ins Gefängnis, und in dem Brief an seinen Sohn fügt
er hinzu: Bilde Dir aus der Erziehung eine zweite Natur.

heißen?" Nachdem ich ihn befriedigt hatte, fragte ich ihn:

„Würden Sie mir den Grund Ihrer Fragen nennen?"

„Wissen Sie, braver Jüngling", sagte er, „Sie ähneln vollständig meinem Sohne Peppino, wenn Sie in mein Haus kämen, würden meine Frau und meine Söhne Sie für ihn halten; ich wundere mich, wie die Natur Sie meinem Sohne so ähnlich hat machen können; wissen Sie", fügte er hinzu, nachdem er mich aufmerksam angesehen hatte, „ich beglückwünsche mich dazu, ich bin darüber froh; was ich für Sie thun kann, werde ich thun, wie meinem Sohn; nachher werde ich ihn hierher führen, ich will, daß er Sie umarme."

Er ging dann, nachdem er mir die Hand gereicht hatte, indem er kaum die Thränen zurückhielt, die ihm in seine himmlisch schönen Augen traten.

Nicht lange darauf ließ der Wärter mich in sein Zimmer treten, ein Jüngling und jener edle Greis waren da, sie sahen mich zwei Minuten lang an, dann wandte sich der Vater an den Sohn und sagte:

„Wohlan, Peppino, umarme ihn!"

Der liebe junge Mann warf sich in meine Arme, wir küßten uns wiederholt innig, der Greis, dem die Thränen über die blassen Wangen rannen, küßte mich mehrere Male, indem er sagte:

„Mein Sohn, ich segne Dich!"

Sie wollten von meinem Unglück hören, und als sie erfuhren, daß ich seit drei Tagen nichts gegessen hatte, waren sie sehr betrübt. Ich sagte zu ihm:

„Herr, könnte ich Ihren Namen wissen, damit er sich meiner Seele einpräge, weil ich Ihnen heißen Dank schulde?"

„Ja, mein Sohn, ich heiße Francesco R . . ., dies", auf seinen Sohn zeigend, „ist mein geliebter Sohn Peppino, wir stehen ganz zu Ihrer Verfügung."

„Dank, Herr, Dank für Ihr edles Herz; mir genügt die väterliche Zärtlichkeit, die Sie mir erwiesen haben und zu wissen, daß die Vorsehung ihre elenden Geschöpfe nicht verläßt."

Sie gingen, indem sie sagten, daß sie bald zurück= kehren würden.

Am Mittag kamen sie mit einem Diener zurück, der einen großen Korb auf dem Kopf trug.

Herr Francesco sagte zu mir:

„Mein Sohn, ich gehe zu meiner Familie zurück, ich habe heute viel zu thun, wir werden uns heute Abend wiedersehen; mein Sohn bleibt hier, um mit Dir zu speisen und zu plaudern." Er drückte mir die Hand und ging.

Der Gefangenwärter machte eine schöne Tafel zu= recht, wir setzten uns zu Dreien nieder und fingen heiter an zu essen und von dem ausgezeichneten Wein zu trinken. Eine schöne Geflügelsuppe, zwei gesottene Hühner, ein Kalbsbraten, gebratene Eier, Käse und viel Obst machten unser Mahl aus. Wir sprachen von vielerlei Dingen und Peppino sagte oft zu dem Wärter:

„Geben Sie mir diesen teuren Gefangenen, damit er heute Abend bei mir schläft und daß ich ihn meiner lieben Mama zeigen kann."

Der Wärter wollte es nicht zugeben.

Peppino schenkte mir ein Paket toskanischer Cigarren.

Abends kam der edle Herr wieder und sagte zu mir:

„Ich habe mit dem Offizier der Karabinieri, einem guten Freunde von mir, gesprochen, und habe ihn gebeten, alles daran zu setzen, daß Sie morgen nicht abreisen müssen und ein paar Tage hier bleiben können. Wir begaben uns zu der Station der Karabinieri, wo er, nachdem man meine Papiere untersucht, mich zu seinem Leidwesen wissen ließ, daß er mir nicht dienlich sein könne, da es unmöglich sei; Sie müssen übermorgen auf dem Gericht zu Monteleone sein, da Ihre Sache verhandelt wird. Das schmerzte mich nicht wenig, denn ich hatte den Vorschlag gemacht, morgen meine Frau mitzubringen; da ich ihr von Ihnen erzählt hatte, äußerte sie den lebhaftesten Wunsch, Sie zu sehen."

Er erkundigte sich, ob ich gegessen und getrunken habe; wenn ich etwas benötigte, solle ich es ihn wissen lassen.

„Herr", sagte ich, „ich mißbrauche Ihre Menschenfreundlichkeit, aber die absolute Notwendigkeit, in der ich bin, läßt mich anspruchsvoll sein . . ."

„Nein, nein", antwortete er erregt, „sprechen Sie, sprechen Sie, wir stehen ganz zu Ihrer Verfügung."

„Ich brauche fünf Lire, um den bringendsten Bedürfnissen zu begegnen, wenn ich in Pizzo und in Monteleone sein werde."

„Peppino", sagte der Vater zu dem Sohn, „geh' nach Hause und versorge den braven Jüngling mit Geld." Peppino steckt die Hand in die Tasche, leert seine Geldtasche, nimmt zwei Fünflirenoten und giebt sie mir.

„Nein, nein", ruft der Vater, „mein Sohn, das ist zu wenig, geh' nach Hause und versorge Deinen Bruder mit Geld."

„Ich danke, Herr", sage ich, „ich danke, das ist zu viel, fünf Lire genügen mir."

„Und ich sage, daß es zu wenig ist", sagte Herr Francesco erregt, „geh' nach Hause, sonst . ."

„Herr, ich nehme nicht einen Centesimo mehr an; wenn Sie auf Ihren Vorschlag bestehen, bin ich gezwungen, die zehn Lire zurückzugeben."

„Nun wohl, dann nehmen Sie dies kleine Geschenk an, als Pfand meiner Liebe für Sie", und indem er einen goldenen Ring vom Finger nahm, steckte er ihn an meine Hand — „und ich bitte Sie, ihn oft anzusehen und sich meiner zu erinnern. Wenn Sie etwas bedürfen sollten, so erinnern Sie sich an Francesco R . . ., und wenn ich die wenigen Tage, die mir noch verbleiben, vollendet habe, dann werde ich es meinen Söhnen als Vermächtnis lassen, Ihrer zu gedenken, um Ihnen bei jeder Not beizustehen. Morgen werden Sie nach Pizzo abreisen, mein

Sohn wird Sie vor dem Gefängnis mit einem Wagen und einem Kutscher erwarten, ich habe Sie den Karabinieri warm empfohlen und hoffe, Sie werden keine unangenehme Reise haben." Er umarmte mich und küßte mich mehrere Male, mich mit väterlicher Zärtlichkeit an die Brust drückend.

Tags darauf in der Frühe reiste ich, nachdem ich Peppino umarmt hatte, von dannen.

In Monteleone kam ich am Abend des vierten August an, am folgenden Tage sollte ich den Assisen vorgeführt werden.

Der Anwalt Herr Chimirri kam zu mir und sagte mir, daß er in Geschäften in Monteleone sei und daß er aus reinem Zufall erfahren habe, daß meine Sache verhandelt werden solle. Meine Verwandten waren nicht gekommen, Entlastungszeugen waren nicht vorhanden; so erwarteten mich denn zwanzig Jahre Zwangsarbeit.

Herr Chimirri kam nicht in Verlegenheit, die Schlauheit der Advokaten geht weit.

„Geben Sie mir rasch vier Personen aus Ihrer Heimat an, die entweder tot oder im Ausland sind."

„Pasquale Colace fu Francesco, Leonardo Calzona di Francesco Antonio, Marco Colace fu Francesco Antonio, Antonino Mazzitelli di Vincenzo."

Er schrieb die armen Verstorbenen in sein Notizbuch und ging.

Ich werde in den Gerichtssaal geführt, nehme auf der Anklagebank Platz, die Geschworenen werden ausgelost, als alles in Ordnung ist und ich verhört worden bin, werden die Belastungszeugen gerufen, deren acht waren, die Rache gegen mich schnoben und mich als einen wahren Mörder hinstellten. Es werden die Entlastungszeugen gerufen, der Gerichtsdiener öffnet die Thür des Zeugenzimmers und ruft:

„Pasquale Colace fu Francesco."

„Nicht erschienen."

„Marco Colace fu Francesco Antonio."

„Nicht erschienen."

„Leonardo Calzona bi Francesco Antonio."

„Nicht erschienen."

„Antonino Mazzitelli bi Vincenzo."

„Nicht erschienen."

„Beim Aufruf fehlen alle, Herr Vorsitzender."

Wer weiß, ob diese armen Toten wissen, daß sie vor dem Gericht zu Monteleone eine lächerliche unsinnige Macht darstellen.

Mein Verteidiger erhebt sich und protestiert.

„Die Entlastungszeugen fehlen, ich kann die Verhandlung nicht fortsetzen."

„Herr Präsident!" ruft einer der gegnerischen Partei, „diese Zeugen sind lange vorher gestorben, ehe der Angeklagte das Verbrechen beging."

„Sie sind tot?" sagte mein Verteidiger, „so werden wir sehen, ob sie auf Kosten des Angeklagten aus dem Höllenrachen gezogen werden sollen, um ihre Aussage abzugeben, oder ob ein anderer Entlastungsbeweis angetreten werden soll."

Alle lachten bei dieser Rede des Herrn Chimirri, der Vorsitzende läutet und sagt:

„Die Verhandlung ist geschlossen."

Alle blieben mit langer Nase sitzen und ich wurde ins Gefängnis geführt.

Ich erinnere mich nicht, welcher Streit sich zwischen mir und einem Gefangenwärter entspann, — ich geriet in Zorn und gab ihm eine Ohrfeige, wodurch ich mir vierzehn Tage Wasser und Brot zuzog, während der Oberwächter De Cola, der halb blind war, mir sagte:

„Das haben Sie gut gemacht, der Wärter war eine Kanaille".

Fünf Jahre.

Am Mittag des 17. November 1869, vierzehn Monate nach dem blutigen Ereignis, verurteilte der Hof der Assisen zu Monteleone mich zu der Strafe von fünf Jahren Gefängnis und zu den Kosten des Urteils, wegen Totschlags, begangen im Zorn und infolge schwerer Aufreizung.

Ich schrieb an Herrn Francesco N. ... in Tiriolo, teilte ihm die gegen mich erkannte Strafe mit und schickte ihm eine Anweisung über zehn Lire, das Geld, welches er mir geliehen hatte, als ich das dortige Gefängnis verließ.

Ich bewahre noch seinen Brief auf, als heiliges Pfand meiner Dankbarkeit gegen ihn.

Folgendermaßen lautet der Brief des Herrn R...:

Mein gottgesegneter Sohn!

„Ihre Verurteilung hat mich nicht wenig betrübt, und betrübt sind auch meine Frau und meine Söhne. Ich danke Ihnen für die Empfindungen edlen Wohlwollens, die Sie in Ihrem Schreiben bekunden und bitte Sie zu glauben, daß unsere Liebe zu Ihnen immer dieselbe ist wie in dem Augenblick, da wir zuerst das Glück hatten, Sie zu sehen. Ich schicke Ihnen die Anweisung über zehn Lire zurück, und mir mißfällt Ihre Handlungsweise; ich halte den Wunsch, Ihnen Geld zu schicken, aber ich möchte Ihr Ehrgefühl nicht verletzen, da ich Sie als sehr zartfühlend erkannt habe; doch bitte ich Sie, sich in jedem Augenblick an mich zu wenden, wo Sie etwas nötig haben, mit Vergnügen und ohne jeden Eigennutz werde ich Ihnen schreiben, wie nur ein zärtlicher Vater es vermag.

Bewahren Sie uns immer Ihre Liebe, wie auch wir Sie immer lieben werden. Ihr zärtlicher Brief ist wiederholt von mir gelesen worden und unsere Herzen sehnen sich danach, Sie zwischen uns zu sehen. Fassen Sie Mut, fünf Jahre vergehen schnell, verlassen Sie sich auf die göttliche Vorsehung, die, wie Sie selbst sagen, ihre Geschöpfe nie verläßt.

Wenn Sie frei sind, vergessen Sie nicht den Alten in Maida, kommen Sie und überraschen Sie uns, ja? Und werde ich unter der Zahl der Lebenden sein, um Sie wieder zu umarmen? Wenn ich fehlen sollte, werden meine Söhne Sie statt meiner umarmen.

Geben Sie oft Nachricht von sich und Ihrem Aufenthalt, fordern Sie immer etwas von mir. Meine Frau ist betrübt, Sie nicht gesehen zu haben, sie weint bei Ihrem Brief.

Empfangen Sie die Grüße meiner Familie, Peppino umarmt Sie und sagt, daß er Sie dort besuchen will.

Ich küsse Sie von Herzen und segne Sie.

Maida, den 2. Dezember 1869.

Ihr zärtlicher Vater

Francesco A. . . . ."

In der Zwischenzeit, während ich mich im Gefängnis zu Catanzaro befand, heirateten meine Schwestern, und mein Bruder verheiratete sich mit Micheline M. . ., einer Spilingotin, der Schwester eines von denen, die meine Schwestern geheiratet hatten. Während diese Brut und der Dummkopf, mein Bruder, sich auf den Festen Hymens ergötzten, Wein tranken und das halbe Erbteil verpraßten, das mein unglücklicher Vater ihnen hinterlassen hatte, seufzte ich Ärmster in den finsteren Höhlen zu San Giovanni in Catanzaro.

Ich weiß nicht, wie lange ich im Gefängnis zu Monteleone blieb. Jener gute Alte, mein Onkel, der

Priester Girolamo M. . . kam oft, mich besuchen, wobei
er Micheline, das Weib meines Bruders als einen Engel
schilderte, und er pflegte sie einen „himmlischen Engel"
zu nennen, und sagte, daß sie schön und kräftig sei. Ich
konnte daraus entnehmen, daß er an der famosen Micheline
etwas fand, das ihn erregte und ihm einen heimlichen
Kitzel verursachte, so alt er war, oder daß er etwas
elastisches gesehen habe, worüber er den Kopf verlor.
Der arme Thor!

Micheline M. . ., die Tochter des Schurken Betta,
die verbissene Schülerin der Grundsätze des berüchtigten
Ruma, ein Engel an Leib und Seele!!

Wir werden seiner Zeit von diesem Engel sprechen
und dann werden die Spilingoten und meine Landsleute
mir Gerechtigkeit widerfahren lassen.

Es kam Befehl vom Ministerium, daß achtzig Ge=
fangene aus dem Gefängnis Calabriens nach Lucera bo
Puglia geführt werden sollten, um dort ihre Strafe zu
verbüßen, und in dieser Zahl war ich mit inbegriffen.

In meiner Abteilung waren wir neun in einem
Zuge. Wir reisten über Pizzo und in jenem Gefängnis
sollten wir den Tag erwarten, wo der Dampfer kam,
der uns nach Neapel bringen sollte. In Pizzo beauf=
tragte meine Familie meinen Verwandten, Michela
M. . ., damit, alles mögliche zu thun vermittelst ärzt=
licher Zeugnisse, daß ich an jenem Tage nicht mit ab=
reiste. Ich blieb einen Monat im Gefängnis zu Pizzo,
alle andern Gefangenen waren in Lucera angekommen,
ich allein fehlte. Im Gefängnis zu Pizzo waren in

dem Zimmer, wo ich wohnte, noch fünfzehn oder zwanzig Gefangene, meistens zu Kettenstrafen verurteilt, die nach dem Bagno geführt werden sollen, die andern waren Angeklagte und standen unter schwerem Verdacht.

Man kam überein, einen Fluchtversuch zu machen, und im Fall des Gelingens auf das Land zu fliehen. Man fing an, an dem Abtritt zu arbeiten, es war nur nötig, das Loch in der Mauer so zu erweitern, daß ein Mann knapp hindurch ging. Wir verschafften uns die zu dieser Arbeit geeigneten Eisen und begannen in aller Ruhe zu arbeiten, und wenn Abends der Wärter kam, um die Gefangenen zu zählen, dann leuchtete er auch mit einer Laterne auf den Abtritt, um die Mauer zu inspizieren; aber wir waren schlauer als er, und wenn wir einen Teil des Tages gearbeitet hatten, brachten wir alles wieder mit Kot und Erde in Ordnung, daß es aussah, als sei nichts zerstört; nachher, nach der abendlichen Inspektion, gingen wir wieder mit unseren Eisen ins Werk. Wir arbeiteten fünf oder sechs Tage, so daß an der Außenseite nur noch der Kalk an der Mauer blieb, der nach einem Hammerschlag nachgegeben hätte.

Wir hielten Rat: diese Nacht mußten wir fliehen, aber ein starkes Hindernis stellte sich uns entgegen, denn nahe dem Ort, wo die Flucht stattfinden sollte, stand die Schildwache.

Was war zu thun?

Wir beschlossen, das Los zu werfen, und wer herauskam, sollte die Mauer sprengen, sich rasch auf die Schildwache stürzen und sie niederschlagen, ohne daß sie

Alarm machen konnte. Nachdem wir gelost hatten, wollte das Schicksal, daß ein gewisser Luigi Martelli aus Catanzaro bestimmt wurde, der zu zwanzigjähriger Zwangsarbeit verurteilt war; der zweite sollte ich sein, dann die andern der Reihe nach.

Den ganzen Tag beratschlagten wir, jeder von uns war mit einem langen dreieckigen Dolch bewaffnet.

Abends kam der Wärter zu dem gewöhnlichen Besuch, zählte die Gefangenen, und als er vor dem Gefangenen Farabella vorbeikommt, öffnet dieser die Tabaksdose, die er in der Hand hatte und sagt zu dem Wärter:

„Herr Ciccio, nehmen Sie eine Prise?"

Ciccio nahm die Prise und sagte:

„Ich danke, Farabella."

Er ging auf den Abtritt, untersuchte die Mauern und entfernte sich.

Es konnte ungefähr sechs Uhr sein, als eine Abteilung Soldaten mit aufgepflanztem Gewehr und Karabinieri das Haus umstellten. Die Thür unseres Zimmers öffnet sich, es tritt der Chef mit zehn Karabinieri mit aufgepflanztem Bajonett herein, wir müssen uns paarweise in Reihen aufstellen, wir werden untersucht und es wird entdeckt, daß wir mit langen Dolchen bewaffnet sind.

Der Anführer stößt von außen mit einem Gewehrkolben gegen die Mauer des Abtritts und die schwache Kalkkruste geht in Stücke.

Der Abtritt wird untersucht, unsere Arbeit entdeckt, man findet die Meißel, die Stangen und Hämmer, die im

Kot begraben lagen. Wir werden mit Eisen und Handschellen und starken Ketten gebunden und der Chef der Wache frägt:

„Wer heißt hier Antonino M...?"

„Ich, Herr", antwortete ich.

„Wächter", befiehlt der Anführer, „lassen Sie den Gefangenen M. in das obere Zimmer gehen, aber bewachen Sie ihn gut!"

Dank meinem Verwandten Michele Accorinti ging ich frei aus, denn nachher habe ich erfahren, daß die armen Teufel tüchtig geprügelt wurden und als am folgenden Tage der Dampfer auf der Rhede vorbei kam, mußten sie unter strenger Aufsicht nach ihrem Bestimmungsort abreisen; die Angeschuldigten nach Monteleone mit warmen Empfehlungen von dem Direktor und dem Chef.

Ich vergaß dem Leser mitzuteilen, daß ich während der Zeit, da ich in dem Gefängnis zu Catanzaro war, eine lebhafte Korrespondenz mit Vincenzina unterhielt und daß, als ich in Monteleone ankam, mein Onkel, der Priester und meine Verwandten mir drohten, daß sie mich meinem Schicksal überlassen würden, wenn ich Vincenzina nicht verließe — alles nur Verschwörung der Schurken aus Spilinga, die hofften, daß ich mit der Zeit eine ihrer Töchter heiraten würde, um mich in Schimpf und Schande zu bringen, wie sie es mit dem Laffen, meinem Bruder, gemacht hatten.

Ich war gezwungen, mich zu fügen, und dann dachte ich: Ich komme vor Gericht unter einer nicht leichten Anschuldigung, wer weiß, was für Folgen mir in der Hinsicht begegnen können. Die arme Vincenzina mußte inzwischen warten, wer weiß wie lange. Wer kann die Wechselfälle des Lebens erforschen?

Wenn ich die Strafe verbüßt hatte, mußte ich Soldat werden und zwar erster Klasse des Jahrgangs 1850. Was konnte mir beim Militär begegnen? Unter einem so strengen Regiment war es bei meinem erregbaren Temperament leicht möglich, daß ich neuer Schande entgegenging.

Ich schrieb Vincenzina einen Brief, in welchem ich ihr mein trauriges Mißgeschick und die harte Folgezeit, die mir bevorstand, mittheilte; ich bat sie, mir meine Schwäche zu verzeihen, und sagte, daß wenn die Vorsehung mir geholfen hätte, bald in meine Heimat zurückzukehren, ich nicht verfehlt haben würde, ihr die Hand zu reichen, und daß ich sie noch immer liebte.

Ich sandte ihr ihren Ring zurück, indem ich sie bat, den meinen meiner Familie zuzustellen, um meine Verwandten zu·befriedigen, die so empört gegen uns seien.

Die arme Vincenzina antwortete mir, daß sie alles so gemacht, wie ihr befohlen, daß sie meine traurige Lage beklage, daß sie mich als ihren Vetter immer lieben werde und daß für mich, als ihren Verlobten, ihre Liebe ewig, unerschütterlich sei, daß sie über mein trauriges Mißgeschick weine und daß sie für meine Befreiung bete.

Jetzt wollen wir den Faden meiner Erzählung wieder aufnehmen. Am Sonntag nach dem, an welchem meine Gefährten abgereist waren, reiste ich nach Neapel ab, begleitet von drei Karabinieri und einem Genossen, der zu fünfzehnjähriger Zwangsarbeit verurteilt war. Er war nach dem Bagno in Favignana bestimmt und hieß Luigi Perrone aus der Provinz Cosenza und war aus wohlhabender Familie; als Angehöriger der Camorra war er wegen gewisser Vergehen, die er im Gefängnis zu Cosenza verübt hatte, von dieser Sekte dazu verurteilt, daß ihm das Gesicht zerschnitten werde, aber bis zu diesem Augenblick hatte noch kein Picciotto die Ehre gehabt, das fertig zu bekommen.

Er gestand mir, daß er in Neapel im Gefängnis bei Carmina nicht mit mir in das Durchgangszimmer kommen wollte, aus Furcht, daß ich ihn verunstaltete, weil die Camorristen von seiner Durchreise benachrichtigt waren und daß er dem Oberwächter davon Mitteilung machen wolle.

Ich bat ihn mit mir zu kommen, da ich dafür einstehen würde, daß ihm nichts begegnen soll, es sei nicht schicklich für einen anständigen Picciotto, sich mit dem Oberwärter ins Einvernehmen zu setzen; eine noch schlimmere Sache könne für ihn eintreten, wenn er im Bagno sein würde; daß es meine Sorge sein solle, ihn der Gesellschaft in Favignana zu empfehlen, wo ich verschiedene Mitglieder kannte, und ich nannte ihm einige gute Camorristen von Ruf, die meine engsten Freunde waren.*)

---

*) Hieraus geht hervor, daß der Mord, wegen dessen M . . . unter Berücksichtigung aller mildernden Umstände verurteilt war, nicht seine einzige Untat war, so gerne er auch seine Beziehungen zur Camorra übergeht.

Auf mein Zureden willigte er ein; in Neapel angekommen, im Gefängnis bei Carmina, traten wir in das Durchgangszimmer ein: ein großes Gemach mit gewölbten Bogen und Säulen, ich glaube, in alten Zeiten ist es eine Klosterkirche gewesen; hier waren ungefähr zweihundert Passagiere, die Tag für Tag, ja Augenblick für Augenblick nach ihrem Bestimmungsort abreisten, während andere Züge von dreißig oder fünfzig Gefangenen, ihre Stelle einnahmen — es war ein höllisches Kommen und Gehen.

Ich fand in diesem Raum einen gewissen Sansosti da Serra S. Bruno, einen berüchtigten Camorristen und ein Haupt der Gesellschaft, der zu lebenslänglichem Kerker verurteilt war und noch die Entscheidung eines anderen Prozesses erwartete, wegen eines im Bagno zu Piombino begangenen Mordes. Er war wie ein zum Galgen Bestimmter gekleidet: rote Jacke und Mütze und grüne Hosen; an den Füßen schleppte er mühsam zwei lange Ketten und große eiserne Ringe, die ein höllisches Geräusch machten. Sansosti war ein alter Bekannter von mir, der, nachdem er mich kaum gesehen hatte, herbeieilte, um mich zu umarmen und mir ins Ohr zu flüstern:

„Das Stichwort?"

„Liebe und Achtung den Gefährten, blinder Gehorsam dem Masto."

„Liebe und Achtung hast Du, blinden Gehorsam wirst Du mir gegenüber beobachten." Wir küßten uns, er gab mir zwei Cigarren und wir setzten uns auf die Pritsche.

„Nun, teurer Genosse", sagte er, „erzähle mir, wie es den Gefährten in Catanzaro und Monteleone geht, ich möchte über gar vieles unterrichtet sein."

„Lieber Sansosti, die Gefährten sind zerstreut, jener Verräter Diogene Perri hat sie verraten."

Dann erzählte ich ihm das ganze Abenteuer mit Perri, seinen Tod und wie es den Camorristen in Catanzaro gegangen war, indem ich ihn genau über viele andere Angelegenheiten der Camorra unterrichtete. Dann sagte er:

„Und jener elende Perrone, hat man ihn nicht vorbeikommen sehen?"

Es muß erwähnt werden, daß Sansosti den Perrone nur dem Namen nach kannte; denn als Perrone sich im Gefängnis zu Catanzaro befand, war er allein in einer Zelle eingeschlossen, aus Furcht, daß die Camorristen ihn ermordeten, und Sansosti hatte ihn niemals gesehen.

„Mir scheint, er ist abgereist", antwortete ich Sansosti.

„Das glaube ich nicht, bei Gott nicht. Seit sechs Monaten erwarte ich ihn schon, jeden Gefangenenzug, der ankommt, beobachte ich und erkundige mich nach jedem, der ankommt und abgeht; man sagte mir, daß er noch nicht fort sei und Du M..., hol's der Teufel, hast ihn in keinem Gefängniß getroffen? Weißt Du, was unsere Brüder im Gefängnis zu Cosenza beschlossen haben? „Wer den Picciotto Luigi Perrone verstümmelt, wird, wenn er nicht Camorrist ist, sofort Picciotto bi mala vita; gehört er zur Camorra, so avanziert er zwei Grade; ist er Picciotto, so wird er Camorrist, ist er Camorrist, so wird er eigentlicher Camorrist; ist es der Masto oder auch ein Haupt der Gesellschaft, so soll er von allen und für alles unantastbar sein und überall in seinem Kreise als Haupt der Gesellschaft anerkannt werden." Noch hat keiner von uns das Glück gehabt, aber beim Blute der Madonna, er muß hier vorbei, noch ist er nicht zurück . . ., und jener Jüngling, der mit Dir kam, wer ist er?"

„Ein Freund von mir, ein braver Junge, Nicht=Mitglied der Camorra; zu zehn Jahren Gefängnis verurteilt und nach der Anstalt in Aversa bestimmt."

„Aber sage mir, M . . ., glaubst Du, daß dieser ehrlose Perrone noch lange hat, ehe er hier durchkommt?"

„Ich glaube, daß er mit einer anderen Abteilung kommen wird, denn in Pizzo habe ich erfahren, daß er in Catanzaro krank lag."

„Sehr wohl; jetzt, wenn Du etwas brauchst, verfüge auch über uns; wir sind hier elf Genossen, mit Dir sind wir zwölf."

„Lieber Sansosti, würdest Du mir einen Gefallen thun, wenn ich Dich darum bitte?"

„Sicher, bei Gott, mein Bruder!"

„Wohlan, höre mich an, und dann mach' mit mir, was Du willst. Ich, lieber Sansosti, bin nicht mehr der, als welchen Du mich einst gekannt hast; ich bin zu fünf Jahren verurteilt und habe mir vorgenommen, in Frieden in mein Haus zurückzukehren. Jetzt bin ich es müde, von der Camorra sprechen zu hören, von Picciotti, von Rechten und Pflichten. Der wahre Camorrist, der wahre Picciotto ist der, welcher geduldig seine Strafe verbüßt und dann zurückkehrt, um seine Freiheit zu genießen, anstatt in diesen entsetzlichen unheilvollen Höhlen alt zu werden."

„Mir recht, mein lieber M . . ., ich habe Mitleid mit Dir, thu' was Du willst; ich will Dir Deinen schönen Entschluß nicht von der Seele reißen; aber heute Abend wirst Du mit mir speisen, damit ich Dich der Gesellschaft vorstellen kann."

„Mach' was Du willst, Sansosti, aber es würde besser sein, mich von dieser Vorstellung zu entbinden."

„Nein, nein; ich will es."

Wir erhoben uns und schritten durch das von Schmutz und Ungeziefer starrende Zimmer. Perrone, der Ärmste, saß in einem Winkel, in seinem Mantel eingehüllt und zitterte bis in das Mark seiner Knochen, doch nicht vor Kälte, sondern vor Furcht.

Kaum hatte ich dem berüchtigten Camorristen entfliehen können, dem Verächter der Menschen und der Natur, als ich mich Perrone näherte; ich fand ihn bleich, entsetzt; ich sprach ihm Mut zu und teilte ihm mit, daß er von niemand gekannt sei und daß die Dinge eine gute Wendung nähmen. Der Ärmste küßte mir die Hände und umklammerte meine Knie, während zwei heiße Thränen auf meine Finger niederfielen.

Abends, um die achte Stunde, wurde eine Tafel auf einer Pritsche errichtet; wir acht Gefangenen setzten uns, denn ein Picciotto konnte nicht die Ehre haben, mit den Camorristen zusammen zu essen; am unteren Ende der Tafel wurde ihnen etwas gereicht. Während die Zähne und die Magen arbeiteten, sagte Sansosti:

„Ich stelle der Gesellschaft einen neuen Genossen, M..., vor, meinen Landsmann, den ich genau kenne; er ist hier auf der Durchreise." Die Camorristen drückten mir die Hände und küßten mir die Wange, dasselbe that ich. Wir aßen vergnügt und tranken viel, das Mahl war reichlich, der Wein vorzüglich; dann zündeten wir die Cigarren an, gingen im Zimmer umher und sprachen von Schandthaten der Camorra.

Und wer trug die Kosten dieser ungeheuerlichen Komödie? Es waren die armen Unglücklichen, die nicht der berüchtigten Sekte der Camorra angehörten.

Ich könnte viele Episoden mitteilen, welche die verhärtetsten Gemüter erschauern machen würden, aber meine Absicht, meine Pflicht, und weil ich nicht meineidig werden will, erlauben es mir nicht, und ich übergehe sie, um nicht den Menschen und seinen Schöpfer zu verfluchen.*)

---

*) Was für moralische Widersprüche in diesem Manne! Erst sagte er, daß er sich anständig halten wolle, um ruhig nach seinem Hause zurückzukehren, dann ißt und trinkt er vergnügt und spricht von den Schandthaten der Camorra. Er enthüllt unter Namensnennung camorristische Beschlüsse und verschanzt sich dann hinter seiner Pflicht als Camorrist und hinter der Ehrfurcht vor Gott, um nicht von weiterem zu erzählen.

Vielleicht ist seine Ascetik nur eine Folge der Camorra. Die alte Camorra war in der That sehr abergläubisch und religiös;

Nachts berieten Perrone und ich, was am folgenden Tage geschehen sollte, wenn er mit lauter Stimme von dem Gefangenenwärter zum Aufbruch aufgerufen werden würde.

Am Morgen näherte ich mich dem Ausgangsgitter und sprach mit dem Wärter, den ich fragte, ob er heute beim Aufruf der Gefangenen, die fort müssen, zugegen sein werde. Er antwortete bejahend; darauf teilte ich ihm mit, daß ein Gefährte von mir, der heute abreisen müßte, sich großer Gefahr aussetzte, wenn er entdeckt würde, und ich bat ihn, mir den Gefallen zu thun, wenn der Name Perrone an die Reihe käme, statt dessen den meinigen zu rufen, worauf Perrone, der von dem Plan unterrichtet sei, das Zimmer verlassen würde; auf diese Weise würde er für heute gerettet sein. Der Wärter gab meiner Bitte gern nach, er vermerkte mit Bleistift die Namen auf der Karte und sagte:

"Es ist in Ordnung, fürchten Sie nichts, Sie sind ein heller Kopf."

Mittag kam heran, das Gitter wird geöffnet, der Wärter tritt mit einer Abteilung von zwanzig Gefangenen herein, er hält ein Blatt Papier in den Händen und ruft drohend:

"Ruhe, Ruhe!"

---

ihre Mitglieder trugen Medaillen und Rosenkränze und eine der camorristischen Zeremonien, nämlich die, um sich unsichtbar zu machen, vollzogen sich in der Weise, daß man sich eine Wunde am Arm beibrachte und die geweihte Hostie darüber legte.

Als die Ruhe hergestellt ist, hält er sich das Blatt vor Augen und liest laut das Verzeichnis der Gefangenen vor, die abreisen mußten. Perrone stand an dem Ausgangsgitter, der Wärter rief ungefähr zehn Namen auf, dann rief er:

„M . . ."

Perrone stürzte hinaus und stieg eilig die Treppe hinauf, während ein anderer Wärter unten rief:

„Hierbleiben! Wohin? Hierbleiben, zum Teufel!"

Die aufgerufenen Gefangenen gingen hinaus, das Gitter wird geschlossen, ich ging mit Sansosti auf und ab, der zu mir sagte:

„Jetzt glaube ich's; er ist noch nicht durchgekommen, soviel ist sicher. Der elende Perrone, hier muß er durch; hier werden wir unsere Rechnung glatt machen, da es in Calabrien nicht möglich war, was sagst Du, M . . .?"

„Ich glaube es, ich glaube es gern; wenn er noch nicht durch ist, muß er noch kommen, — wenn er nicht mit der Eisenbahn transportiert wird."

„Mit der Eisenbahn? Du meinst, daß ihn die Regierung zum Vergnügen in Italien herumreisen lassen wird?"

„Wenn er noch nicht durch ist", erwiderte ich, „muß er sicher hier vorbei — aber, lieber Sansosti, was geht es Dich an, daß Perrone dem Haupt der Gesellschaft, dem Guarbavalle, das Gesicht mit einem Messer aufschnitt? Was für ein Interesse hast Du daran, Dich in diese Dinge zu mischen! Genügen Dir nicht die traurigen Strafen und die Leiden, die er jetzt duldet?"

„Welche Strafen, welche Leiden? Und bist Du M..., der so spricht? Hast Du Dich seit den zwei Jahren so verändert? Haben wir nicht geschworen, die Schmach zu bekämpfen? Habe ich Dir nicht die Worte auf die Brust eingeschnitten: Tod der Schmach! Hast Du nicht mit Deinen Genossen geschworen, die Schmach auszurotten!?"

„O, damals waren andere Zeiten, ein anderes Herz schlug mir damals in der Brust, und glaube mir, Sansosti, nachdem ich die Strafe erhalten habe, habe ich Mitleid mit allen Unglücklichen und Entehrten, ich liebe sie alle wie meine Brüder, die Guten und die Bösen, die Armen und die Reichen, ob sie Genossen der Camorra sind oder nicht."

„Nein, M..., nein; die Schmachvollen sind immer schmachvoll, sie verdienen keine Rücksicht und kein Mitleid. Erinnerst Du Dich, als ich Dir im Gefängnis zu Catanzaro einen Stoß gab? Damals kannte ich Dich nicht; und Du, der Du die Beleidigung empfandest, verschafftest Dir ein scharfes Eisen, um mich zu ermorden, während ich auf dem Abtritt meine Bedürfnisse verrichtete. Und warum? Weil ich Dich beleidigt hatte, und heute willst Du nicht, daß ein Elender, der die ganze Camorra beleidigt, verstümmelt wird."

Das waren die Gespräche, die ich mit diesem Galeerenhunde führte in den drei Tagen, die ich im Gefängnis del Carmine war.

Ich allein, gefesselt und von zwei Karabinieri begleitet, fuhr mit der Eisenbahn in einem Wagen dritter Klasse nach Foggia, machte in Benevento Rast und setzte Tags darauf meine Reise fort. Im Gefängnis zu Foggia wurde ich in ein Zimmer zu ebener Erde gebracht; hier traf ich einige dreißig Gefangene.

Man muß wissen, daß ich ein großes dickes Buch bei mir trug, in dessen Einband eine lange Messerschneide verborgen war, ähnlich der, mit welcher die Lämmer geschlachtet werden; dieses Buch und das Messer hatte mir ein Camorrist im Gefängnis zu Pizzo geschenkt. Ich trug es bei mir, um unter Umständen Gebrauch davon zu machen... Kaum war ich in dem Zimmer, als ich mir einen halben Liter Wein bringen ließ, den ich mit zwei Soldi bezahlte, denn der Liter kostete vier Soldi, ein ausgezeichneter Barlettawein, denn damals war die Traubenkrankheit noch nicht in Apulien aufgetreten.

Ich habe mich auf eines der Fenster gesetzt, das von außen mit Holzfachwerk verkleidet ist, damit man nicht sehen soll, was draußen vorgeht; ruhig und friedlich trinke ich meinen halben Liter Wein, um den Magen zu wärmen, der seit zwölf Stunden trocken war. Während ich den Göttertrank schlürfte, freute ich mich, daß ich müde war und mich an einem mir unbekannten Ort befand. Ein hübscher bartloser Jüngling von sechszehn bis siebzehn Jahren, anständig gekleidet und aufgeputzt wie ein Dämchen, mit einer schief auf den Kopf gestülpten roten Kappe, wie sie im Gefängnis zu Catanzaro angefertigt werden, mit Flittern von verschiedener Farbe geschmückt, nähert sich mir und sagt:

„Freund, könnte ich die Ehre haben, Ihnen zwei Worte sagen zu dürfen?"

„Auch hundert," antwortete ich mit verdrießlicher Stimme.

„Hier ist die Societa del Diritto, sie möchte etwas von ihnen beanspruchen."

„Haben Sie ein wenig Geduld, mein lieber Picciotto, nachher werden Sie bedient, aber sagen Sie mir, wer sind Sie?"

„Ich bin ein Picciotto di sgarro."

„Schön. Haben die das Amt des Picciotto du jour?"

„Zu dienen."

„Dann thun Sie mir den Gefallen und sagen Sie dem Camorristen du jour, daß ich um eine Unterredung mit ihm bitten lasse."

„Wir haben hier keinen Camorristen du jour, das Haupt der Gesellschaft macht hier alles."

„Wie?" rief ich verwundert aus, „eine Societa del Diritto, die aus mehr als zwei Genossen besteht, hat keinen Camorristen du jour? Das ist mir neu, sehr neu, trotzdem ich nicht gerade wenig weiß."

„Wir machen hier alles selbst, wir beraten alles zusammen, und je mehr einer weiß, desto besser ist es für ihn."

„Bravo, mein Picciotto, bravo, tausendmal bravo! Wir machen alles selbst — also alles macht Ihr selbst!

Ihr braucht niemand Rechenschaft zu geben von dem, was Ihr thut. Was für eine Bande seid Ihr denn? Nicht übel: „wir machen alles selbst". Dann werden also auch die Picciotto bei Euch zur Versammlung zugelassen?"

„Natürlich; der Picciotto wird zuerst zugelassen."

„Nun sagen Sie mir, lieber Picciotto, welches sind die Pflichten eines Picciollo di sgarro, seine Funktionen und die Beziehungen, die er zur Gesellschaft haben soll?"

„Das weiß ich nicht, denn ich kann weder lesen noch schreiben, ich gehorche den Befehlen, die mir meine Genossen geben."

„Nun, dann will ich es Ihnen sagen. Die Pflichten eines Picciotto di sgarro sind, entweder zu betrügen oder betrogen zu werden; haben Sie verstanden? . . . Aber nun marsch! Nachher werden wir uns wiedersehen!"

Er ging verdrießlich ab. Fünfzehn Gefangene nahmen ihn in die Mitte und umringten ihn. Es waren die Camorristen, welche die Gesellschaft ausmachten und ich glaube, daß der elende Picciotto erzählte, was ihm bei mir begegnet war.

Ich maß den Kreis mit den Blicken und schätzte die Hallunken ab. Ich bin allein, dachte ich, aber ich habe ein Messer, ich bin bewaffnet, kann ich es darauf ankommen lassen, ich allein, es mit jenen fünfzehn Hallunken aufzunehmen? Und wenn jene auch bewaffnet seien, und bessere Waffen haben als ich? Sie sind fünfzehn, ich allein; wenn ich einen Genossen hätte, der mir den Rücken decken würde — ja, dann würde sich das Schauspiel ändern. Dann könnte man es wagen; aber allein, allein geht es nicht; ich muß die Klugheit siegen lassen und abwarten.

Der Picciotto erscheint wieder und sagt:

"Die Gesellschaft möchte sich von Ihnen etwas spendieren lassen."

"Sagen Sie mir, lieber Picciotto, sind Sie verurteilt?"

"Noch nicht."

"Sind Sie angeschuldigt?"

"Zu dienen."

"Wo wird Ihre Sache verhandelt?"

"In Lucera."

"Schön, könnte ich die Ehre haben, Ihren Namen zu erfahren?"

"Paolo Pescari, zu dienen."

"Sehr schön."

Ich knöpfte meine Weste auf, öffnete das Hemd und zog ein Amulet der Madonna del Carmine hervor, das ich um den Hals trug. Ich öffnete es und nahm eine Fünflirenote heraus, die ich dem Picciotto mit den Worten reichte:

"Bitte, das genügt für Ihre Gesellschaft; aber Sie, erinnern Sie sich, daß sie Ihnen ein Calabreser Namens M... gegeben hat."

"Ich danke, ich werde es nicht vergessen."

Man glaubt nicht, was in meinem Herzen vorging und was ich auf den Lippen halte, die Nacht ergriff mich ein heftiges Fieber mit Delirien.*)

Ich blieb fünf Tage in jenem Flecken und dachte: Was werden meine Gefährten sagen und die, welche mich gekannt haben, wenn sie erfahren, daß ich im Gefängnis zu Foggio für die Camorra habe bezahlen müssen?

Wo sollte ich mich verbergen?**)

Sie werden sagen: „Jeder Vogel liebt sein Nest."

Und je mehr ich daran dachte, um so mehr stieg mir das Blut zum Kopfe.

In Lucera angekommen, schloß man mich in das Gefängnis San Domenico, in ein Zimmer, wo zwanzig Calabreser waren, lauter Bekannte von mir. Man muß beachten, daß in Lucera drei Gefängnisse waren: das Gerichtsgefängnis, das Gefängnis San Francesco und San Domenico, die alle dicht bei einander liegen.

Folgendermaßen war das Gefängnis San Domenico beschaffen: Zwei lange Zimmer mit je einem Fenster, die auf den Bürgersteig an der schönen breiten Straße inmitten der Stadt hinaus gingen. Die Fenster waren

---

*) Diese Thatsache ist von großem diagnostischen Wert und läßt in M... einen Epileptiker vermuten. Man muß beachten, daß er nicht empört ist, weil er sich der Camorra beugen muß, sondern weil es sich um eine falsche Camorra handelt.

**) Man ersieht daraus, wie stark die Verbrechereitelkeit bei M... war, trotz seiner Beteuerungen gegenüber dem Camorristen Sanfosti.

mannshoch, mit zwei großen Gittern und einem Netz aus Gußeisen versehen; zwei andere Fenster gingen auf einen kleinen Hof hinaus; zwischen den beiden Zimmern lag der Wachtraum, etwas weiter oben das Zimmer der Wärter mit dem Amtszimmer des Oberwärters, des Peppino Crigna.

Wir waren einundzwanzig Mann, liebten uns als gute Unglücksgefährten und halfen uns gegenseitig.

Von dem, was mir damals im Gefängnis zu Foggia begegnete, sagte ich meinen Genossen nichts, denn ich konnte einem camorristischen Gericht unterworfen und bestraft werden.

Zwar spricht Francesco Mastriani in seinen Romanen ausführlich von der Camorra, aber die Camorra der alten Zeiten ist etwas ganz anderes als die von heute, alles ist verändert, die Gesetze, Einrichtungen, Kleidung, Arbeiten, Jargon, Rechte und vieles andere; nur der alte Name ist von früherher geblieben und sonst nichts. Jedes mal, wenn eine Abteilung von Gefangenen ankam, stellte ich mich an's Fenster des Hofraumes, um zu sehen, ob der Picciotto aus Foggia ankäme, aber zwei Monate lang erwartete ich ihn vergebens. Eines Tages, als ein Zug von nur wenigen Gefangenen ankommt, höre ich einen Wärter rufen:

„Transport aus Foggia!"

Ich trete an's Fenster, blicke und suche mit dem Auge und sehe den Picciotto aus Foggia, mit seiner schief aufgestülpten roten Kappe.

Ich rufe den Wärter Peppino, der mein Freund ist, da ich ihm täglich zwei Brote liefere, die er mir mit fünfzehn Centesimi bezahlt.

„Peppino", sprach ich, „jener Bursche mit der schiefen roten Mütze ist Paolo Pescari, mein lieber Freund; haben Sie die Güte, ihn nach der Untersuchung in mein Zimmer zu schicken."

„Wärter Cicciotto", sagt der Oberwärter zu einem in der Nähe stehenden Wärter, „wenn Sie den Paolo Pescari durchsucht haben, lassen Sie ihn hier hereinkommen."

„Sehr wohl", antwortet der Wärter.

Ich begab mich wieder zu meinen Gefährten und erzählte ihnen mein Abenteuer im Gefängnis zu Foggia, wobei ich nicht die fünf Lire vergaß, die ich dem falschen Picciotto gegeben hatte.

Die wackeren Genossen gerieten in große Wut, der eine wollte ihn töten, der andere die Nase abschneiden, der dritte das Gesicht verstümmeln — alle fluchten und drohten durcheinander, die Fäuste streckten sich in die Höhe und die Messer wurden hervorgezogen.

Ich mußte sie bitten, sich zu beruhigen und das zu thun, was ich dachte.

„Liebe Genossen", sagte ich, „wir wollen ihn weder töten, noch verstümmeln; das thut man nicht mit einem armen Burschen, der so elend ist wie wir; ich will Euch ein Mittel angeben, eine famose Posse aufzuführen, wobei keiner zu leiden braucht. — Bildet eine camorristische Gesellschaft, ernennt ein Haupt, wählt die

Camorristen, die Picciotti, die Novizen, stellt eine richtige Societa di birillo dar; wenn der Picciolli Pescari eintritt, dann fragt ihn erst nach den Aufnahmerechten, dann nach den Wohnungsrechten; das Übrige werde ich machen: wenn Ihr in Zukunft Rechenschaft über Euer Benehmen ablegen müßt, so stehe ich für alles ein; ich bürge für alles, was daraus folgen kann; aber ich bitte Euch, die Hand in der Tasche zu lassen und nicht das Messer gegen den gemeinen falschen Picciollo zu gebrauchen; ich werde mich beiseite halten und keinen Anteil an der Komödie nehmen und ihr müßt mich gleichgiltig behandeln."

Sie traten zusammen und thaten, was ich angeordnet hatte.

Der Picciollo Paolo Pescari tritt ein und sagt: „Heil den Genossen!"

Er verhunzte das Losungswort oder kannte es nicht, es lautete statt dessen:

„Heil und Frieden den Genossen, Achtung Allen!"

Statt sich das Haar zu glätten oder das Kien zu berühren, rückte er die Mütze auf dem Kopf zurecht. Im Zimmer wurde er von den hungrigen Kerlen umzingelt, in der Hand trug er einen großen Sack, der von einem ergriffen wurde, der das Amt des Zimmerlehrers hatte und der den Sack auf das Bett warf.

Die Kerle erkundigten sich, woher er käme, wessen er angeklagt sei, wer sein Verteidiger wäre, ob er diesen oder jenen Camorristen oder Picciollo kannte. Zitternd und nachdenklich antwortete er auf die Fragen.

Ich lag auf meinem Bette, mit dem Rücken auf
dem Strohsack und rauchte eine Pfeife. Als mir der
Bursche reif und durch das Hin- und Herfragen
genügend verwirrt schien, erhob ich mich, trat an das
Fenster und rief:

„Frau M..., Frau M...!"

Es war die Wärterin, die auf Kosten der Gefangenen gehalten wurde, und die mir wegen verschiedener
kleiner Gefälligkeiten zugethan war.

Die M... kommt, tritt an das Gitter und sagt:

„Was giebt es, mein lieber M...?"

„Nichts, aber ich möchte wissen, wieviel Geld der
Gefangene Paolo Pescari im Bureau deponiert hat."

„Sofort", sagte sie und ging. Bald kam sie wieder
und sagte:

„Der Gefangene Paolo Pescari hat im Bureau
dreißig Lire deponiert."

„Ich weiß, liebe M..., ich kann mich auf Dich
verlassen, wie Du auf mich und meine Genossen. Wenn
Du nachher kommst, um die Rechnungen zu schreiben,
so beachte, daß Paolo Pescari Dir eine Nota von
dreißig Lire überreichen wird, fünfzehn sind für Dich,
die andern fünfzehn werde ich für Essen, Trinken und
Rauchen ausgeben, hast Du begriffen?"

„M..., Du wirst mich um meine Stellung
bringen."

„Du wirst nichts verlieren, verlaß' Dich auf mich."

„Ich rechne darauf, M..."

„Schön, sind wir einig?"

„Ja, wir sind einig."

Ich setzte mich auf mein Bett, nahm ein Blatt Papier und schrieb mit großer deutlicher Schrift:

Kostenrechnung für den Gefangenen Paolo Pescari.

Kalbfleisch,	20 Portionen	. . . L.	5,—
Kuchen,	20 „	. . . „	5,—
20 Liter Wein à 5 Soldi		. . . „	10,—
Gemüse	. . . .	„	2,—
Rauch= und Schnupftabak, Cigarren			8,—
		L.	30,—

Nachdem ich diese Nota geschrieben hatte, rief ich einen Genossen und sagte:

„Achte auf das, was ich Dir sage und mache folgendes: Dies ist eine Nota über 30 L., die der neue Picciotto der M... geben sollte, wenn sie nach den Rechnungen kommt; ich habe alles mit ihr abgemacht."

„Schön, M..., ich habe verstanden, heute wird gegessen und getrunken."

Ich übergab die Nota einem Genossen, der die andern von meinem Werk unterrichtete.

Als die Speisestunde kam, sagte ein Picciotto der neuen Gesellschaft zu Pescari:

„Freund, ist es mir gestattet, mit Erlaubnis dieser Herren eine Bitte auszusprechen?"

„Auch zwei", erwiderte Pescari kühn. Sie traten in einen Winkel des Zimmers; der neue Picciotto, mit der Mütze auf dem rechten Ohr, die rechte Hand in das Hemd gesteckt, sagt zu Pescari:

„Freund, die Gesellschaft möchte von Ihnen etwas spendiert haben, läßt sich das machen?"

„Ich bin ebenfalls Picciotto."

„Nein, Du bist ein Hallunke! Und wenn Du noch einmal das Wort wiederholst, das Du eben gesagt hast, so schlage ich Dir die Zähne aus dem Maul!"

„Aber erlauben Sie! Ich . . ."

„Du bist ein Hallunke! Sei still und mudse nicht, sonst . . ."

Die Wärterin kommt und unterbricht das lächerliche Duell, das ich gern zu Ende führen sähe.

„Nun, was Sie auch seien; fassen Sie Mut, heute trinken wir eine Flasche zusammen, aber sei still, sonst schlage ich Dir den Schädel ein."

Und vom „Du" ging es zum „Sie" über und wieder zum „Du."

Er giebt ihm einen derben Stoß, nimmt ihn am Arm und führt ihn nach dem inneren Gitter, wo gewöhnlich die Rechnungen geschrieben wurden; alle einundzwanzig standen dort zusammen.

Ein Calabreser überreicht der Wärterin die Nota und sagt:

„Unser Freund Pescari, der berühmte Picciotto aus Foggia, will uns heute ein Festessen geben, hier ist der Speisezettel, nicht wahr, Pescari?"

„Ja, Herr!"

Ein anderer Calabreser antwortete statt des Ge=
fragten.

Die Wärterin überträgt den Zettel in ein großes
Register, giebt ihn zurück und geht fort.

Sofort verbrannte ich den mit meiner Hand ge=
schriebenen Zettel.

Alle reihten sich um Pescari und bestürmten ihn
mit camorristischen Fragen und Redensarten.

„M..., M..., heute giebt's ein Fest; alle
Teufel! Der volle Korb, die gute Waare, Wein aus
Barletta! M..., M..., hier ist Ihr Fenchel und
Ihr halber Liter!"

Es war der Wirt, der aus vollem Halse brüllte,
daß es in der Wölbung widerhallte.

Ich eile an das Gitter und nehme den halben
Liter Wein, meinen Becher und den Fenchel entgegen.
Dieser halbe Liter und der Fenchel wurden mir täglich
von dem Wirt verehrt.

Jeder meiner Leser wird wissen wollen, warum der
Wirt mir den halben Liter und den Fenchel verehrte,
nicht wahr?

Eure Neugier soll befriedigt werden.

Als ich zuerst in das Gefängnis gebracht wurde,
hatte ich einen Streit mit dem Wirt gehabt wegen zwei
Soldi Tabak, der nicht richtig im Gewicht war; ein
Wort gab das andere, bis ich ihm den Becher über den
Kopf schlug, daß er fast in Stücke ging; von da ab
konnten meine Genossen ihn nicht mehr sehen; jedes mal,
wenn er kam, erscholl es aus allen drei Zimmern:

„Hinaus mit dem Schuft, hinaus mit dem Lump!"
Der Direktor rief mich und bat mich, dem Wirt zu verzeihen und dafür zu sorgen, daß meine Gefährten ruhig seien, sonst müßte er den Wirt wechseln.

Der Oberwärter rief mich in Gegenwart der Wärter, wir blinzelten uns zu, und er sagte mir:

„M..., so lange Sie in diesem Gefängnis sind, gebe ich Ihnen täglich einen halben Liter vom besten Wein und einen Fenchel oder irgend ein anderes Gemüse, sind Sie zufrieden?"

„Schön, aber hüte Dich, Dein Versprechen zu brechen."

„Eher will ich es dem Teufel brechen, aber nicht Ihnen." Dies ist der Grund, weshalb der brave Wirt mir den halben Liter und den Fenchel gab; jetzt kann es weiter gehen.

Meine Genossen machten eine Rechnung von fünfzehn Lire, während die anderen fünfzehn Lire der Wärterin M... zu gute kamen.

Sie warfen die Strohsäcke zur Erde und stellten aus den Pritschen und den Ständern eine große Tafel her und deckten das Bettuch darüber; die zusammengerollten Strohsäcke dienten als Sitze, vor sich stellten sie die Näpfe und eine große Flasche mit Wein; so aßen sie und tranken sie, die Becher voll schäumenden Weines, und oft küßten sich die Tischgenossen auf die Lippen. Ich saß auf meinem Bett, aß meinen Fenchel und schlürfte meinen halben Liter Wein; der arme Pescari saß auf dem Fenster und sah mich heimlich an, während er oft und schmerzlich seufzte.

„M..., beehren Sie uns doch und speisen Sie mit," riefen die Tischgenossen.

„Ich danke sehr, meine lieben Freunde."

Sie aßen und tranken mit vollem Munde, sprachen laut und verworren durcheinander, brachten Trinksprüche aus in ihrer kalabresischen Mundart, daß man vor Lachen platzen konnte; ein wahres Teufelsbacchanal; einer sang, der andere lachte wie verrückt, der dritte erzählte Späße und berichtete aus seiner Heimath, und diese tolle Posse spielte sich ab auf Kosten des halbverhungerten, betrübten Pescari.

Die Suppe kam, ich nahm meine und aß sie*), Pescari nahm die seinige und stellte sie unter sein Bett, die andern wiesen sie zurück, indem sie sagten:

„Heute brauchen wir den Brei nicht, gebt ihn den Armen; uns geht es vorzüglich."

*) Es ist merkwürdig, wie M... sich hier als Rächer der verletzten Moral aufspielt, man möchte sagen, daß er die Rolle des Uninteressirten hervorkehren will, während er vielleicht nur seinem Spitzbubeninstinkt gehorcht, um nicht als der Urheber dieser Camorraszene entdeckt zu werden. Man thut gut, nicht zu vergessen, daß der ganze Zorn gegen Pescari nicht davon herrührt, daß er die Camorra herausgefordert hatte, sondern sich für einen Camorristen ausgegeben hatte, ohne es zu sein. Man möchte glauben, daß M..., obgleich er es nicht bekennen will, ein Haupt der Camorra gewesen ist. Seine Handlungsweise ist dieselbe, wie sie Pucci (Archivio di Psichiatria, V. Jahrgang 1884) und Alongi (La camorra Studio di Sociologia criminale, Torino, Bocca 1890) bei den Häuptern der Camorra beschreiben.

Bis auf den Abend dauerte das Mahl meiner Genossen. Sie erhoben sich von der Tafel mit vollem Magen und weinerhitzten Köpfen; jeder hatte eine gute Zigarre zwischen den Zähnen und blies mächtige Rauchwolken von sich. Sie umringten den unglücklichen Pescari und fingen die alten Fragen über seinen Prozeß, seinen Anwalt, über Camorristen und Picciotti wieder an. Ich trat ans Fenster und sagte einem Wärter, der vorbeiging:

„Haben Sie die Güte, mir den Wärter di A... zu rufen, ich möchte ihn sprechen."

Alsbald erschien di A...

Dieser Wärter war ein armer, alter Mann, Vater von neun Töchtern, arm wie Hiob, so daß er die Gefangenen um ein Stück Schwarzbrot anbettelte. Er war mir gewogen, weil ich ihm Brot und etwas Tabak gegeben hatte, auch einige Näpfe voll Brei oder Reis*).

„Was giebt's, M..., wünschen Sie etwas?"

„Sagen Sie, di A..., kann ich mich auf Sie verlassen?"

„Gewiß, wie ich mich auf Sie verlassen habe."

„Nun, so hören Sie mich an und thun Sie, was ich Ihnen sage: Hier ist ein Sack mit Kleidern, ich weiß nicht, was für welche; sie sind uns hier unbequem, und ich möchte, daß sie wegkommen; wollen Sie das übernehmen?"

---

*) Man sieht, wieviel dem System eines Spezialkorps für die Gefängniswache widerspricht. Es existiert militärische Disziplin, aber der Soldat wird von den Gefangenen unterhalten, und sucht aus seinem traurigen Geschäft soviel wie möglich herauszuschlagen.

„Aber wem gehört der Sack?"

„Dem Teufel, der Dich holen soll!"

„Schön, schön, ich habe verstanden; später, M..., beim Dunkelwerden."

„Sehen Sie zu, daß Sie sich entfernen, sobald Sie glauben, daß es gelingt, ohne daß der Oberwärter Sie bemerkt; klopfen Sie mit dem Schlüssel an das Gitter und pfeifen Sie, um mich zu benachrichtigen."

„Machen Sie, daß uns keiner sieht, sonst M..., bin ich ruiniert."

Pescari stand hinten im Zimmer, umgeben von den zwanzig Kerlen, sein Bett, unter dem er den umfangreichen Sack niedergelegt hatte, war nahe der Ausgangsthür.

Der Schlüssel klopft auf das Eisengitter, ich gehe ans Fenster und di A... sagte mir:

„Bringen Sie die „Leiche" an die Thür, ich öffne rasch und Sie geben sie mir."

Die Thür war wie gesagt nahe dem Bett, wo der Sack war, ich ergreife ihn unbeobachtet und gehe zur Thür, die halb geschlossen ist, eine Spalte öffnet sich und eine runzlige, knochige, vertrocknete Hand streckt sich aus, um den Sack entgegen zu nehmen, darauf schließt sich die Thür ohne das geringste Geräusch.

Ich unterrichte meine Genossen von dem, was ich gemacht hatte.

Die Nacht bricht herein, die Thür öffnet sich geräuschvoll, man hört das Klirren des Schlüsselbundes, der Oberwärter mit fünf Wärtern treten ein, zwei tragen brennende Laternen; einer mit einer runden Eisenstange tritt an's Gitter und klopft eine prächtige Polka. Wir waren alle auf den Beinen, jeder am Fußende seines Bettes, die Mütze in der Hand. Der Oberwärter ruft die Namen auf und wendet sich an den Stubenältesten:

„Wie viel sind es?"

„Zweiundzwanzig," antwortet er.

„Zweiundzwanzig," wiederholte der Vorgesetzte.

Er wollte gehen, als Paoli Pescari, der famose Picciotti der Camorristen in Foggia, derselbe, welcher den Mut gehabt hatte, mir gegenüber zu treten, um mich nach den Regeln der Camorra zu fragen*), der, welcher sich als „Guappo" aufspielte mit der schief aufgesetzten Mütze, aus der Thür floh und zwischen den Soldaten hindurch in das Wachtzimmer lief, indem er rief:

„Hilfe, Hilfe, sie wollen mich ermorden!"

Die Wärter und der Oberwärter eilen hinzu, fassen ihn und fragen ihn, was er habe, welches Gespenst er gesehen habe.

---

*) Das ist das große Verbrechen. M . . ., der dem Sanfosti erklärte, daß er auf den rechten Lebenspfad zurückkehren und von der Camorra nichts mehr wissen wolle, obgleich er sie wer weiß wie oft zu seinen Gunsten in Anspruch genommen hat, kehrt aus bloßem Wunsch nach Rache zu ihr zurück. Das Unrecht des Pescari, das ersieht man aus dem folgenden, war, sich als „Guappo" aufgespielt zu haben, ohne es wirklich zu sein. Daraus ersieht man, wie die verbrecherische Assoziation, wovon die Camorra ein Beispiel bildet, ein Versuch der antisozialen Elemente ist, um andere soziale Kriterien aufzustellen, die ihrem Temperament mehr entsprechen.

„Ich will nicht in diesem Zimmer bleiben, die Kalabresen wollen mich ermorden."

„Dann laßt sein Bett in das andere Zimmer schaffen," befahl der Oberwärter, „und er möge zu seinen Genossen kommen, wenn ihm schon der kalabresische Dialekt nicht gefällt; aber eigentümlich ist es, heute Morgen schienen sie so befreundet und jetzt liegt das Gegenteil vor; oder er ist betrunken: er hat dreißig Lire ausgegeben, um sich mit seinen Freunden lustig zu machen und ein Glas in ihrer Gesellschaft zu trinken, und jetzt läuft er in das Zimmer und schreit, daß sie ihn ermorden wollen. Ja, in der That, nett, sehr nett: entweder ist er verrückt oder betrunken — oder M... ist ein vollendeter Schurke."

Paoli Pescari wird mit seinem Bett in das andere Zimmer gebracht, und wir schrieen:

„Hoch der Picciollo der Camorristen aus Foggia, der Lumpenbande. Hinaus mit dem Schuft; Dir haben wohl die fünf Lire gefallen, Du Kanaille; aber jetzt hast Du mit uns zu thun; aber glaube es, wir werden uns wiedersehen!" und Heulen, Pfeifen und Grimassen begleiteten ihn triumphierend in das andere Zimmer.

Es war ein Teufelslärm, der Wärter konnte nicht mehr lachen und rief:

„Seid still! Was für eine Höllenzucht ist das hier!"

Eine Menge Einwohner von Lucera drängte sich unter den Fenstern der beiden Zimmer und auf der Straße. Fragen und Antworten gehen hin und her,

man will den Grund des Lärms wissen, die Wacht-
soldaten laden ihre Flinten.

Auf die Stöße, Pfiffe und Grimassen folgten Lieder
in kalabresischer Mundart: man sang die halbe Nacht
hindurch; dann legten sie sich müde, betrunken auf die
Erde und schnarchten wie eine Sauheerde, und ich, glaubt
es mir, wanderte die ganze Nacht umher mit einem Dolch
und bewachte die Schlafenden aus Furcht vor einer
Überraschung oder einem Streich, den man ihnen spielen
könnte, und ich freute mich, sie so liegen zu sehen, einer
über dem andern, mit aufgesperrtem Munde, wie sie
schnarchten, schnarchten! Tags darauf wurde ich vom
Direktor gerufen, der zu mir sagte:

„Sie, mein braver junger Mann, durften nicht erlauben, daß Ihre Landsleute den Gefangenen Pescari
um seine Kleider und sein Geld brachten; sagen Sie mir
gewissenhaft, wie die Sache gekommen ist."

„Herr Direktor, ich kann Ihnen nichts sagen; als
der Gefangene Pescari in mein Zimmer eintrat, umarmte
und küßte er sich mit allen meinen Gefährten, als ob sie
seit langer Zeit Freunde gewesen seien; ich kannte ihn
nicht und blieb auf meinem Bett sitzen und rauchte meine
Pfeife. Sie haben angefangen zu reden, zu fragen und
zu antworten und was weiß ich sonst noch. Um die
Speisestunde sagte Pescari, daß er auf seine Kosten ein
leckeres Mahl geben wolle, um sich zu zerstreuen, er
verlangte alles, was zum Schreiben nötig ist, um eine
Aufstellung zu machen, was er kaufen wolle. Dann
kam die Wärterin und er gab ihr seine Aufstellung, die

Wärterin fragte: das wollen Sie alles kaufen? Er sagte ihr, alles, das ist das Menu; dann ging ich und kümmerte mich um meine Sachen."

„Nachdem das Essen gekommen war, machten sie aus ihren Bettstellen eine große Tafel, dann setzten sie sich nieder und ließen die Zähne arbeiten und tranken fröhlich und auf das Wohl des Paoli Pescari, des berühmten Picciotto, wie sie ihren Genossen in ihren Trinksprüchen nannten. Ich bin eingeladen worden, aber habe nicht annehmen wollen; nach dem Essen, das lange dauerte, schenkten sie mir eine Zigarre. Das habe ich gesehen und kann ich bestätigen."

„Aber Pescari sagt, daß er einen Sack mit Kleidern in das Zimmer gebracht hat, auch dieser ist verschwunden."

„Ich, Herr Direktor, habe keinen Sack gesehen, und dann vermag ich auch nicht zu glauben, daß meine Landsleute fähig sind zu stehlen. Wenn sie ihn gestohlen haben, muß er sich in dem Zimmer finden, das beste ist, wenn Sie eine Untersuchung vornehmen; wenn er da ist, wird er sich finden und Sie werden den Dieb bestrafen; wenn er nicht da ist, so muß der Gefangene Paoli Pescari ein Verleumder sein und schwer bestraft werden*). Ist meine Ansicht nicht logisch, Herr Direktor?"

„Sehr logisch und verständig."

Der Direktor, der Oberwärter und die Wärter begaben sich in mein Zimmer und jeder Gefangene stellte

---

*) Auch dies ist eine charakteristische Bemerkung. Man möchte sagen, daß M... die ganze Gemeinheit der Verleumbung kennt, gerade in dem Augenblick, wo er eine schlimme Intrigue angestellt.

sich mit der Mütze in der Hand am Fuße seines Bettes auf.

„Kalabreser," sprach der Direktor, „Ihr seid alle brave junge Leute, ich habe viel Nachsicht mit Euch gehabt, weil Ihr fern von Eurer Heimat seid, und glaubt mir, ich will Euch wohl, aber heute habt Ihr mir einen Kummer verursacht, den ich von Euch nicht erwartet hätte*). Gestern ist der Gefangene Pescari hier hereingekommen. Er sagt, daß Ihr ihn mit Gewalt veranlaßt habt, dreißig Lire auszugeben, das einzige Geld, das er hatte; dann hatte er, als er hereinkam, einen Sack mit Kleidern bei sich, auch dieser Sack ist inzwischen verschwunden. Ist das wahr, was Pescari behauptet?"

---

*) Diese wohlwollende, fast furchtsame Redensart ist keine Übertreibung. Die Camorra behauptet sich noch heute in den südlichen Gefängnissen, dank dieser Höflichkeit der Gefängnisdirektoren. Diese armen Bürokraten wissen, daß in einer Epoche politischer Wandlungen das beste, was sie thun können, ist, ihren Vorgesetzten keinen Ärger zu machen.

Wenn sie durch die Energie ihrer Maßregeln üble Laune erregt und sich der Gefahr eines Aufstandes ausgesetzt hätten, so hätten sie den Schaden einer Versetzung gehabt. Wenn sie dagegen ihren Gefangenen gegenüber ruhig blieben, konnten sie ihr Leben unbemerkt verbringen. Es ist übrigens nicht lange her, daß infolge eines Aufstandes in einem Bagno das Ministerium eine Untersuchung angeordnet hatte. Es handelte sich um eine durch das Essen veranlaßte Unzufriedenheit. Wenn es sich um einen Bauernaufstand gehandelt hätte, hätte man die Leute eingesperrt und die einzige Untersuchung, die angestellt worden wäre, wäre die durch die Gerichtsbehörde gewesen, welche ihr Urteil ausgesprochen hätte, ohne daß das Essen besser geworden wäre.

Zwanzig Stimmen erwiderten auf einmal:

„Der Gefangene Pescari ist ein Hallunke! Er ist ein Dieb, ein Lügner!" Und alle schrieen sie durcheinander, daß die Schildwache, welche vorbeiging, die Wache zu den Waffen rief.

Ein Haufe von Luceranern rief von außen:

„Die Kalabreser töten die ganze Wache, sie empören sich, sie wollen fliehen."

Der Direktor und die Wärter gehen eilig fort, die Thür heftig zuschließend, und wir lachen, heulen und singen.

So schloß die Posse, und Paoli Pescari, der Picciotto mit der schiefen Mütze, bezahlte die Zeche der Camorra mit dreißig Lire und einem Sack neuer Kleider, die etwa fünfzig Lire wert sein mochten; so bezahlte er teuer die fünf Lire, die ich ihm im Gefängnis zu Foggia gegeben hatte.

Wer schlecht handelt, verdient es noch schlechter.

Von dem Sack mit Kleidern hatten die Kalabreser wenig, sie kamen ganz dem armen Wärter zu Gute.

In dem anderen Zimmer waren zwei neapolitanische Camorristen, meine Bekannte, sie erkundigten sich nach dem Geschehenen, und als sie erfuhren, daß er sich den Namen und die Eigenschaften eines Picciotto beigelegt habe, während er durch ein bekanntes Zeichen und etwas anderes, das ich nicht sagen darf, kenntlich war, wollen sie ihn verstümmeln; aber ich wollte es nicht und bat sie, ihn nicht zu berühren, da seine Strafe genügend sei; aber er bekam eine ordentliche Tracht Prügel und Fußtritte.

So standen die Dinge vorzüglich. Man lebte im Gefängnis wie ein Fürst und nie kam mir der Wunsch, frei zu sein*); ich hatte die Freiheit vollständig vergessen, als ob ich sie nie genossen hätte, und Spielen, Singen und Schwelgen war unser Leben; aber der liebe Gott will es anders; unsere Fehler sollen nicht durch Spielen, Singen und Schwelgen vergolten werden. Das Wechselfieber fing an zu wüten, die armen Kalabreser wurden ein Opfer dieser Krankheit; der im Gefängnis San Francesco befindliche Krankensaal war von Leidenden überfüllt.

---

*) Dies ist ein sehr wichtiges Argument, ein neuer Beweis dafür, was die positive Schule immer behauptet hat, daß das Gefängnis so, wie es in der klassischen Schule hergerichtet ist, die voll Sentimentalität war, nicht bleiben kann. Man halte diese Worte des M... mit den andern zusammen, die Lombroso gesammelt hat (Palimsesti del Carcere): „Ich bin glücklicher als St. Petrus. Hier werden wir von Lakaien bedient. Welches Wohlleben! Hier ist es besser wie auf dem Lande." — „Triumph! Ich bin wegen Diebstahls verhaftet, an dem ich unschuldig bin. Lebt wohl Freunde. Thut mir um der Barmherzigkeit willen den Gefallen, flieht nicht aus diesem Gefängnis, hier ißt, trinkt uud schläft man und braucht nicht zu arbeiten" — und man wird folgenden Ausruf eines Gefangenen nicht ganz ungerechtfertigt finden: „Hier behandelt man uns zu gut und übt zu viel Rücksicht." Und den Schluß aus diesen Prämissen hat der berühmte Dieb Leblanc sehr gut zu ziehen gewußt, der dem Polizeipräfekten Gisquel sagen mußte:

„Wenn ich nicht Dieb aus Beruf wäre, würde ich es aus Neigung sein. Ich habe alle Vorteile und Nachteile der anderen Berufszweige gegen einander abgewogen und gefunden, daß das Stehlen immer noch das beste ist... Ich weiß wohl, daß wir im Gefängnis enden können, aber von 18000 Dieben, die in Paris sind, ist nicht ein Zehntel im Gefängnis, folglich genießen wir neun

Dieser Krankensaal war luftig, sauber, mit guten Betten, reiner Wäsche und wollenen Matratzen; man befand sich hier sehr wohl. Der Krankenwärter, ein Hallunke erster Klasse, Soldat im Detachement von Monteleone war wegen Diebstahls vom dortigen Gerichtshof zu drei Jahren Gefängnis verurteilt worden, und als unwürdig für den Heerdienst mit den Kalabresen nach Lucera beordert worden; die anderen vier Unterwärter waren reine Kalabresen.

Es ist meine Pflicht, das Benehmen des vorzüglichen Direktors Herrn B... zu rühmen, der daran dachte, den Kalabresen die Dienststellen zu überweisen. Die Unterwärter hatten einen Lohn von sechs Lire monatlich, einen halben Liter Wein täglich und die Krankenkost, ausgenommen das Brot, welches sie gemeinschaftlich hatten*).

Die Zimmerältesten waren alle Kalabresen und hatten einen Lohn von drei Lire monatlich, ebenso die Zimmerkehrer.

Jahre in Freiheit gegen eines im Gefängnis. Und wo ist der Arbeiter, der nicht eine arbeitslose Periode hat?... Und wenn wir schließlich eingekerkert werden, so leben wir auf Kosten der andern, man kleidet, speist und wärmt uns, und alles zu Lasten derer, die wir bestohlen haben. Und ich gehe noch weiter: Während unseres Aufenthaltes auf der Galeere oder im Gefängnis vervollkommnen wir uns und bereiten neue Mittel, die uns Erfolg verbürgen, vor."

*) Viele der Stellen, die im Manuskript unterstrichen waren und in gesperrtem Druck erscheinen, waren es augenscheinlich in der Absicht, sie als den Schreiber nicht befriedigend und darum einer

Die Köche waren Gefangene, sie genossen die Freiheit, begaben sich mit einem Wärter in die Stadt, um Einkäufe zu machen und den Kessel, aus dem die Suppe gereicht wurde, aus einem Gefängnis ins andere zu tragen; sie bekamen sechs Lire monatlich, ohne das, was sie stahlen. Die kalabresischen Gefangenen wurden vom Direktor sehr geliebt und geachtet, wie auch von den Wärtern und den apulischen Gefangenen — sie waren gefürchtet, denn mehr als einer war in den Krankensaal gekommen, um sich den Kopf oder eine Wunde zwischen den Rippen verbinden zu lassen.

Das Wechselfieber suchte uns heim, uns arme hilflose Geschöpfe!

Der Krankensaal war voll von Kranken, so daß alle fünfunddreißig Betten belegt waren und die andern in den Zimmern selbst behandelt werden mußten. Mehr als zwanzig ließen ihr Leben, ob nun der elende Arzt, ein schläfriges Vieh, die Ursache war oder die nicht regelrechte Medizin oder Verpflegung; Thatsache ist, daß die Ärmsten erbarmungslos sterben mußten.

Auch ich wurde ein Opfer des Fiebers und kam in den Krankensaal; ich war so hinfällig, daß ich das Essen nicht verdauen konnte und es wieder ausbrach, wenn ich es kaum gegessen hatte, lange und starke Delirien überkamen mich. Das Chinin hatte keine genügende

---

Korrectur bedürftig zu kennzeichnen. Vielleicht rührt das Unterstreichen auch von Personen her, denen das Manuskript zum Lesen gegeben wurde.

Kraft mehr, um das traurige Übel zu entfernen, in der Milz empfand ich heftige Stiche und brennende Schmerzen.

Einige Tage, als ich im Krankensaal war, bemerkte ich, wie der Oberwärter mit seinem Messer den Kalk von der Wand abkratzte und ihn mit dem Chinin mischte; das entsetzte und empörte mich nicht wenig, so daß ich eine Eisenstange aus dem Bett losriß und ihm zwei gute Hiebe über den Rücken und auf den Kopf gab, so daß er wie ein Mondsüchtiger auf der Erde herumrollte; wenn mir nicht ein anderer Kranker den Arm gehalten hätte und mich nicht, um Hilfe rufend, wie mit eisernen Klammern umschlossen hätte, dann hätte ich ihn sicher kalt gemacht.

Es kam alles zur Kenntnis des Direktors, der ihn sofort aus dem Krankensaal entfernen ließ, während einige Tage darauf ein Kalabreser ihn mit der Klinge eines Rasiermessers gehörig auf beide Wangen zeichnete, so daß er ein Auge verlor — zum Andenken an seine Schändlichkeit.

Ein alter kalabresischer Priester, der zu sechs Jahren Gefängnis verurteilt war, übernahm den Posten als Oberwärter.

Zwischen dem Direktor, dem Arzt und dem Chef der Wache wurde beraten und beschlossen, daß die vom Wechselfieber ergriffenen Kalabreser nach der Strafanstalt geschickt werden sollten.

Es wurde in diesem Sinne ans Ministerium ge= schrieben, nach wenigen Tagen begannen sie, nach ihrem Bestimmungsort abzureisen.

Ich blieb allein zurück, aber die zwanzig Betten der Kalabreser in meinem Zimmer wurden mit apulischen Gefangenen belegt.

Krank und elend wie ein Leichnam bat ich den Direktor, mich nicht abreisen zu lassen, denn eine bessere Pflege und so gute Vorgesetzte fand ich nicht wieder.

Die zwanzig Apulier waren sämtlich Angeschuldigte, Landleute, unwissend und dumm; keiner konnte lesen und schreiben; ich besorgte täglich ihre Briefe, wurde ihr Schreiber, machte mich zu ihrem Schulmeister, um ihren blöden Verstand einigermaßen zu schärfen, besorgte die Briefe an ihre Familien, ihre Anwälte, die Bittschriften an den Staatsanwalt, um die Entscheidung ihrer Sachen zu beschleunigen; dafür beschenkte mich der eine mit Wein, der andere mit Cigarren, der dritte mit Obst und Eßwaaren; sie liebten und achteten mich wie einen Gott. Wenn ihre Familien nach Lucera kamen, um ihre Anverwanden zu sehen, so brachten sie in ihren Ranzen Käse und andere schöne Sachen mit. Sie nahmen alles, legten es auf mein Bett und sagten:

„Meister, alles dies gehört Ihnen, machen Sie damit, was Ihnen am besten dünkt."*)

---

*) Dies bestätigt die Vermutung, daß M.... ein Haupt der Camorra war. Die Halbbildung einzelner Gefangenen war eine derartige, daß sie sie gegenüber dem Analphabetismus der Menge stark und mächtig machte. Es genügt, über diesen Gegenstand das Kapitel bei Alongi zu lesen: Camorristi letterati e causidici (a. a. O.). Der Titel „Meister", der M.... gegeben wurde, ist gerade der, den man den Häuptern der Camorra gab.

Und ich verteilte es unter alle, und sie waren dank=
bar und zufrieden.

Die vollständigste Harmonie und Liebe herrschte
unter uns, ich fühlte mich glücklich, mich unter so vielen
guten Jünglingen zu sehen.

Der Direktor ruft mich und sagt:

„M...., Sie sind von nun an Zimmerältester in
Ihrer Stube."

„Ich danke", antwortete ich, „aus persönlichen
Gründen kann ich dieses Amt nicht annehmen, was
brauchen wir einen Zimmerältesten, wenn wir eine Familie
sind und uns alle wie die Brüder lieben?"

„Es ist der Regel wegen, ein Zimmerältester muß
sein, und Sie müssen es werden."

„Wie Sie meinen, Herr Direktor."

Den anderen Zimmerältesten gab er monatlich drei
Lire; mir wies er auf mein Konto alle Monate fünf
Lire an, zwölf Lire hatte ich von Hause monatlich, fünf
gab mir der Direktor, mit siebzehn Lire monatlich ging
es mir vorzüglich.*)

Ich blieb acht Monate bei diesen braven Apuliern;
das Fieber verließ mich nicht, ich sah aus wie Haut
und Knochen, meine Augen lagen tief in den Höhlen
und waren halb erloschen, die Wangen dürr und ein=
gefallen, ohne physische und geistige Kraft.

Der Arzt ordnete an, daß ich in das Gerichtsge=
fängnis überführt würde, der Luftveränderung wegen;

---

*) Und dann sagt man, daß die Gefängnisse Strafanstalten
sind, bei diesen übermäßigen Lobsprüchen!

ich kam dorthin und da die Zimmer zu ebener Erde feucht und dunkel waren, wurde ich noch kränker.

Während ich in diesem Gefängnis war, ereignete sich ein Vorfall, den ich erzählen möchte.

Ein alter Mann und sein Sohn wurden in öffentlicher Verhandlung abgeurteilt; der Gerichtshof verurteilte den Vater zu fünfzehn, den Sohn zu zehn Jahren Zwangsarbeit; der Alte sagte zum Vorsitzenden:

„Diese fünfzehn Jahre werden Sie für mich abmachen!"

Als sie ins Gefängnis gebracht waren, war der Alte heiter und lächelnd, als ob er in Freiheit gesetzt wäre und sagte, daß er mit der Strafe zufrieden sei. Abends gingen alle in den Hof, um Luft zu schöpfen; der Alte wollte nicht mitkommen und blieb allein im Zimmer; aus dem Strick, an dem die Lampe hing, machte er eine Schleife, befestigte sie an einem großen Nagel, an dem die Lampe in die Höhe gezogen wurde, steckte den Kopf hinein und baumelte sich auf wie eine Wurst.*) Nachdem die Freistunde beendet ist, treten wir ins Zimmer und sehen den Alten baumeln, mit der Zunge aus dem Halse, mit hervorgequollenen Augen und leichenblassem Gesicht. Er war tot!

---

*) Die moralische Unempfindlichkeit des M.... wird durch seine Ausdrucksweise bestätigt. Für ihn ist nur das schändlich, was zu seinem Nachteil geschieht. Hingegen bezeichnet er als „gut" die Wunden, die er einem andern beibringt, die Hiebe mit einer Eisenstange, die er auf den Kopf eines Krankenwärters niedersausen ließ.

Der Richter und die anderen Beamten kamen, er wurde abgeschnitten und weggetragen.

Der anwesende Staatsanwalt nähert sich dem Nagel an der Wand, um ihn zu untersuchen und findet folgende mit Bleistift in großen Lettern geschriebene Worte:

„Der Schurke von Staatsanwalt wird die fünfzehn Jahre Zwangsarbeit für mich abmachen; er sei verflucht!"

Ich wurde zum Gefängnis San Domenico zurückgebracht, aber das verfluchte Fieber hatte sich bei mir festgebissen.

Man erlaubt mir, in die Stadt zu gehen, ich begebe mich in ein Wirtshaus und esse, und gehe dann auf dem Lande spazieren, betrachte die Natur, die Schlechtigkeit der Menschen, die Güte und Barmherzigkeit Gottes; aber die Gunst, die mir der brave Signor B. erweist, ist vergebens, denn ich werde immer kränker und immer stärker werden die brennenden Schmerzen in der Brust.

Der Arzt und der Direktor ersuchten mich, eine Eingabe an das Ministerium zu machen, um nach Kalabrien überführt zu werden; der Direktor versprach mir, mein Gesuch zu unterstützen und alles zu thun, daß meine Bitte erhört werde. Ich reichte das Gesuch ein; nach einigen Tagen sollte ich mit einem besonderen Transport abreisen.

Der Direktor gab mir bekannt, daß ich den Rest meiner Strafe in Trogen verbüßen sollte.

Zwanzig Monate war ich in Lucera gewesen; gesund, kräftig und lebensfroh kam ich hin, elend, schwach und sterbenskrank ging ich von dannen.

Ich umarmte meine lieben Genossen; empfing fünfundvierzig Lire, die auf meinem Konto standen, steckte mir zwanzig Chininpillen in die Tasche und nachdem ich mich von den guten Vorgesetzten verabschiedet hatte, reiste ich mit Thränen auf den hageren Wangen im Wagen nach Foggia ab, von zwei Karabinieri begleitet.

In diesem Gefängnis, wo der Gefangene Paolo Pescari, der Picciotto aus Foggia, mir die fünf Lire abgenommen hatte, nahm ich nachts die zwanzig Chininpillen ein, ein letzter Versuch, das Fieber zu bannen.

Tags darauf reiste ich mit der Eisenbahn nach Neapel, so dieselbe Reise zurückmachend, die ich vor einundzwanzig Monaten hin gemacht hatte.

Man sperrte mich in das Gefängnis del Carmine in Neapel, wo ich den unglücklichen Perrone vor dem Messer des berühmten Camorristen Sansosti gerettet hatte.

In der Strafanstalt.

Ich blieb eine Nacht in dem Durchgangszimmer des Gefängnisses del Carmine in Neapel und fand dort eine camorristische Gesellschaft von Neapolitanern und Sizilianern; sie wußten von meinem Kommen und kannten die

Erkennungsrechte.*) Am Morgen wurde ich in das Amts=
zimmer des Wachtmeisters gerufen, wo ich zwei Kara=
binieri fand, die mich transportieren sollten; man gab
mir mein Geld, das ich bei meinem Eintritt abgegeben
hatte, fesselte mich und fort ging's. Wir nahmen auf
einem Wagen Platz, während ein Karabiniere sagte:

„Der Weg ist recht lang."

Der Kutscher fragte:

„Wohin geht es?"

„Nach der Strafanstalt Santa Maria Apparente",
erwiderte ein Karabiniere.

„Wie?" sagte ich verwundert, „Santa Maria
Apparente? Sie irren, ich soll nach Kalabrien."

„Nach Kalabrien?"

Er öffnet seine Tasche, die er an der Seite hatte,
nimmt eine Papierrolle heraus, untersucht sie und sagt:

„Wie heißen Sie?"

„M. . . ., Antonino mit Vornamen."

„Zu wieviel Jahren sind Sie verurteilt?"

„Fünf Jahre."

„Von den Assisen zu Monteleone?"

„Zu Monteleone."

„Wer hat Ihnen gesagt, daß Sie nach Kalabrien
sollten?"

„Der Direktor des Gefängnisses in Lucera, wo
ich war."

---

*) Die „Erkennungsrechte" sind die Handlungen, durch welche
der neuangekommene Camorrist zeigt, daß er die Autorität des
Vorgesetzten und die camorristische Hierarchie anerkennt.

„Der Direktor hat Sie zum besten gehabt."

„Zum besten gehabt!" Wie mir in jenem Augenblicke war, kann ich nicht beschreiben, ich ergab mich in mein grausames Schicksal.

Wir kamen in der Strafanstalt an; der Oberwärter und andere Wärter bemächtigen sich meiner, führen mich in ein leeres Zimmer und lassen mich eine gute halbe Stunde warten, dann werde ich in das Bureau des Chefs der Wache gerufen, der meinen Namen und Vornamen, Signalement u. s. w. in ein dickes, staubiges Register einträgt, dann fragt er:

„Haben Sie Geld?"

„Etwas."

„Schön, geben Sie es hier ab."

Er nahm mein Geld und legte es auf den Tisch.

„Sie heißen M...., nicht wahr? Von jetzt ab verlieren Sie diesen Namen und heißen Nummer fünfhunderteinundneunzig. Begriffen?"

„Ja."

„Wenn Sie wieder frei sind, erhalten Sie den Namen Ihres Vaters wieder."

Er läutet eine Glocke, die auf dem Tisch steht, sofort erscheint ein Wärter.

„Sie befehlen?"

„Führen Sie den Gefangenen ins Bad."

„Vorwärts, 599, kommen Sie mit!" sagt der Wärter.

Ich folgte ihm durch mehrere Korridore, bis er ein eisernes Gitter öffnet und schließt.

Grabesstille herrschte in diesen Mauern, sie schienen von niemandem bewohnt zu sein.

Der Wärter führt mich in mein Zimmer, wo ein Untergebener, zwei Gefangene und eine mit frischem und krystallklaren Wasser gefüllte Wanne sich befanden.

„Schnell, 599", sagt der Wärter, „kleiden Sie sich aus und steigen Sie ins Bad!"

Ich kleide mich aus und setze mich in die Wanne; das Wasser ging mir bis an die Schultern, glücklicherweise waren wir in der heißen Jahreszeit. Nachdem ich fünf Minuten im Wasser gewesen war, um mir etwas zu verschaffen, das ich nicht nennen darf, fingen die zwei Gefangenen, die jeder eine rauhe Bürste in der Hand halten, an, mich zu striegeln und striegelten mich ungefähr eine halbe Stunde lang, dann sagte der Beamte:

„Genug; 599, kommen Sie heraus."

Ich kletterte aus der Wanne und stand nackt und triefend da. Nicht zufrieden damit, daß sie mir die Schultern und den Rücken gestriegelt hatten, wollten sie mir jetzt noch die Beine, den Bauch und den ganzen übrigen Körper striegeln. Ich trockne mich mit einem Tuch ab und denke: Was zum Teufel ist das für ein Ort, wo die Christenmenschen wie die Pferde gestriegelt werden; das mußte ich erst noch erleben, ehe ich sterbe: mich in einen Bottich mit Wasser zu setzen und mich zu striegeln! Schön, reizend, wahrhaftig!!!

Hier stelle ich ein in die Schwemme gerittenes Pferd dar, ich bin neugierig, was sie von mir wollen.

„Kleiden Sie sich an", sagt der Beamte, „dort sind Ihre Kleider."

Es war ein vollständiger Anzug mit einem Paar neuer Schuhe, einem Hemd, einer kaffeebraunen Cravatte, einer Jacke, Weste, Hosen und einer Mütze, alles dunkelbraun.

Ich kleide mich an und frage dann:

„Und meine Kleider?"

„Sind im Lagerraum", sagt der Beamte. „Wenn Ihre Strafzeit zu Ende ist, bekommen Sie sie zurück."

Sie führten mich durch dieselben Korridore, wir stiegen verschiedene Treppen hinauf und man schloß mich in eine Zelle ein, indem man mir sagte:

„Nachher wird der Arzt kommen, um Sie zu untersuchen, auch der Barbier wird kommen, um Sie zu scheeren und zu rasieren; dieser Schnurrbart steht Ihnen nicht!" —

Bald nachher öffnete sich die Thür, zwei Gefangene brachten mir das Bett und Decken, dann erscheint der Barbier, der ein Gefangener war. Ich setze mich auf das Bettgestell und der Barbier beginnt sein Werk; mitten in der Arbeit sagt er:

„Ich weiß, wer Sie sind — das Losungswort?"

„Recht und Brüderlichkeit", antworte ich.

„Recht und Brüderlichkeit werden Sie finden. Das Haupt der Gesellschaft, D. Gennarino, mit der Registernummer 186, läßt Sie grüßen."

„Bestellen Sie ihm meinen Gruß."

„Wenn Sie etwas brauchen — nachher wird ein Wärter kommen, dem teilen Sie es mit."

„Sehr wohl, grüßen Sie die Genossen."

„Wir erwarteten Sie, wir wußten von Ihrem Kommen, aus Lucera hatte man es uns geschrieben."*)

*) Diese Dinge, so unwahrscheinlich sie sind, bestehen noch von einem Gefängnis zum andern, die Camorra unterhält noch ihre Verbindungen, indem sie sich der Auswechselung von Gefangenen und sogar der Versetzung von Wärtern bedient.

„Das Haupt der Camorra", schreibt Pucci (Archivio di Psichiatria; a. a. O.), „muß von allen Neuigkeiten, die in den verschiedenen Zimmern vorkommen, unterrichtet sein; diese Informationen werden durch Billets ermittelt, und wenn das nicht möglich ist, wird eine Krankheit fingiert und man begiebt sich in das Zimmer, wo das Haupt sich befindet". Die Weise, in der M.... von diesen Dingen spricht, als ob sie die natürlichsten von der Welt wären, ist der beste Beweis, wie sie eingewurzelt waren. Auch dem Zellengefängnis ist es nicht möglich gewesen, das Übel zu beseitigen. „Ich habe in dieser Hinsicht Gefangene, Wachtbeamte und gut unterrichtete Personen gefragt", schreibt Alongi (La Camorra. Turin, Bocca 1890), „und alle versicherten mich übereinstimmend, daß die Camorra in den süditalienischen und sizilianischen Gefängnissen noch existiert und mächtig ist." Die neuerlichen Prozesse in Bari gegen die Mano fraterna beweisen es.

Die Erzählung des M.... ist ferner ein neuer Beweis für das, was Lombroso in seinen Palimsesti del Carcere (Turin, Bocca 1891) zu beweisen versucht hat, daß gerade die Ziele der Zellengefängnisse diejenigen sind, die am wenigsten erreicht werden. Die vollständige Abgeschlossenheit wird sich nimmer erreichen lassen: was für Mittel man auch anwenden mag, man wird immer gegen die instinktive Schlauheit der Verbrecher ankämpfen müssen, gegen den Scharfsinn, den die Einsamkeit entwickelt, indem sie ihm das erste und nötigste Element, die Geduld, verleiht. Le génie c'est

Damit ging der Barbier weg, der Schneider kam, um mir auf den linken Ärmel der Jacke die Nummer 599 in großen roten Ziffern zu nähen, die auf ein viereckiges Stück Tuch gestempelt waren.

„Ihr Losungswort?" sagte er.

---

de la patience, hat Buffon geschrieben, und obgleich diese Maxime bekämpft worden ist, so ist doch unleugbar, daß die erzwungene Einsamkeit zum Nachdenken und Sinnen anregt. Und so gelangt der Verbrecher dahin, den besten Anordnungen, der strengsten Überwachung nur raffiniertere Mittel entgegenzustellen. Und es verlohnt sich hier, eine Stelle aus Alongi zu citieren, über den heutigen Stand der Mittel, durch welche von einer Zelle zur andern korrespondiert wird. „Der Post- und Telegraphendienst von einer Zelle zur andern, vom Gefängnis nach außerhalb, ist mit einer Genauigkeit eingerichtet, die bewunderungswürdig wäre, wenn sie nicht entsetzlich wäre. Lange Gespräche und lange Mitteilungen gelangen von einem Saal zum andern; es giebt ein Alphabet mit den Fingern, eines mittelst Schlagens an die Mauern. Jeder Saal hat seine Telegraphenbeamten. Man wird einwerfen, daß dies System nur bei zwei aneinanderstoßenden Sälen bequem ist. Aber man vergißt, daß jeder Saal seine Telegraphenbeamten hat, so daß ein von einem Saal zum andern befördertes Telegramm bequem bis zum entferntesten gelangen kann. Aber das erfordert Zeit! Und fehlt die vielleicht dem Gefangenen? Wie kann er die Stunden der Muße besser anwenden? Und was liegt an einer oder zwei Stunden, wenn man sich auf diese Weise mit einem Mitangeklagten unterhalten kann, den die Justiz in ihrem unendlichen Scharfsinn geschickt isoliert zu haben glaubt. Man glaubt kaum, wie sehr der Kerker und die Müssigkeit, die dort herrscht, den Geist der Geduld, List und scharfsinnige Verschlagenheit entwickeln. Die konventionellen Mittel, Chiffern und Zeichen, welche die Verliebtheit zweier Liebenden ersonnen hat, um sich trotz der vieläugigsten und eifersüchtigsten Wachsamkeit zu verständigen, sind ein

„Recht und Brüderlichkeit."

„Ihr Landsmann Borghese, mit der Registernummer 56, grüßt Sie und freut sich, Sie zu umarmen, er ist Haupt der Gesellschaft und freut sich, einen neuen Adepten aufzunehmen; später wird sich ein Wärter zu Ihrer Verfügung stellen."

„Ich danke meinem Landsmann von Herzen und unterwerfe mich seinen Befehlen, aber bitte sagen Sie mir, warum hat man mich hierher geschickt?"

„Die Vorschriften der Anstalt gebieten es; jeder Neuling muß in einer Zelle abgesondert werden und

---

Kinderspiel im Vergleich zu den Erfindungen der Gefängnisse. Die Säume und Nähte der Wäsche sind wahre Postlisten, die lange Papierstreifen enthalten, vermittelst deren die Korrespondenz der Gefangenen mit einer Präzision und Heimlichkeit hin und hergeht, die man im amtlichen Postdienst nicht findet. Und wenn Ihr sie gefunden habt, so könnt Ihr nichts lesen, denn die Tinte wird durch Citronensäure ersetzt, die blos an der Wärme erscheint, und wenn Ihr auch das wißt, so nützt es Euch nichts, denn die Worte haben eine näher vereinbarte Bedeutung, auch sie sind Chiffern, zu denen Euch der Schlüssel fehlt."

Und dies ist keine Übertreibung; es ist bekannt, was für vorzügliche Kommunikationsmittel für Mitteilungen sowohl im Zellengefängnis zu Mailand, wie in der Generala zu Turin die Leitungsröhren der Heizung und die Latrinen waren.

Und um diese schon etwas lange Anmerkung zu schließen, will ich hier eine Probe des seltsamen telegraphischen Alphabets geben, das in den Gefängnissen im Gebrauch ist. Die Zahlen geben die Schläge an.

$1-1=a$; $1-2=b$; $1-3=c$; $2-1=g$; $2-3=h$; $3-1=m$; $3-2=n$; $4-1=r$; $4-2=s$; $4-3=t$ u. s. w.

wird behandelt wie alle anderen Gefangenen: jeden Morgen spricht der Arzt vor, um den Ankömmling genau zu untersuchen, aus Besorgnis, daß irgend eine ansteckende Krankheit sich entwickeln könnte. Wenn der Monat der Einzelhaft um ist, macht der Arzt dem Direktor Mitteilung; ist der Neuankömmling krank, so wird er im Krankenhaus untergebracht, ist er gesund, so kommt er mit den anderen Gefangenen zusammen."

„So muß ich einen Monat hier bleiben?"

„Gewiß."

Wenn ich daran dachte, daß ich einen Monat hier allein in der engen Zelle eingeschlossen verbringen sollte, dann empörte sich mein Gemüt und ich verfluchte wiederholt den Direktor des Gefängnisses zu Lucera, Herrn B...*), der mich zum besten gehabt hatte, wie jener Karabiniere sagte.

Man muß wissen, daß ich, nachdem ich in Foggia fortging und die zwanzig Chininpillen genommen hatte, kein Fieber mehr hatte; ich glaube, es ist die Luftveränderung gewesen. Der Arzt kam, Herr Bionbi, ein Neapolitaner, ein schöner Mann mit langem schwarzen Bart und einer blitzenden Brille auf der Adlernase; ich

---

*) Charakteristisch für den geborenen Verbrecher ist seine geringe Zuneigung. M...., der erst nur begeisterte Worte und Gegenwünsche für den Direktor des Gefängnisses in Lucera hatte, verflucht ihn jetzt wiederholt. Wahrscheinlich machte dieser den M.... glauben, daß er nach Kalabrien gebracht werden solle, um ihn gutwillig zur Abreise zu bestimmen, da M.... in seiner Eigenschaft als einflußreicher und gefürchteter Camorrist irgend welchen Aufstand hätte hervorrufen können.

muß mich nackt ausziehen, und er untersucht mich langsam von Kopf bis zu Fuß, bald meine Haut, bald meine Augen, Nase, Stirn und so weiter betrachtend; dann legt er das Ohr an meine Brust und meinen Rücken und sagt:

„Sagen Sie drei!"

„Drei, drei, drei", sage ich.

Und ich denke, warum drei und nicht vier oder zwanzig oder hundert. Will sich der elende Schüler Aeskulaps über mich lustig machen? Und ich war im Begriff, ihm einen Schlag auf die Brille zu geben.*)

„Was für eine Krankheit haben Sie gehabt?"

„Das Wechselfieber, einundzwanzig Monate lang."

„Wo waren Sie?"

„In Lucera della Puglia."

„Sie sind sehr zurückgekommen, wir werden Sie aber gesund machen, hier, da Sie nach dem Reglement nicht in das Krankenhaus dürfen; fassen Sie Mut, bald sind Sie geheilt."

Er ging, ich blieb allein mit meinen schwarzen Gedanken. Ich bekam Krankenkost und der Wächter sagte:

„D. Gennarino, 188, Gesellschaftshaupt, fragt an, ob Sie irgend etwas brauchen."

„Ich möchte rauchen."

„Rauchen! Tabak und Cigarren sind hier streng verboten; in den Anstalten darf nicht einmal der Direktor

---

*) Ein echt verbrecherischer Zug, der sich durch nichts rechtfertigen läßt.

rauchen, wir nicht, keiner, auch nicht Viktor Emanuel II. Wenn Sie Schnupftabak wünschen, können Sie ihn haben und welche Sorte Sie wollen."

„Dann bitte ich um etwas Schnupftabak."

„Und was wollen Sie essen und trinken?"

„Nichts, sagen Sie Gennariao meinen Dank und meinen Gruß."

„Es soll geschehen; fassen Sie Mut, Ihre Genossen wachen über Ihr Wohlergehen."

„Aber sagen Sie mir, wie viel Gesellschaftshäupter sind hier?"

„Es sind hier zwei Parteien in der Anstalt, die Kalabreser und die Neapolitaner."

Damit ging er.

Bei Gott! dachte ich, da liegt der Hase im Pfeffer! Hier heißt es neutral sein, sonst giebt es ein Unheil. Also sei vernünftig, lieber M....! Also es sind zwei Parteien hier, Kalabreser und Neapolitaner!

Der Wärter kam und brachte mir etwas Schnupftabak und bestellte Grüße von den neapolitanischen und sizilianischen Camorristen.

Am Abend bekam ich die zweite Suppe, denn hier gab es täglich zwei Suppen und zwei Brote. Der Wärter sagte:

„Das Gesellschaftshaupt Borghese, Ihr Landsmann und seine Gefährten lassen Sie grüßen; falls Sie etwas wünschen, möchten Sie es mir sagen."

„Ich danke Ihnen und brauche nichts."

Doch ich will die Sache kurz machen.

Einen Monat wohnte ich in der Zelle, jeden Morgen kam der Arzt oder der Wundarzt, um mich wie gewöhnlich zu untersuchen, wobei er mir von Zeit zu Zeit ein Fläschchen Medizin verschrieb. Der Reporter der beiden camorristischen Parteien erschien regelmäßig, ich aber war klug und sagte, daß ich nichts brauchte. Als der Monat der Einzelhaft um war, wurde ich in das Krankenhaus gebracht, um meinen schlechten Gesundheitszustand zu bessern.

Hier suchte mich D. Gennarino mit seinen Genossen auf, erzählte mir Wunder was für Schlechtigkeiten von Borghese und meinen Landsleuten und versuchte mir einzureden, daß ich zu ihnen gehören müsse.

Ich gab ihnen zu verstehen, daß es meine feste Absicht sei, neutral zu bleiben, und daß ich es nicht für anständig und eines ehrenhaften Mannes für würdig halte, gegen meine Landsleute zu konspirieren, und daß es auch für ein Mitglied der ehrenhaften Sekte der Camorra sich nicht schicke, gegen die Anhänger seiner Gesellschaft aufzutreten, daß ich sie alle gleichmäßig liebte und achtete als meine Genossen und Leidensgefährten, und erinnerte an einen Artikel unseres Statuts, welcher besagt:

„Wenn sich ein Zwiespalt der Parteien in „der Camorra und unter den Camorristen zeigt, „so kann jeder Genosse sich neutral zeigen, ohne „irgend ein Gesetz zu verletzen. Artikel 151.

„Gezeichnet: Cirillo Capucci, Ettore Longo, G.
„Buongiovanni."

„Gestempelt."*)

„Sie haben Recht, lieber Freund", sagte mir das Gesellschaftshaupt, „aber Sie dürfen auch für Ihre Landsleute nicht Partei nehmen."

„Nein, ich bin neutral und der Freund und Bundesgenosse aller."

„Ihre Hand!"

„Hier ist sie!"

Wir schüttelten uns die Hände und sahen uns in die Augen. Abends kam Borghese, der berühmte Camorrist, aus Reggio di Calabria; nachdem er wegen eines in Procida verübten Verbrechens fünfzehn Jahre im dortigen Bagno gewesen war, war er zu zehn Jahren Gefängnis verurteilt; er war der Meister der Schneiderstube und hatte eine kleine Einnahme von monatlich zwanzig Lire, ohne irgend etwas zu thun, und erfreute

---

*) Dies ist das Facsimile des Stempels, der sich im Manuskript des M... fand. Es ist unverständlich. Man erblickt zwei Degen, ein Auge und andere Zeichen, die ich vergebens mit den camorristischen Tätowierungen und den Verbrecherhieroglyphen in Einklang zu bringen versucht habe.

sich nicht geringer Achtung und Rücksicht von Seiten seiner Vorgesetzten.*)

„Landsmann und Genosse", sagte er, nachdem er mich umarmt hatte, „ich freue mich, Sie zu sehen, ein neuer Genosse wird unserer Gesellschaft eingereiht werden; verlangen Sie aber auch, wenn Sie etwas brauchen. Es schmerzt mich, Sie leiden zu sehen, aber bald hoffe ich, werden Sie so gesund und blühend sein, wie Sie jetzt krank sind. Ich habe mit dem Herrn Direktor gesprochen, Sie werden ebenfalls zu mir in die Schneiderstube kommen. Die elenden Kanaillen, die Neapolitaner, werden wir über die Klinge springen lassen!!!"

„Mein teurer Landsmann, ich nehme für niemand Partei; ich liebe und achte Sie wie einen anderen Menschen, und das ist meine Pflicht; alle meine Genossen muß ich gleichmäßig lieben und achten."

Es fiel mir schwer, den erbitterten Feind der Neapolitaner zu überzeugen, daß ich auf alle Fälle neutral bleiben wolle.

Endlich sagte er:

„Nun wohl, Landsmann, machen Sie, was Sie für gut halten, ich habe kein Recht, Sie zu zwingen; aber wenn Sie etwas brauchen, so verlassen Sie sich auf mich; wenden Sie sich nicht an die Neapolitaner! Sind wir einig?"

„Ja, wir sind einig", erwiderte ich.

---

*) Ein neuer Beweis für das, was ich von der Schwäche der Beamten der Camorra gegenüber gesagt habe.

Ich blieb zwei Monate in dem Krankenhaus, umgeben von den Aufmerksamkeiten der Neapolitaner und der Kalabreser. Dann wurde ich an den Direktor, Herrn Luigi M... bi Aversa, gewiesen, einem Manne von gutem Herzen, einem wahren Vater der Gefangenen. So treffen sich böse und gute Menschen auf dem Pfade des Unglücks. Luigi M... war der Typus eines Edelmannes; eine zärtliche Mutter ist nicht so liebevoll, geduldig und freundlich gegen ihre Kindlein, wie jener Luigi M... gegen uns Söhne des Unglücks, uns traurige, bloßgestellte Geschöpfe war.

„Wie geht es, 699?" fragte er, als er meiner ansichtig wurde.

„Herr Direktor, es geht gut, Gott sei Dank."

„Und ich sage mir Glück dazu, wie Ihnen selbst; ich hörte, es ging Ihnen schlecht, als Sie hierherkamen?"

„O, Herr Direktor, sehr schlecht."

„Armer Unglücklicher!" Zwei Thränen traten ihm in die Augen. „Sie haben gelitten, aber hier wird es Ihnen gutgehen, wenn Sie meinen Rat anhören. Vertrauen Sie auf Gott, er ist unser Vater und verläßt uns nicht. Ich will Ihnen eine Mahnung zu Teil werden lassen, aber ich bitte Sie, nehmen Sie sie nicht übel. Sie sind Mitglied der Camorra, das ist für einen anständigen jungen Mann nicht schicklich; ich bin überzeugt, daß man Sie durch Versprechungen und hochtrabende Redensarten dazu verleitet hat; aber es ist ein Verderben, es ist der schlüpfrige Weg, der direkt zum Übel führt.

Wir haben hier in der Anstalt traurige Vorkommnisse gehabt wegen dieser verwünschten Sekte, die hier in zwei Parteien gespalten ist, die sich täglich mit dem Messer zu Leibe gehen; sie wissen nicht, wieviel Kummer sie uns dadurch verursachen, oder sie wollen es nicht wissen. Tausendmal habe ich sie gebeten, wie nur ein zärtlicher Vater seine Söhne bitten kann, diese Streitigkeiten zu lassen, sich einander zu lieben, wie es Leidensgefährten zukommt; aber ich habe nicht das Glück gehabt, verstanden zu werden. Sie zwangen mich zur Strafe: fünf Gefangene sind in kurzer Zeit in das Gerichtsgefängnis überführt worden, um sich wegen Mord und Körperverletzung zu verantworten. Glauben Sie, 599, solche Handlungen, die unter meiner Leitung vorkommen, betrüben mich und ich werde schlecht belohnt für die Liebe und das Wohlwollen, das ich ihnen erweise."

Der brave Mann war untröstlich.

„Sie, 599, werden mir keinen Anlaß zum Mißfallen geben, nicht wahr?"

„Nein, Herr Direktor, ein so edles Herz wie Ihres verdient Achtung, Ergebenheit und Dankbarkeit."

„Bravo! Auch Sie haben ein edles Herz. Wenn Sie etwas brauchen, so wenden Sie sich direkt an mich und Sie werden einen Vater finden. Eine Zeitlang werden Sie in der Schneiderstube beschäftigt werden; später werden Sie dem Schreiber des Krankenhauses als Gehilfe beigegeben werden; dort wird es Ihnen gefallen, und Sie werden vor den bösen Genossen geschützt sein."

„Ich danke Ihnen für Ihre Freundlichkeit, ich hatte nicht gehofft, hier einen so edelmütigen, menschenfreundlichen Mann zu finden; ich werde für Ihr Wohlergehen zu Gott beten."

„Thun Sie das, ich habe es nötig."

Ein Wärter führte mich in das Magazin; er gab mir einen zinnernen Napf, einen hölzernen Löffel und eine ebensolche Gabel, ein Litergefäß aus Zinn und einen irdenen Becher, reines Handtuch, reine Kleider und eine Schuhbürste, trotzdem die Schuhe nie geputzt wurden, da es streng verboten war und sie die natürliche Lederfarbe tragen mußten. Ich habe nicht begreifen können, weshalb man mir eine Schuhbürste gab, wenn ich von einer Schuhbürste keinen Gebrauch machen konnte. Dann gab man mir ein zinnernes Becken und ein viereckiges Stück Pappe mit der Nummer 599, die ich am Kopfende meines Bettes anbringen mußte. Der Wärter führte mich in ein großes Zimmer, ich blicke über die Thür und lese in großen Lettern: Schlafzimmer der Schneider. Der Zimmerkehrer stellte mir das Bett und die anderen Sachen zurecht, und danach führte der Wärter mich zum Arbeitszimmer der Schneider. So gut ich kann und in dunklen Farben will ich die Anstalt hier beschreiben. Von der äußeren Treppe herkommend, trifft man auf zwei einander gegenüber liegende Bureaux, das zur rechten gehört dem Rechnungsführer, das zur linken dem Direktor. Fünf Meter weiter trifft man ein großes hohes eisernes Gitter, durch welches man auf einen finsteren, etwa

fünfundzwanzig Meter langen Korridor gelangt, der
rechts und links mit Zimmern besetzt ist, wo die Gefangenwärter schlafen; ferner sind dort die Zimmer
der Schreiber und einige Lagerräume. Am Ende des
Korridors ist ein zweites Gitter, dem ersteren ähnlich;
dann kommt ein krummer Gang und ein Hofraum, etwa
zwölf Meter lang und acht Meter breit; in diesem Hof
sind zwei mit Erde gefüllte Becken, in dem Bäumchen
und Blumen wachsen. Wenn die Gefangenen sich auf
diesen Hof begeben, um Luft zu schöpfen, eine Stunde
abends und eine Stunde morgens, so gehen sie paarweise in langer Reihe um diese Becken herum; für die,
welche müde sind und nicht mitgehen wollen, sind an
der Wand mehrere steinerne Sitze angebracht. Hier
bewegen sich die Kalabreser und eine fünf Meter hohe
Mauer trennt diesen Hof von einem andern, wo sich
die Neapolitaner und die Sizilianer bewegen.

Früher waren beide Höfe ein einziger gewesen, da
aber die beiden Parteien sich gebildet hatten, hielt der
verdienstvolle Direktor es für gut, ihn zu trennen, damit
sich die feindlichen Parteien nicht täglich umbrachten.
Die Fenster der Schlafzimmer der Schneider, Former
und Tischler gingen nach diesem Hofe hinaus. Am Ende
des Hofes stand die Kapelle, wo der Priester, Signor
Domenico Borzelli, ein gelehrter und geistreicher Mann,
Sonntags die Messe las und von Camorra und Picciotti
predigte. Wir wenden uns zurück, ein kleiner Gang,
ein kurzer Korridor, zur rechten die Zimmer der
Schneider, Former und Tischler, und die Zimmer der

Zimmerlehrer und Köche, zur linken die Arbeitszimmer der Weber und eine Treppe, eine große Bibliothek, die Bücher über Reisen in Innerafrika und Asien enthielt und zum Gebrauch der Gefangenen diente, an der Wand der Bibliothek hing eine Pendeluhr.

Wenn die Werkstatt der Weber passirt war, befand man sich einem langen Korridor gegenüber, der zur rechten und zur linken etwa zwanzig Zellen hatte, deren jede sechs Gefangene faßte, wo die Neapolitaner und die Kalabreser schliefen. Wir wenden uns zurück, begeben uns in den Korridor der Bibliothek und stehen einer Treppe gegenüber, wir gehen hinauf und befinden uns in einem dunklen Korridor, auf dessen beiden Seiten lange Reihen=Zellen für sechs Personen: hier schliefen Kalabreser, Neapolitaner, Abruzzen und Sizilianer.

An der Thür jeder Zelle war ein kleines Pförtchen, von wo aus der Wärter sie Tag und Nacht übersehen konnte, und in jeder Zelle war ein großes langes Fenster mit einem Gitter aus Gußeisen, vier dicke eiserne Stangen. Links von diesem Korridor eine massive Thür, ein kurzer gerader Gang und acht dunkle Zellen, die Straf= zellen. Ich blieb neun Monate in der Schneiderwerkstatt, wo ich Schnupftücher, Handtücher ꝛc. säumte, ich ver= diente das ansehnliche Gehalt von 6 Centesime täglich, hundertundachtzig Centesime monatlich, aber wir Ge= fangenen konnten unser Geld nicht ausgeben; nur Schnupf= tabak gab es beim Oberwächter zu kaufen, soviel man wollte. Rauchtabak und Cigarren waren streng ver=

boten, und es rührte mich, als ich sah, wie einige etwas Schnupftabak in ein Tuch banden und sich den Knäuel in den Mund steckten, um den Tabak zu kauen. Ich versuchte es ebenfalls, aber in zwei Tagen schwoll mir der Gaumen und das Zahnfleisch an und wurde rissig, so daß ich diese neue Art zu kauen aufgab.

Ich wurde der Gehilfe des Schreibers des Krankenhauses, eines braven Burschen aus Benevent, mit dem ich lange Zeit wie mit einem Bruder lebte. Ich hatte Krankenkost, eine Suppe, ein gutes Stück gebratenes Fleisch, einen Becher Wein und Morgens ein Weißbrod, Abends Mehl- oder Reissuppe, Fleisch oder zwei Eier, Käse, Brod und einen Becher Wein; es ging mir gut und ich hatte mehr Freiheit als die anderen Gefangenen.

Soll ich eine Episode erzählen, die Euch erschauern lassen wird! So hört:

Eines Tages traf ein Jüngling von vierzehn Jahren in der Anstalt ein, aus der Provinz Salerno, er war zu drei Jahren verurteilt, rosig und frisch. Nach einem Monat Einzelhaft wurde er in die Schneiderwerkstatt geschickt, wo ich mich befand. Mehrere kalabresische und abruzzische Camorristen fingen an, ihm den Hof zu machen und die Eifersucht bemächtigte sich der elenden Sodomiten. Eines Abends löschten sie die Lampe aus, die mitten im Zimmer brannte und blieben im Dunkeln; ich ahnte, was für ein Unglück kommen sollte, sprang im Hemde aus dem Bett, steckte die Hand in meinen Strohsack und holte ein langes krummes Messer heraus, das gut geschärft und gespitzt war, und auf dem Bettrand sitzend, hielt ich Wacht.

Die Lampe wird wieder angezündet und zwei mit langen Dolchen bewaffnete Camorristen fingen an, in größtem Stillschweigen zu fechten, das Blut floß in Strömen aus ihren Wunden, aber stets herrschte Schweigen, die Kämpfenden waren entblößt, die übrigen Gefangenen saßen auf ihren Betten. Mit furchtbarer Gewandtheit springen sie hin und her, jetzt sich beugend, jetzt einen Stoß parierend, auf einmal fällt einer der Gefangenen, erhebt sich wieder und rollt mitten in das Zimmer; der andere stürzt sich auf ihn, setzt ihm das Knie auf die Brust, hält mit der rechten den bewaffneten Arm des Gefallenen und stößt mit der Linken wiederholt seinen Dolch dem Unglücklichen in Hals und Brust. Mit Blut bespritzt erhebt er sich, öffnet das Fenster und ruft die dienstthuende Wache.

„Was giebt's" antwortet ein Mann von draußen.

„Rufen Sie einen zweiten Wächter, um Nummer 336 in die Totenkammer zu bringen."

Die Wächter mit ihrem Chef eilen herbei, sehen das entsetzliche Schauspiel und erbleichen, der bluts getränkte Leichnam wurde fortgeschleppt, der Mörder in eine Zelle geschafft, — wir schlossen in jener Nacht kein Auge.

Tags darauf wurde der vierzehnjährige Jüngling, die unfreiwillige Ursache des blutigen Ereignisses, in seinem eigenen Bette schwer verstümmelt gefunden. Der Leib war ihm bis zum Nabel aufgespalten, er war bewußtlos und starb am Abend, unaufhörlich nach seiner Mutter rufend. Wenn ich alles erzählen wollte, würden Euch vor Grausen die Haare sich sträuben und das Blut in den Adern gerinnen, aber die gute Sitte, die Rücksicht auf den Leser verbietet es.*)

Meint Ihr, daß Tags darauf von dem traurigen Ereignis gesprochen wurde? Niemals, als ob nichts passiert wäre; wenn man jemand fragte, so antwortete man ganz trocken:

„Ich weiß nichts, kümmern Sie sich um Ihre eigenen Sachen."

Ein ander Mal ermordete ein Sizilianer einen armen Wächter in der Schneiderwerkstatt mittelst einer Scheere, weil er ihm untersagt hatte, laut zu sprechen.

In der Werkstatt sollte die größte Ruhe herrschen, alle Gebote wurden übertreten; man sprach, lachte und scherzte, in dem Schlafzimmer durfte nur halblaut gesprochen werden, statt dessen herrschte dort ein Höllenlärm, weil der Direktor nie Strafen verhängte. Es war strenge Vorschrift, daß alle arbeiten sollten: aber niemand kümmerte sich darum, der eine blieb in seinem Zimmer, der andere ging zwar in die Werkstatt, aber arbeitete nicht.

Einmal wurden zwei Gefangene, ein Abruzze und ein Neapolitaner, krank; nachdem der Arzt gekommen war, wurden sie in das Krankenhaus geschickt,

---

*) Man beachte, daß er selbst ein Sodomit ist, wie sich in der Folge zeigen wird.

dort ziehen sie in Gegenwart des Arztes ihre Messer und stechen auf einander los; der Wärter, der sie trennen sollte, erhielt einen tüchtigen Messerstich in den Unterleib, der eine der Kämpfenden eine tötliche Wunde, der andere eine leichte Schmarre; bei einem neuen Versuch, sie zu trennen geht der Medizinkasten in Stücke, das Schreibpult des Arztes fällt um, und die in einander verbissenen Gegner waren noch nicht vom Blut gesättigt.

Ein ander Mal war ich auf dem Hof, um Luft zu schöpfen, als ein Mann von der andern Seite der Mauer ruft:

„Ihr elenden Kalabreser!"

Das war kein Ruf, sondern ein Kampfsignal. Dreißig Kalabreser klettern auf die Mauer, die Waffen in der Hand, ein wütender Angriff erfolgt, man kämpft Mann gegen Mann; das Blut fließt in Strömen; der Wächter, der Direktor, eine Abteilung Soldaten eilen herbei; sie drohen Feuer zu geben, wenn die Gefangenen nicht auseinander gehen — vergebens. Mit aufgepflanztem Bajonett gehen sie auf die blutdürstigen Tiger los. Sechszehn blieben zum Tod verwundet liegen, ein Gefangenenwächter mit den Eingeweiden in den Händen, zwei Neapolitaner tot, einer leicht verwundet, und Gennarino, das Haupt der Gesellschaft der Neapolitaner, mit zersetztem Gesicht, mit blutbefleckten Händen, kämpft wie ein Rasender mit Borghese, dem Haupt der Kalabreser, der trotz Stichwunden im Gesicht und in der Brust den Dolch meisterhaft handhabte.

Das sind die Wirkungen der Camorra und die schweren Folgen der Spaltung in zwei feindliche Parteien. Elf Neapolitaner und Kalabreser wurden in das Gefängnis gebracht, um wegen Totschlags und schwerer Körperverletzung verurteilt zu werden. Arme Thoren!! Der brave Direktor jammerte, er sagte, er wolle die Anstalt verlassen, da seine Liebe und sein Interesse für die Gefangenen so schlecht belohnt würden. Nach diesem blutigen Kampf herrschte Frieden und fünf Monate lang war alles ruhig; und es ist recht so, daß nach dem Sturm die Windstille folgt, und die gequälten Herzen sich beruhigen können. Inzwischen kam Befehl vom Ministerium, daß die Gefangenen, die sich gut geführt hätten, nach der Insel Caprera gebracht würden, um dort Erdarbeiten auszuführen.

Der Direktor verfiel darauf, die kalabresischen und neapolitanischen Camorristen abzuschicken, teils, um sich die Sache vom Halse zu schaffen, teils um ihnen Gelegenheit zu geben, sich in aller Ruhe nach Belieben umzubringen.

Zweiunddreißig reisten ab, aber nach wenigen Tagen kehrten sie zurück, da sie sich nicht gut geführt hatten; andere kamen hin und blieben dort. Von neuem sind die feindlichen Parteien wieder zusammen und ein Gefangener aus Benevent entfacht den Streit wieder, indem er Borghese einen Messerstich in den Rücken giebt, im Auftrage D. Gennarinos, der von seinem Leiden wieder hergestellt war. Das erbitterte die Partei der Kalabreser sehr, und sie schwuren blutige Rache. Ich schlief in dem

Zimmer, wo Borghese und andere Camorristen waren, mir gefiel es da nicht, heute oder morgen konnte ich in einen Kampf verwickelt werden, so daß ich keinen heilen Knochen behielt; ich ließ den Direktor rufen und bat ihn, mich in eine der unteren Zellen zu bringen; er willigte gern ein und lobte mein Betragen.

Ich kam in eine Zelle, wo fünf Gefangene waren, zwei brave neapolitanische Schuster und drei sizilianische Former; hier war ich in Frieden, den ganzen Tag war ich im Krankenhause, wo ich dem Schreiber half: Abends plauderten und scherzten wir in der Zelle wie gute Kameraden, und liebten einander von ganzem Herzen.

Es besteht die Vorschrift, daß ein Gefangener, der während der Zeit, wo auf dem Hof spazieren gegangen wird, den Abtritt benutzen muß, einen Zettel herauShängt, auf dem das Wort „Besetzt" steht; und auf dessen Rückseite das Wort „Frei" sich befindet, welches sichtbar zu machen ist, wenn er seine Bedürfnisse befriedigt hat. Wenn ein Gefangener das Wort „Besetzt" vorfindet, muß er warten und darf die Thür des Abtritts unter keinen Umständen öffnen, widrigenfalls er schwerer Strafe entgegensieht. Nun geschah es, daß ein Sizilianer auf den Abtritt ging und das Wort „Besetzt" herausgehängt hatte; nachher vergaß er, den Zettel umzudrehen. Ein Former, der nachher kommt, findet das Wort „Besetzt" und wartet, aber aus dem Abtritt kommt niemand heraus, so daß ihm der Gedanke kommt, die Nr. 418 ist tot. Ich stehe dabei und berste vor Lachen, während der Dummkopf eine halbe Stunde sieht und wartet. Ich kann mich nicht mehr lassen; er stiert den Zettel an, wie ein Gespenst, das ihm zu sagen scheint: Hinweg, komm' nicht heran! Der arme Teufel verzehrt sich in seinen Nöten; endlich kann er den inneren Drang nicht mehr halten und es passiert ihm etwas; in seinem Zorn und um zu sehen, ob die Nr. 448 tot ist, öffnet er die Thür und bleibt wie gebannt stehen — der Abtritt ist leer, Nr. 448 ist nicht da; wie ein Rasender eilt er zu den Gefangenen, sucht und findet Nr. 448, nähert sich ihm und giebt ihm eine riesige Ohrfeige mit den Worten:

„Verfluchter Dummkopf, warum hast Du den Zettel nicht umgedreht?"

Auf diesen Gewaltakt stürzten einige Landsleute der 448 hinzu und verabfolgten dem Missethäter einige Ohrfeigen: das zündet, man ergreift die Waffen, und wenig fehlte, so wäre eine zweite Schlacht gefolgt; so endete die Sache mit einigen leichten Verwundungen.

Mein Verwandter Cosmo M..., der in Neapel wohnte, suchte mich auf und war trostlos, als er mich so elend und abgemagert sah; er stellte sich mir zur Verfügung, wenn mir etwas fehlen sollte und gab mir seine Visitenkarte und seine Adresse. Durch einen Gefangenenwächter übermittelte er mir ein Päckchen Rauchtabak, eine Pfeife und Zündhölzchen; der Wächter brachte sie mir heimlich, so daß ich mir Nachts eine Pfeife leisten konnte. Ich teilte den Tabak in zwei Hälften, die ich in mein Taschentuch einwickelte und versteckte, die eine im Kopfende, die andere im Fußende

meines Strohsackes, die Pfeife und die Zündhölzer ver=
barg ich da, wo ich meine Waffen hielt. Nach zwei
Tagen wurde eine Untersuchung veranstaltet, während
die Gefangenen in den Werkstätten waren; man begiebt
sich in meine Zelle, untersucht den Strohsack und findet
eine Hälfte mit Tabak.

Der Direktor kommt und sagt mir:
„Woher haben Sie diesen Tabak?"
„Das kann ich auf keinen Fall sagen."
„Wissen Sie, daß der Rauchtabak hier streng ver=
boten ist?"
„Nur zu gut."
„Ich müßte Sie mit vierzehn Tagen Wasser und
Brot bestrafen, aber diesmal will ich Ihnen verzeih'n,
hüten Sie sich in Zukunft."

Und ich ging frei aus. Ich erfuhr, daß derselbe
Wächter, der mir den Tabak gebracht hatte, den Ver=
räter gespielt hatte. Der Tabak war unter den Wächtern
verteilt worden. Ich brachte in Erfahrung, daß Tags
darauf eine neue Untersuchung stattfinden solle, wobei
die andere Hälfte des Tabaks gefunden werden sollte.
Am Abend nehme ich den Rest des Tabaks und verstecke
ihn in dem Strohsack eines Genossen ohne dessen Wissen;
dann fülle ich ein Taschentuch mit Koth und stecke es
in meinen Strohsack. Tags darauf gingen wir wie
gewöhnlich in die Werkstatt. Die Untersuchung erfolgt,
man findet Waffen aller Art, man begiebt sich in meine
Zelle und derselbe Wächter, der mir den Tabak brachte
und ihn nachher entdeckte, stürzt wie ein Hungriger

hinein auf meinen Strohsack, steckt die Hand hinein und holt das zusammengerollte Tuch hervor, zeigt es seinen Genossen, drückt es mit väterlicher Liebe an die Brust und sagt:

„Hier ist die Leiche!"

Der Kot spritzt ihm in's Gesicht, über die Brust und die Hände, entsetzt starrt er die „Leiche" an, während die andern durcheinander riefen:

„Prächtig, wahrhaftig reizend; was für eine kostbare Bartwichse! Und der schöne Geruch; Dich hat man schön herausgeputzt!" Und sie bersten vor Lachen.

Der arme Wächter mit dem beschmierten Gesicht warf das Tuch empört auf den Korridor und wischte sich das Gesicht, die Hände und die Brust ab. In der Werkstatt wurde viel über das Abenteuer gelacht, ich weiß nicht, ob der Direktor davon erfahren hat, jedenfalls ließ er mich nicht rufen. Inzwischen lief die Strafzeit des Schreibers im Krankenhaus ab, und ich nahm seine Stelle ein mit zwölf Lire monatlich, eben so viel bekam ich von Hause, so daß ich im Ganzen vierundzwanzig Lire hatte, die mir gutgeschrieben wurden. Wir konnten unser Geld nicht ausgeben, sondern zuweilen uns nur einen Käse, ein Ei oder einen grünen Salat leisten, was uns dann verrechnet wurde. Aber endlich gab der Direktor unserm Verlangen nach, da wir mehrere Male die Kost verweigerten, und wir konnten uns kaufen, was wir wollten, aber Wein nicht mehr als einen fünftel Liter, und Liqueur war streng untersagt. Als der gute Direktor sah, daß Ruhe in der Anstalt

herrschte, ließ er uns eine Musikkapelle bilden, wozu er
selbst die Instrumente kaufte. Wir waren siebzehn
Musiklehrlinge, ein tüchtiger neapolitanischer Meister kam
zwei mal täglich, drei Stunden Morgens und drei
Stunden Abends, um uns zu unterrichten, wofür er
vom Direktor monatlich hundertfünfzig Lire erhielt. Wir
lernten rasch, machten uns Notenpulte und alle Abend
spielten wir ein paar Stunden auf dem Hof in Gegenwart
der Wache, des Direktors und des Rechnungsführers,
die sich über unsere schönen Leistungen freuten.

Der Präfekt, der Synbikus und andere behördliche
und angesehene Personen wollten uns eines Tages
spielen hören und lobten das Werk des Direktors. Die
Aufführung ging nach Wunsch, wir freuten uns an
unserem frieblichen Dasein und liebten einander, während
die Rasenden, die in das Gerichtsgefängnis gebracht
waren, zu fünf bis zehn Jahren Zuchthaus verurteilt
wurden. Die armen Thoren!! . .

Ob es ein ehernes Gesetz der menschlichen Natur,
des Schicksals oder der Hand Gottes ist — es ist ein
Verhängniß, daß der ins Unglück geratene Mensch nicht
lange sich am Frieden, an der Ruhe, an einem Lächeln
erfreuen soll. Es ist uns armen Sterblichen nicht ge=
stattet, dem Willen der Gottheit nachzuforschen und ist
uns Verruchten und Verachteten nicht erlaubt, in dem
geheimnisvollen Drama des Lebens dem leitenden
Grunde, dem Unerforschlichen nachzuspüren und zu er=
gründen, woher das Elend und die Schande in dem
sinnlosen Leben so vieler Millionen böser Menschen, die

sich mit sardonischem Lächeln über alles hinwegsetzen. Geschick, Fügung, Glück, Schande, Unglück — dunkle, sinn= und verstandlose Worte, Abstraktionen unseres Geistes, ein eingebildeter Traum unserer Träume.. Traum und Hirngespinnst ist alle Philosophie und Sophisterei, des Gottesleugners wie des Zweiflers, des Heiden und Christen, des Materialisten und des Rechtgläubigen, des Gelehrten und des Unwissenden, des Reichen wie des Armen; alles, alles, das All im All, ein uner= bittlicher Traum unserer Träume ist das menschliche Leben, sein tragischer Verlauf, seine schlafwandelnden Abenteuer; und wenn ich glaubte am Ziel zu sein und den unsinnigen Traum deiner Träume erfaßte, den düsteren Traum der Todesangst, den röchelnden Traum des Sterbenden, dann empfing ich den Urquell deiner Träume und aller Träume deines körperlichen und geistigen Schlafwandelns, die du schließlich in die Metamorphose des ewigen Traumes umwandeltest. Das ist das Leben, das ist das eherne Geschick, das grausame Verhängnis, das herzlose Schicksal, das traurige Un= glück. Das ist der Traum der Weisen und der des Urmenschen; der gräßliche Traum des Reichen und der hungrigen Armen. Das ist der unabänderliche Lauf des menschlichen Lebens. Und setzt sich der irdische Traum in der Ewigkeit fort? Der tiefe Abgrund, der das träumende Schlafwandeln scheidet, weist darauf hin, daß dort in der Welt, in die man geht und aus der man nicht zurückkehrt, fortgeträumt wird; aber es ist kein Traum mehr im Schlaf. O nein, es sind wachende

Träume, Träume aus dem vergangenen Leben, Träume von deinen Leidenschaften, deinen Wahnvorstellungen, von dem Schmutz und der Schändlichkeit, mit der du dich beflecktest, als du einstmals träumtest; ein Traum ist deine kleinmüthige Schwäche, hartnäckige Unwissenheit, Träume sind die häßlichen Schauspiele deiner verderbten Liebe, deiner ungeheuerlichen Neigungen!!

Das ist weltliche Philosophie, das ist das Problem des Lebens und des Todes, das ist die Lösung unseres Dramas. Gefällt's Euch? Scheint's Euch paradox? Wollt Ihr daraus lernen? Soll ich's Euch sagen? Aber nehmt keinen Anstoß daran.

Nehmt den scheußlichsten, den ungeheuerlichsten, den düstersten Traum heraus aus den Träumen Eures Traums.

Der Gedanke ist der Dichter, der das hat wahr machen müssen, was ich behaupte.

Ein Traum war mein Lebenslauf hienieden und wer kann die Geheimnisse desselben ergründen? Wer kann die Zukunft erforschen und voraussehen! Ein höchstes Wesen.

Welche Komödie bieten unsere unglücklichen Väter hier auf dieser Erdkugel dar? Die Komödie des Bösen, den Traum des Unglücks, der Krankheit. Welche Komödie stellen wir dar? Die Komödie des Scheußlichen, den widerlichen Traum unserer Schande, unserer Verderbtheit.

Welche Komödie werden unsere Nachkommen darstellen?

Die Komödie des Betruges, der Sophisterei, den gräßlichen Traum der Ungeheuerlichkeit.

Was ist die Geschichte? Eine verderbliche Komödie, die von den Träumen der Sterblichen erzählt, den Träumen, die sie auf dem großen Theater der Erdkugel dargestellt haben.*)

Ha!!! . . .

Wir stehen im Jahre 1873 und ich befand mich in der Strafanstalt zu Neapel, als ein tausendköpfiges Ungeheuer tausende von Opfern in einem Augenblick dahinraffte, die Cholera, die furchtbare Cholera. Ja,

---

*) Der Abschnitt, mit dem dieses Kapitel schließt, trägt unzweifelhaft den Stempel der Verrücktheit an sich; aber man sieht ein, daß der erste Entwurf alles andere als vulgär ist — es ist derselbe, den Shakespeare durch den Mund einer seiner Persönlichkeiten ausgesprochen hat, welche an die Unendlichkeit der Welt denkt und sie mit der unendlichen Kleinheit des Menschen, mit der Relativität aller seiner Abstraktionen in Gegensatz stellt. Auch die Shakespeare'sche Persönlichkeit versinnbildlicht die menschliche Thätigkeit in einer Reihe von Träumen.

Aus einer Sammlung von poetischen Manuskripten des M... nimmt der Herausgeber hier zwei heraus, welche rein philosophische Themen behandeln und welche von der seltsamen Verbrecherphantasie eine Vorstellung geben.

die Cholera, dieſer unheimliche Wanderer, das entſetzliche, tauſendköpfige Ungeheuer rafft tauſende von Opfern in einem Augenblick dahin.

Neapel, das ſchöne, lachende Neapel, die Parthenope von einſtmals, iſt von der Cholera überfallen, und in welcher Weiſe! Der Tod der herrlichen Gegend, der grauſame Tod mit der unerbittlichen Sichel, mähte ſeine Opfer raſch dahin, keine Spur hinterlaſſend. Es war Sonntag, wir arbeiteten nicht, wir hatten die heilige Meſſe und eine lange Predigt des Hanswurſts von Pfarrer Herrn Borz...*) gehört. Wir hatten die Kapelle verlaſſen, da ſtürzt ein armer Gefängniswächter, Vater von neun Kindern, gegen die Thür der Kapelle, ſtößt einen verzweifelten Schrei „Ha!" aus und fällt wie vom Blitz getroffen auf der Schwelle nieder, als ob er ohnmächtig geworden wäre; aus dem Munde quoll ihm ein grünlicher Schleim, ſein Geſicht und ſeine Hände wurden rotblau; er wird ins Krankenhaus gebracht, der Arzt kommt und findet ihn als Leiche, zuſammengekrümmt und mit weit geöffneten gläſernen Augen.

„Die Cholera," ſagt der Arzt.

Nun wurden in der Anſtalt ernſtliche Vorſichtsmaßregeln getroffen; die Werkſtätten wurden in Schlafräume umgewandelt, und in den Zimmern, wo bisher zehn Gefangene waren, blieben nur fünf, wo ſechs

---

*) Derſelbe, den er vorher als einen „gelehrten und geiſtreichen Mann" bezeichnete.

waren, nur drei, und die Betten wurden auseinander=
gerückt.

In einem großen Raum wurden die leicht Er=
krankten untergebracht, in der Schneiderstube, die höher
lag als die anderen Werkstätten und Zimmer, die schwer
Erkrankten, welche von vier Gefangenen bedient wurden,
die fünf Lire täglich bekamen und essen und trinken
konnten, was sie wollten. Eine außerordentliche Rein=
lichkeit herrschte in der ganzen Anstalt; wir rauchten
den ganzen Tag, die Zimmerthüren waren Tag und
Nacht geöffnet; die Kapelle spielte häufig; am Tage
und in der Nacht wachten je zwei Ärzte, und der
menschenfreundliche Direktor nahm seine Frau und einen
Sohn von zehn Jahren in der Anstalt auf. Es war
ein förmliches Schlachtfeld; wir bewaffneten uns mit
Kanonen, Mitrailleusen, Flinten, Revolvern, Pistolen,
geraden und krummen Säbeln, Bajonetten und Dolchen
— kurz, wir waffnen uns und rüsten uns, daß wir
unbesiegbar sind und nehmen mächtig Lebensmittel und
Munition ein; alles, um Mann gegen Mann das ent=
setzliche vielköpfige Ungeheuer, die Cholera, zu bekämpfen.
In dem löblichen Kampf mit der Stadt war dieses
gräßliche Ungeheuer kühn und dreist geworden, es
kämpfte gelassen und schritt durch die Paläste der
Reichen, die bescheidenen Häuser der Arbeiter und die
Hütten der Elenden dahin; es ließ sich gierig in der
herrlichen Straße Corso Vittorio Emanuele nieder und griff
mit mächtigem Ansturm unsere Burg an, die wir un=
erschrocken verteidigten gegen das Ungeheuer, das mit

schwarzen Leichen umgeben war; da erscholl ein Geheul aus tausend Kehlen; ein Schrei der Verzweiflung rang sich aus der Brust von sechshundert Gefangenen; der furchtbare Drache hatte Bresche gelegt in unsere Mauern und mit blutrünstigen Augen schwang er seine unerbittliche von Blut befleckte Sichel — nur Sieger, nie besiegt, nur triumphierend, nie niedergeschmettert — und doch boten wir dem Feinde noch Trotz.

Am Tage nach dem Tode des Wächters aßen zwei Genossen gemeinschaftlich aus einer Schüssel etwas Reis, da erhebt sich der eine zitternd, tastet an der Mauer entlang und beginnt sich zu erbrechen; unter wilden Schmerzen, mit rauher angstvoller Stimme stößt er ein „Ha" aus und fällt wie vom Blitz getroffen zu Boden. Er wurde aufgehoben und in das Zimmer der Erkrankten getragen, bald darauf war er eine kalte Leiche und schwarz am ganzen Körper.

„Herr Direktor, welche Krankheit darf ich bei Nr. 119 verzeichnen?"

„Cholera!"

Ich war von Furcht ergriffen und vor Schrecken gelähmt, denn Tag und Nacht mußte ich die Ärzte begleiten und die Mittel niederschreiben, die sie verordneten.

Die Kost wurde gewechselt; wir erhielten Morgens trockenen Mehlteig mit geschabtem Käse und ein schönes Stück gebratenes Fleisch, sowie einen mächtigen Becher Wein; Abends Kalbsbraten, Weißbrot und einen Becher

Wein; beim Schluß des Tages jeder ein Glas mit Chinin
versetzten Rosenliqueur.

Die Streitigkeiten der camorristischen Partei verloren
an Heftigkeit, die Feindseligkeiten und die Ränke hörten
auf, man dachte daran, sich gegenseitig zu lieben und das
Ungeheuer zu bekämpfen, das uns zu verzehren drohte.

Inzwischen war der Saal der Erkrankten überfüllt;
viele starben ohne Erbarmen, nachdem sie aus ihrem
ausgetrockneten Halse das letzte „Ha" ausgestoßen hatten.

Da empörten sich die Gefangenen.

„Gift!!" riefen sie.

Sie verschworen sich gegen die Ärzte, den Direktor,
die Wache, wollten die Bureaux überfallen und die
Beamten morden.

Die Frau des Direktors, eine ausgezeichnete Dame
aus seiner neapolitanischer Familie, begab sich mit ihrem
geliebten Söhnchen auf den Hof, in die Zellen und
ermahnte mit thränenden Augen die Rasenden zur Geduld, zum Mut und zur Ergebung.

Der Direktor bat weinend und mit vor Entsetzen
gesträubten Haaren um Frieden; nicht ein Gift sei es,
wie sie meinten, sondern eine tödliche Krankheit, welche
die Stadt bedrohe und Tausende von Opfern fordere.

Der Rechnungsführer begab sich nach Castellamare,
wo er eine Ladung Citronen kaufte, die unter den
Gefangenen verteilt wurden.

Lob, ewiges Lob gebührt dem edlen und christlichen
Herzen des Direktors Cav. Luigi M... di Aversa,
Lob, unvergängliches Lob seiner edlen Gemahlin, der

Zierde christlicher Tugend. Tag und Nacht begaben sich beide in die Zellen der Erkrankten, und salbten die schwarzen Körper der Leidenden mit wohlriechenden Düften, reinigten sie vom Schmutz, und die edle Herrin umfing die unglücklichen Sterbenden und murmelte ein Gebet, während ein Strom ekeln Erbrechens ihr über Brust und Hände ging. O Du Deines Heilandes würdiges Weib! Edles Mutter- und Frauenherz; meine Feder ist zu schwach, um Deine heiligen Tugenden zu schildern, Deinen unerschrockenen Mut, Deine Selbstverleugnung, eine Ruhmespalme ist Dir im Himmel gewiß, und sicher hat der Schöpfer, wenn er Dein heiliges und frommes Wirken sah, sich gefreut, daß er Dich in die Welt gesandt hat.

Den ganzen Tag ging sie mit einem Korb voll Obst, Biskuit, einer Rumflasche umher; wandelte durch die Zellen, gab dem eine Frucht, jenem ein Stück Citrone, dem dritten ein Glas Rum und sprach:

„Mut, meine lieben Söhne, Gott will unsere Geduld auf die Probe stellen."

Brot und Braten warfen wir auf den Hof und auf die Korridore, der Hunger war verloren, jeder war satt, die Cholera hatte uns gesättigt. Es war ein Leben, das ich nicht fortsetzen konnte; am Tage immer mit den Ärzten unterwegs, Nachts vier oder fünf Mal in den Zimmern umher; ich fühlte mich wie vernichtet.

Im Bureau des Krankenhauses war das Depot des Weines und der Liqueure, die ich morgens und Abends an sechshundert Gefangene austeilen mußte.

Ich mache dem Direktor Mitteilung, daß ich mich in mein Zimmer zurückziehen möchte, da ich dieses Leben nicht mehr aushalten könne.

„Nein", antwortete er, „als der Wind still war, da wollten Sie fahren; nun müssen Sie auch im Sturme ausharren — ich werde Ihnen zwei Genossen als Helfer beigeben."

Die Apotheke befand sich in der Anstalt selbst, im Krankenhause; der Oberwärter, ein braver Mann aus Piombini, der zu zwanzig Jahren verurteilt war, wußte mit Arznei gut Bescheid und that als Apotheker Dienste.

Zwei oder drei starben jede Nacht, nichts als ein schmerzliches „Ha" ausstoßend. Sie wurden sofort in einen gemeinschaftlichen Kasten eingesargt und hinausgebracht, um mit den andern, die in der Stadt starben, zusammen begraben zu werden. Die Gefangenen wußten nicht, wer oder wieviel starben oder erkrankt waren.

Einige Tage war Waffenstillstand, die heimtückische Krankheit schien des entsetzlichen Mordens müde zu sein, und wir Verschonten dankten Gott.

Und dann? Das unerbittliche tausendköpfige Ungeheuer war nicht müde, es schöpfte nur Atem, um sich gieriger als zuvor zu erheben. In Neapel, in der Anstalt neue Opfer; da verdoppelte sich die Sorgfalt und verdoppelten sich die Mittel, um den Drachen zu bekämpfen.

Verzweiflung und Entsetzen herrschten in den Herzen, die einer Dolchspitze und einer Messerschneide furchtlos entgegenblickten.

Eines Morgens fragte ich den Doktor Bionbi:

„Herr Doktor, was muß man thun, um sich vor der entsetzlichen Krankheit zu bewahren?"

„Immer Wein und Liqueur trinken, nie Wasser, und im Essen und Trinken sehr mäßig sein."

Wein und Liqueur hatte ich zu meiner Verfügung, mäßig zu sein, hing von mir selbst ab. Ich fing an, nicht wenig zu trinken, Tag und Nacht trank ich im Übermaß. Bisweilen hatte ich starkes Fieber mit heftigen Schmerzen im Unterleib und im Magen, mein Kopf schien sich umzudrehen, als ob ich im Strudel des Meeres wäre, kraftlos hielt ich mich mit Mühe auf den geschwollenen Beinen. Ich begab mich zu dem Chirurgen Herrn C... und ließ mich untersuchen.

„Sie haben ein pferdemäßiges Fieber", rief er aus.

„Ja, ich fühle mich sehr krank und leide heftige Schmerzen im Unterleib."

„Wie ist die Verdauung?"

„Seit vier oder fünf Tagen schlecht."

„Und Sie haben nichts gesagt?"

„Was sollte ich... die Furcht vor der Cholera."

„Ich kann Ihnen jetzt keine Purgiermittel geben. Gehen Sie in's Krankenhaus, wir werden sehen."

Ich ging in's Krankenhaus, ein anderer übernahm nun meinen Posten.

Diese abgefeimte Bestie von einem Chirurgen verschrieb mir Chinin, kaum hatte ich es genommen, als sich das Fieber zum Delirium steigerte; den Abend und die Nacht erbrach ich mich unaufhörlich und litt an fortwährenden Durchfällen, so daß ich Bett, Betttuch und alles, was in meiner Nähe war, beschmutzte; vor meinem geistigen Auge erschienen Gespenster, Schatten, Gräber und Grüfte.

Am Morgen kam Dr. Biondi, der Arzt, um mich zu untersuchen.

„Cholerasymptome," sagte er, „er muß in das Zimmer der Cholerakranken gelegt werden."

„Ich gehe nicht," rief ich, „ich will nicht! Genossen, ich verlasse mich auf Euch!"*)

Borghese und einige Kalabreser und Neapolitaner waren zur Stelle.

„Zu den Cholerakranken darf er nicht kommen," beschwor Borghese den Arzt, „sonst steht heute Abend die Anstalt in Flammen."

„Er soll nicht!" riefen die andern.

„Wir morden die Ärzte, den Direktor und die Wache," drohte der Genarius.

„599 soll hier bleiben und von uns bedient werden," sagten einige Neapolitaner, „wehe dem, der ihn anrührt."

Der Direktor kommt, und es wird entschieden, daß ich im Krankenhaus bleibe, während zwei Kalabreser mich am Tage und zwei Neapolitaner des Nachts bedienen sollen.

---

*) Ein weiterer Beweis, daß M... ein einflußreiches Haupt der Camorra war.

Der Arzt Biondi beklagte sich über den Chirurgen, weil dieser mir Chinin verschrieben hatte; er sagte, daß er mich getötet habe und befahl dem Chef der Wache, daß keiner mit mir sich abgeben solle, da ich unter seiner eigenen Behandlung stände.

Nachts wurde es schlimmer mit mir; gräßliche Gespenster, furchtbare Grüfte mit Gespenstern und Ungeheuern stauben vor mir und quälten mich; ich hörte nichts mehr; ein eiserner Ring schloß meine Eingeweide ein; in Zwischenräumen litt ich an Erbrechen und Durchfällen, ich konnte mich nicht bewegen und mit vieler Anstrengung und Vorsicht mußte ein Genosse mich hin und her wenden; ich lag im Sterben.

Nach der Arznei wurde mir übel — aber was bedeutete das! Zwei Tage und zwei Nächte wußte ich nichts von mir — ich war tot!

Nach achtundvierzig Stunden heftigen Fiebers gewann ich soweit die Herrschaft über meine Sinne wieder, daß ich mir meine kritische Lage klar machen konnte.

Der Arzt kommt, er sperrt den Mund auf, sieht den Krankenwärter an und spricht mit ihm und den Gefährten, die mich bedienten; ich hörte nichts, denn ich war gänzlich taub, aber ich sah, wie der Wärter kopfnickend sein Einverständnis mit dem ausdrückte, was der Arzt sagte. Als der Arzt ging, fragte ich, was er gesagt habe. Man wollte es mir anfangs nicht sagen, bis auf mein wiederholtes Bitten einer meiner Genossen mir Folgendes aufschrieb:

„Der Doktor sagte, daß es sehr schlecht mit Ihnen steht, und daß Sie vielleicht heute Nacht sterben werden, daß der Priester gerufen werden solle, um Ihnen die letzte Tröstung der Religion zu spenden."

Ein elektrischer Schlag hätte mich nicht so erschüttern können, wie die Worte, die ich las und die mein Todesurteil enthielten; mit übermenschlicher Kraft erhebe ich mich im Bett, die Augen weit geöffnet, die Arme mit drohend geballten Fäusten gegen ein großes Kruzifix ausgestreckt und rufe:

„Und Du, Christus, Du Gott, willst es zugeben, daß ich am Ende meiner Strafzeit sterbe, daß ich sterbe, fern von meiner Heimat, in diesen Mauern, im Kerker! daß ich an der Cholera sterbe, niedergebeugt vom Unglück, im Fieber meiner Leiden! Und Du lebst? O Gott, Gott, ist es wahr, daß Du lebst? Sagen es nicht Millionen von Schlafwandelnden? Ist nicht das Firmament das Werk Deines Willens, entzündet sich nicht der leuchtende Glanz des Tagesgestirns an Deinem Blick? Rauschen es nicht die tosenden Meere, daß Du lebst? Der thörichte Zweifler leugnet Dich mit dem Wort, aber in seiner Brust klingt es träumend: **Ein Gott lebt!**"

„Und Du, der Du lebst, läßt mich sterben, den letzten Schrei aus trockener Kehle ausstoßen! Nein, das wirst Du nicht, das kannst Du nicht thun! Ist es denn nicht wahr? Bist Du denn nicht der zärtliche Vater aller Deiner Geschöpfe; ist Deine Geduld nicht lang,

wie die Jahrhunderte lang sind? Und Du lässest zu,
daß ich sterbe? Nein, das kannst Du nicht!"

Am Abend kam der Pfarrer und fragte mich ich
weiß nicht was, denn ich war taub, ich antwortete nur
ja, ohne zu verstehen, was er wollte. Der Kranken=
wärter sagte ihm, daß ich taub sei von dem Chinin, das
der Chirurg mir verordnet hatte, und daß er mir seinen
Wunsch aufschreiben möge. Darauf schrieb er:

„Der Pfarrer fragt Sie, ob Sie beichten wollen
in Anbetracht der großen Gefahr, in der Sie schweben."

„Jetzt habe ich keine Lust zu beichten," sagte ich
empört; „wenn ich wieder gesund bin, dann will ich
beichten."

Ehrwürden machte ein langes Gesicht, ließ den Kopf
sinken und ging ab.

Diese Nacht, diese entsetzliche Nacht, in der mein
Todesurteil vollzogen werden sollte, fluchte ich unaufhör=
lich jenem Christus am Kreuze. Meine Genossen suchten
mich zu beruhigen, aber vergebens; ich verwünschte mit
lauter Stimme die Natur, die Welt und den Himmel;
ich fürchtete mich zu schlafen, um vielleicht in den ewigen
Schlaf hinüber zu schlummern. Im Fieber verging mir
die verhängnisvolle Nacht. Am Morgen sagte der Arzt,
nachdem er mich untersucht hatte:

„St. Petrus scheint Ihr Freund zu sein, er hat
die Himmelsthür nicht öffnen wollen — oder vielmehr
die Pforten der Hölle waren eingerostet, so daß Cerberus
sie nicht öffnen konnte. Jetzt werden Sie leben, das
schwöre ich bei meinem Seelenheil."

Die Gefahr war vorüber; Christus, dem ich so glühend geflucht hatte, hatte sich meiner erbarmt und gesprochen:

„Lebe und leide!"

Ich erhielt ein Telegramm von meiner Familie, die Nachricht über mich wünschte. Der Direktor brachte es und er telegraphierte, daß ich genesen sei und demnächst selbst schreiben würde.

Infolge der sorgfältigen Pflege, die mir der treffliche Professor Biondi angedeihen ließ und der warmen Hilfe von seiten meiner Genossen, besserte sich mein Zustand bald, aber ich war taub; ich applizierte mir zwei spanische Fliegen hinter die Ohren, aber sie halfen nichts.

Ich nahm mir vor, wenn ich taub bliebe, die Bestie, den Chirurgen, zu ermorden.

Dann ließ ich mir eine Blase im Nacken ziehen, was viel Wirkung hatte, indem ich allmählich das Gehör wieder erlangte. Eine spanische Fliege legte ich auf die Schläfe, eine zweite hinter die Ohren und auf diese und andere Weise erlangte ich endlich das Gehör wieder. Ich zählte die an der Cholera Gestorbenen, es waren neunundsechszig, mit dem Söhnchen des Direktors siebenzig; der Erkrankten waren zweihundert zweiundzwanzig. Als ich ganz geheilt war, ließ ich den Direktor rufen und bat ihn, mich meiner Pflicht als Schreiber zu entbinden, und mir zu gestatten, mich in meine Zelle zurückzuziehen, da ich dringend Ruhe brauche. Ich wollte dort die Bücher aus der Bibliothek lesen und die sieben Monate, die ich noch ab zumachen hatte, in Frieden verbringen. Er willigte ein und ich zog mich in eine der unteren Zellen zurück.

Die Cholera hörte auf; das tausendköpfige Ungeheuer zog weiter, und hinter sich ließ es Jammer, Trauer und Entsetzen.

In meiner Zelle waren sechs brave Genossen, fünf davon erkrankten, ich allein las und schrieb und dachte über die trüben Traumbilder des menschlichen Lebens nach.

Mir geschah etwas, das ich mitteilen möchte.

Eines Tages, gegen Abend, als meine Gefährten bereits von der Arbeit zurückgekommen waren und ich ruhig in meiner Zelle in einem Winkel lag und meine Pfeife rauchte, öffnete sich die Thür mit Geräusch und ich mußte die brennende Pfeife in die Tasche verstecken.

„599," sagt der Wächter, „geben Sie mir die Cigarre."

„Ich habe keine Cigarre."

„Rasch, geben Sie mir die Cigarre, Sie haben geraucht."

„Ich habe nicht geraucht und habe keine Cigarre."

„Sie haben geraucht, ich habe es gesehen und den Tabaksgeruch gerochen."

„Sie irren sich."

„Ich irre mich nicht, geben Sie mir die Cigarre."

Und er kam näher um die Hand in meine Tasche zu stecken, da erhebe ich rasch die Hand und versetze ihm eine mächtige Ohrfeige.

Nach diesem niederträchtigen Streich nimmt der Wächter das Schlüsselbund und will sich auf mich stürzen, ich trete einen Schritt zurück, nehme eine Fechterstellung an und reiße die Pfeife aus der Tasche; der arme Wächter hält sie für einen Dolch, schließt die Thür, rennt den Korridor entlang und ruft um Hülfe.

Der Chef der Wache mit einigen Leuten eilt herbei und ich werde in eine Strafzelle geführt.

Wenn ein Gefangener etwas verbrochen hatte, fand ein förmliches Verhör statt, bei dem der Direktor als Vorsitzender, der Rechnungsführer als Ankläger und der Pfarrer als Verteidiger fungierte.

Ich werde in das Bureau des Direktors geführt, die Zeugen werden aufgerufen und leugnen, daß ich dem Wächter eine Ohrfeige gegeben und ihn mit bewaffneter Hand angegriffen habe, vielmehr habe der Wächter mich beleidigt und ich mich nur mit Worten verteidigt. Ich werde zu vierzehn Tagen Wasser und Brot verurteilt und in Ketten gelegt, der Wächter erhält zwei Monate Wachtdienst und sein Lohn wird für diese Zeit gespart.

Nachdem die Strafe verbüßt ist, kehre ich in meine Zelle zurück, der Wächter wird nach einer andern Strafanstalt versetzt.

Drei Monate fehlen noch bis zu meiner Befreiung, da werde ich vom Direktor gerufen, der sagt: „599, Sie müssen noch drei Monate verbüßen, wo wollen Sie Ihr Domizil aufschlagen?"

„In Parghelia, meinem Geburtsort."

Als noch zwei Monate fehlen, rief der Direktor mich und sagte:

„699, Sie müssen noch zwei Monate verbüßen; wenn Sie wollen, lassen Sie sich den Bart und die Haare wachsen." Als der Tag der Freiheit sich näherte, konnte ich Nachts nicht mehr schlafen und baute Luft=
schlösser. Meine Gefährten thaten sich zusammen, um ein prunkvolles Mahl zu veranstalten und so meine Freiheit zu feiern.

Der Direktor wurde um seine Erlaubnis gebeten, daß wir uns alle in einem großen Zimmer zusammen finden durften, um den letzten Tag meiner Gefangenschaft zu feiern, als Beweis unserer Treue, Liebe und Achtung. Am Vorabend vor meiner Befreiung waren wir einund=
zwanzig vereint, und aßen und tranken heiter, die Trink=
sprüche galten alle mir, die einen wünschen mir Glück, die andern langes Leben, und alle diese Wünsche kamen aus auf=
richtigen aber unglücklichen Herzen; wir hatten Kuchen, Süßigkeiten, Liqueure, Caffee und auch die so sehr ver=
botenen Cigarren. Am Abend umarmten und küßten wir uns, Thränen feuchteten mir die Wangen, während einer sagte:

„699, denken Sie an mich im Reich der Lebenden."

Ein anderer:

„Werden Sie mir schreiben, um mich zu trösten?"

Ein dritter umarmte mich und flüsterte mir ins Ohr:

„Werden wir uns wiedersehen, Genosse?"

Am Morgen wurde ich von den Gefangenen unbe=
obachtet nach dem Bureau des Rechnungsführers gebracht,

man gab mir mein Geld und einen Brief an den Delegierten in Neapel. Ich vergaß zu erwähnen, daß ein Landsmann, der Spediteur Cosmo C... in Neapel, mir einen Anzug besorgt hatte, den ich nunmehr statt der Gefängnistracht anlegte.

Der Direktor kam, fragte mich, ob ich etwas vorzubringen hatte, und hielt mir dann eine schöne Predigt, wie ich mich in Zukunft betragen solle.

Ein Schutzmann erscheint, ich küsse dem braven Direktor die Hand und gehe mit dem Schutzmann eine lange Treppe hinauf, ein großes massiv eisernes Gitter öffnet sich und ich befinde mich auf der Straße. Will man es glauben? Ich konnte nicht mehr gehen; meine Augen schmerzten von dem Licht, das Blut jagte in den Adern und am ganzen Körper hatte ich ein Jucken, als ob ich die Krätze hätte. Wenn man lange die Freiheit verloren hat, weiß man, wie süß sie ist.

Wir gingen zum Delegato, der mich in ein Register eintrug und dann sagte:

„Wann wollen Sie reisen?"

„Ich möchte einige Tage hier bleiben."

„Schön, wenn Sie reisen wollen, holen Sie Ihren Paß und das Reisegeld ab."

Ich suchte Leonardo und Cosmo C... auf, besuchte einige Freunde und nachdem ich mich fünf Tage vergnügt hatte, ging ich zum Delegato, der mir meinen Paß und das Reisegeld gab.

Tags darauf reiste ich mit dem Dampfschiff ab und nach vierundzwanzig Stunden angestrengter Reise

kam ich nach Pizzo, wo ich mit dem Wagen nach Monte=
leone fuhr. Dort versuchte ich, einen Wagen zu finden,
um mich nach Tropea zu begeben, aber ein Wagen war
augenblicklich nicht zu haben.

Da traf ich vier Seminaristen, denen ich mich an=
schloß und die ich fragte:

„Wohin gehen Sie?"

„Nach Tropea", antwortete einer.

„Und haben Sie einen Wagen?" fragte ich.

„Nein. Hier wohnt der Bischof Vaccari, mit dem
ich zusammen fahre; meine drei Gefährten hier fahren
mit dem Lastwagen, der unser Gepäck zum Seminar
bringt."

„Dann gestatten Sie, daß ich mitfahre."

Sie willigten gern ein und wir verabredeten Zeit
und Ort, wo wir uns treffen wollten.

„Ich möchte dem freundlichen Bischof die Hand
küssen."

„Kommen Sie mit, und Sie werden ihn sehen."

Sie führten mich in das Haus des Apothekers
Ortona, wir treten in eines der Zimmer und ich sehe
den Bischof wie eine Wurst gekrümmt im Bett liegen;
er sagte zu dem Priester Ortona, dem Bruder des
Apothekers:

„Ich bin müde, ich habe von der Reise gelitten."

Ich trat ans Bett und küßte ihm die Hand.

„Wo sind Sie her, braver junger Mann?"
fragte er.

„Aus Tropea."

„Und woher kommen Sie?"

„Aus Neapel, ich war auf dem Colleg."

Der Apotheker unterbrach unser Gespräch, das wer weiß was für ein Ende hätte nehmen können.

„Nun kommt mit mir zum Essen", sagte Oriona. Die vier Seminaristen erheben sich und folgen dem Hausherrn, ich stehe ebenfalls auf, werfe dem Bischof einen Blick zu und begebe mich mit den andern in ein großes Zimmer, einem wahren Speisesaal. Wir setzen uns zu Tisch, jeder erhält eine halbe Literflasche Wein, es kommt eine Schüssel mit Käse, eine andere mit Schinken, dazu frisches Brot. Ich esse von allem, trinke noch eine Flasche Wein, dann gehen wir; ich in einen Gasthof, um zu ruhen, denn schlafen kann ich nicht — wer aus dem Gefängnis kommt, gewöhnt sich nur langsam wieder an den Schlaf der Freiheit.

Tags darauf fuhren die drei Seminaristen und ich auf dem Lastwagen ab, der mit Decken und Matratzen belegt war; als wir nach einem Ort namens Piozzi kamen, sehe ich hinter uns einen Menschen herlaufen; ich lasse den Wagen anhalten und wir sehen, daß es Silvestro C... ist, der nach Monteleone gegangen war, dort aber keinen Wagen gefunden hatte und nun sechs Stunden gelaufen war, um uns einzuholen — ein nettes Vergnügen!

In Tropea verließ ich die Seminaristen und ihren Wagen und ging mit Silvestro C... in einen Gasthof. Dort fanden wir einen schurkischen Mönch, der sich uns anschloß; wir ließen uns Würstchen braten und Wein und Brot bringen und aßen und tranken zu drei.

Nachher wollte der schurkische Mönch nicht bezahlen; Silvestro C..., vom Wein umnebelt, fängt an zu lallen, der Mönch antwortet ihm ebenfalls lallend.

Silvestro C... glaubt, daß der Mönch ihn verhöhnt und fängt an zu schimpfen, auf den Mönch, die Priester, den Papst und die ganze Klerisei.

Der Mönch wird nun auch zornig und benennt C... mit häßlichen Worten, sie fassen sich an, ziehen sich hin und her und lallen.

„Za—ah—le Du!"

„Nein, za—ah—le Du!"

„Ich za—a—ah—le nicht!"

„Ich za—a—ah—le die Hä—ä—älfte!"

„Nein, Du za—a—ahlst all—les!"

„Nein, u—nd ich za—a—ahle ni—ichts!"

„Wa—arum willst Du nicht za—a—ahlen?"

„Nein — nein, es geht mich nichts a—an!"

„Dann za—ahlen wir zusa—ammen!"

„Ja, za—a—ahlen wir zusammen!"

Zweiter Teil.
Meine Dienſtzeit.

> Ein klaſſiſcher Schriftſteller, eine
> wiſſenſchaftliche Abhandlung wird von
> gebildeten, gelehrten, wiſſenſchaftlichen
> Menſchen verſtanden; eine gewöhnliche
> Darſtellung, die leicht geſchrieben iſt, wird
> ſowohl vom gebildeten, gelehrten, wiſſen-
> ſchaftlichen Menſchen, wie vom unwiſſen-
> den Mann aus dem Volke verſtanden:
> ſonach iſt es beſſer, ſich beiden als bloß
> einem verſtändlich zu machen.

Vorbemerkungen.

Wer unklug iſt, findet im Soldatenſpielen den Samen der Gelehrſamkeit.

Der Soldat legt ſeinen Verſtand ab, bevor er die Kaſerne betritt.

Schande, Feigheit, Trug, Falſchheit, Mißbräuche, Quälereien und Tyrannei ſind der Teil des Soldaten.

Und wenn Du Dich beklagſt, kommſt Du auf die Galeere.

Sklaverei und Soldatenſpielen ſind Geſchwiſter.

Der Heeresdienst ist ein Übel, das innen und außen schadet.

Willst Du verdammt sein? Werde Soldat!

An mein liebes Söhnchen Francesco Antonio.

Mein heißgeliebter Junge!

Für Dich allein schreibe ich diese schmerzensreichen Abenteuer meines Lebens, das durch vierzehn lange Jahre eines furchtbaren Geschickes und durch heftige Schmerzen und Unglücksfälle zerrissen ist. In diesen Zeilen, die von meiner heißen Liebe zu Dir diktiert sind, findest Du die traurigen Wechselfälle des menschlichen Lebens und die raschen Wandlungen dieser schmutzigen, unsauberen, bösen Welt.

Mögen Dir diese Denkwürdigkeiten als Schule auf dem schlüpfrigen Pfade in der Welt dienen, als Warnung vor der heuchlerischen Gesellschaft, als Führer in den Banden der Freundschaft, als Zügel in den maßlosen Leidenschaften, als Beruhigung im Unglück, als Ermutigung und Unterwerfung in die Schicksalsschläge des Lebens.

Du wirst diese meine Briefe durchlesen, Du wirst, mein geliebter Sohn, das Ergebnis meiner Leiden betrachten und mit einem Herzen voll kindlicher Liebe wirst Du den beklagen, der Dir das Leben gab, der Dich Jahre hindurch in seinen Armen trug, der Dir soviel Küsse gab, wie Sterne am Himmel stehen, und der mit überströmender Liebe Deine ersten Schritte lenkte, denn Du allein warst der kostbare Edelstein meiner im Unglück verbitterten Seele.

Um Dich habe ich manche lange und kalte Winternacht durchwacht und hier, in diesen väterlichen Armen, habe ich Dich ganze Nächte lang gewiegt; ich spürte keinen Frost; der Schlaf floh meine Augen und nimmer müde, nimmer überdrüssig, habe ich Dich gewiegt. Ja, mein geliebter Sohn, ich war glücklich, Dich an meine Brust zu drücken, in der Stille der Nacht, wenn draußen der kalte, eisige Wind raste und an unserem Fenster rüttelte, dann war ich glücklich und zufrieden und sang Dich in den Schlaf.*)

Parghelia, den 20. Juni 1888.

Dein zärtlicher Vater

Antonino M...

---

*) Hier folgt ein italienisches Wiegenlied.

Die Abreise.

Nach sechs langen Jahren der Gefangenschaft, wie ich im ersten Teil dieser Erzählung berichtet habe, erblickte ich am 16. November 1874 die Freiheit wieder.

Am 27. Januar 1875 hatte ich das Unglück, Soldat*) werden zu müssen, denn aus der Klasse 1850 wurde ich der Klasse 1855 überwiesen und auf zwölfjährige Dienstzeit in das zwanzigste Infanterieregiment eingestellt.

---

*) Dieser Teil der Selbstbiographie des M... ist ein Beweis zu Gunsten derer, welche behaupten, daß Verbrecher nicht in die Armee aufgenommen werden sollten.

Die Frage ist als Gefühls- und als Nützlichkeitsfrage behandelt worden. Ich übergehe den ersten Gesichtspunkt, weil sich darüber nicht verhandeln läßt: ein Heer braucht namentlich in Friedenszeiten einen hohen Grad sittlicher Reife in seinen Bestandteilen, um in Ermangelung eines unmittelbaren Nutzens eine Existenzberechtigung zu haben.

In Kriegszeiten kommt es auf solche Moralität weniger an und niemand würde sich darum kümmern; Sergi hat in seinem Broismo e criminalità gezeigt, wie ein Verbrecher bisweilen zu heroischen Thaten sich erheben kann. Der Mangel an Voraussehung schwächt bei ihm das Gefühl der Gefahr ab.

Ich will mich auf den zweiten Punkt beschränken: daß es nutzlos und unthunlich sei, Verbrecher in die Armee aufzunehmen, und zwar auf der Basis elementarer Gründe des Positivismus.

Wenn man zugiebt, daß der Verbrecher ein pathologischer und anormaler Typus ist, weshalb wird diese moralische Ab-

Ich reiste nach Florenz, um zu meinem Regiment zu kommen.

In diesem Regiment war ein Landsmann von mir, Signor Pietropaolo A...., Lieutnant; diesem würdigen und wohlverdienten Herrn wurde ich empfohlen; und er wies mich der achten Kompagnie zu: das Unglück schien mir anzuhängen; diese Kompagnie war die meist ge-

normität nicht ebenso in Betracht gezogen, wie so viele andere, die physischer Natur sind? Individuen, die eine Mißbildung der Füße zeigen, werden ausgeschlossen, und man sollte die nicht zurückweisen, welche eine tiefgehende Abnormität der Seele zeigen?

Man wird sagen: Es ist schwer, diese Abnormität festzustellen. Und ich antworte: Zugegeben; aber so schwer es auch sein mag, in der großen Mehrzahl der Fälle ist ein unfehlbares Kennzeichen gegeben — die Strafen, welche die zur Aushebung sich vorstellenden Leute erlitten haben — oder wenn sie schon Soldaten sind, die Vergehen, welche sie sich zu Schulden kommen lassen. Der Verbrecher wird als ein antisoziales Element betrachtet, d. h., er wendet sich gegen die Ordnungsgrundsätze, die zur Existenz einer gegebenen Gesellschaft notwendig sind: er will sich deren Zwang nicht unterwerfen und hält sie für sein eigenes Temperament und seine eigenen Neigungen zu eng. Ist es nun nicht widersinnig, einen solchen Widerstrebenden in die Schranken eines Organismus wie die Armee einzustellen, die durch eine noch viel straffere Disziplin als die, welche in der gewöhnlichen Gesellschaft herrscht, regiert wird? Heißt das nicht, aus einem Narren einen Philosophen machen wollen? Sowohl der Narr wie der Verbrecher sind Individualistische Übertreibungen, Wesen, deren Verstand oder moralisches Empfinden sich den Bedingungen des sozialen Lebens, den Vorschriften, die der Egoismus auf Gegenseitigkeit diktiert, nicht anpassen können.

Man wirft ein: Auch das Gefängnis und das Irrenhaus sind Institute, die von eiserner Disziplin regiert werden, aber jeder quälte vom ganzen Regiment und bestand aus Leuten, die sich nicht durch gute Führung hervorthaten.

Als Signor Pietropaolo von meiner Ankunft hörte, kam er in mein Quartier und hielt mir eine Vorlesung über die Art und Weise, wie ich mich zu benehmen

sieht ein, daß die Zusammenstellung mit dem Heer nicht möglich ist. Dieses hat im Staat eine opportunistische, jenes eine, im wesentlichen utilitarische Funktion. Die Armee wird verschwinden können und müssen; die Gefängnisse werden ihr Aussehen ändern, wenn der Begriff der Strafe durch den der Abwehr abgelöst worden ist; die Irrenhäuser werden in Stätten der Pflege und der Hut umgewandelt werden, da die Gesellschaft nur stets, auch in ihren fortgeschrittensten Formen, den Begriff der Selbstverteidigung aufrecht halten und erweitern muß, weil dies zur Entwickelung der gesunderen und normaleren Kräfte beiträgt. Die soziale Disziplin ist ein absolutes Bedürfnis, die militärische Disziplin ein relatives Bedürfnis.

Nun kann die Ausbildung derer, welche Strafen von einer gewissen Schwere erlitten, helfen, das Heer sicher zu stellen. Ich lege nicht viel Wert darauf, weil es eine Wahrheit ist, von der wir uns in diesen letzten Jahren überzeugt haben. Misdea, Serghelli, Scaranari, Marino, Missvoll und endlich Pasquala Torres haben dem Heer noch mehr geschadet als zwanzig Friedensjahre. Andererseits ist bekannt, daß das Kriegsministerium das Aushebungsgesetz in dem Sinne reformieren will, daß diejenigen ausgeschlossen bleiben und dem königlichen Heer nicht angehören können, welche zu Kerkerstrafe und zu Gefängnis nicht unter fünf Jahren verurteilt sind, während das zur Zeit in Kraft befindliche Gesetz nur die wegen irgend eines Verbrechens zu Zwangsarbeit Verurteilten und die zu Zuchthaus und Gefängnis wegen Verbrechen schwerer Art Verurteilten ausschließt.

Doch sollten auch die zu geringen Strafen Verurteilten besonders behandelt werden, indem sie während des Dienstes mit hätte; er empfahl mich den Vorgesetzten, meinem Hauptmann und den Lieutenants, mit denen ich zu thun hatte.

Tags darauf erhielt ich das Gewehr, den Säbel, die Patronentaschen und was sonst noch dazu gehört; dann wurde ich mit den anderen Rekruten auf den

---

der Waffe einer besonderen Abteilung zugewiesen werden, wie es in Frankreich und Deutschland üblich ist.

Dazu wird nun noch ein Reglement treten, welches gleichzeitig die Überweisung derjenigen Personen in eine besondere Abteilung verfügt, die sich während der Dienstzeit schwerer Vergehen schuldig machten. Dasselbe Ministerium anerkennt in dem der Kammer schon vorgelegten Bericht die Nützlichkeit solcher Verfügungen, indem es hervorhebt, daß man nicht erst jetzt darauf verfallen sei, sondern schon in einem dem Senat am 10. Juni 1884 vorgelegten Gesetzentwurf des Ministers General Ferrero, in dem von einem Spezialkorps die Rede war.

Damit, das wird jeder einsehen, wird die Frage verschoben, aber nicht gelöst. Es schließt zwar die schlimmsten Verbrecher aus, aber zu viele umfaßt es gar nicht, oder umfaßt sie mit einer Verschärfung der Disziplin. Wenn heute der Verbrecher seine Strafe verbüßt hat, wird er veranlaßt sein, die besondere Behandlung, die er erfährt, als eine Ungerechtigkeit zu betrachten und den Fatalismus der Schuld zu verstärken, von dem die Seiten M...'s voll sind. Er wird als Soldat eine strengere Disziplin und daher mit größter Wahrscheinlichkeit die Bestrafung finden. Ist das gerecht und logisch?

Ist im sozialen Leben die moralische oder intellektuelle Inferiorität einer Person nicht eine Entschuldigung für uns? Von einem Bauern verlangen wir gewisse Äußerungen des Zartgefühls nicht, die wir bei einer gebildeten Person fordern; von jenem dulden wir, was bei dieser eine Beleidigung wäre.

Wenn man bei einer Spezialdisziplin annimmt, daß diese Individuen Verbrecher sind und wenn man sie nur deshalb als

Exerzierplatz geführt, wo ein Korporal und ein Sergeant uns unterrichtete; sobald einer sich irrte oder ein Kommando schlecht ausführte, wurde er geschimpft und mißhandelt, und oft hörte man solche Worte:

„Sie sind ein Rindvieh, ein Dummkopf, Sie sind ein Schweinehund!" und ähnliche Schmähungen. Mir stieg das Blut zu Kopf, wenn ich sah, wie ein unwissender Vorgesetzter uns so behandeln konnte.

(Hier fehlen im Manuskript einige Blätter.)

Ich stand an meinem Bett, hatte Helm und Gürtel abgelegt und suchte meine Mütze, die ich am Morgen an die Wand gehängt hatte. Inzwischen stellte sich die Kompagnie in Reih und Glied auf und da ich weiter suche, kommt der Korporal C... auf mich zu und fragt mich wütend, weshalb ich mich nicht auf meinen Platz begebe.

Soldaten betrachtet, weil sie sich dem Recht, welches das Land über sie hat, nicht entziehen können, so müßte man sie wenigstens dem gewöhnlichen Gesellschaftscodex unterstellen, anstatt sie unter den militärischen Codex zu bringen.

Der Grundsatz der Ausschließung, nach der vorher erlittenen Strafe beurteilt, hat für mich keinen Wert. Der Soldat kommt immer im jugendlichen Alter zur Aushebung; wenn er ein Verbrecher war, so war es in seinen Jugendjahren, wo einerseits das Strafgesetzbuch und andererseits das Mitleid der Geschworenen ihm alle möglichen mildernden Umstände zubilligen.

Das sieht man aus der ersten Strafe des M... wegen Mordes, wo die Überlegung und die Nachstellung nicht hinderten, daß die Strafe auf fünf Jahre beschränkt wurde, und man sieht es aus den Antecedentien aller Soldaten, die in diesen letzten

„Ich suche meine Mütze, die ich heute Morgen hier aufgehängt habe."

„Sie wissen nicht, was Sie sagen; Sie verlieren immer etwas."

„Ich habe noch nie etwas verloren; aber meine Mütze finde ich nicht."

„Schweigen Sie! Passen Sie besser auf, Sie Schweinehund! Was meinen Sie denn, wer Sie sind, Sie Galgenschwengel?"

Mir stieg das Blut zu Kopf, ich verlor meine Kaltblütigkeit, wütend wie eine Hyäne sprang ich ihm an den Hals, gab ihm eine mächtige Ohrfeige und schüttelte ihn hin und her wie ein Rohr.

Der Korporal verliert das Gleichgewicht und fällt hin, ich werfe mich mit voller Kraft auf ihn, halte ihn

---

Jahren erschossen oder dem Kerker übergeben wurden. Alle hatten Strafen erlitten und keiner hatte vom Dienst befreit werden können. Die angeblichen fünf Jahre würden in der That zwanzig bis dreißig Jahren Gefängnis gleichkommen. Vier Körperverletzungen und drei Widersetzlichkeiten gegen die Polizeiorgane würden weniger gelten als ein versuchter Mord, und zwar für einen Soldaten, für den das Spezialgesetzbuch des Heeres die Erschließung von hinten sanktioniert, wenn er nur mit bewaffneter Hand seinen Vorgesetzten bedroht.

Die Blätter des M... können dazu ermahnen, eine offene und wirkliche Lösung zu finden, die einerseits dem Heere nützt und andererseits den Postulaten des gesellschaftlichen Positivismus entspricht.

In dieser Anmerkung, das begreift jeder, habe ich eine solche Lösung nur andeuten können.

an der Gurgel fest und ziehe einen Dolch aus der
Tasche, um ihn zu ermorden — in diesem Augenblick
stürzt sich ein Haufe von Offizieren und Gemeinen auf
mich, reißen uns auseinander und ich werde in die
Wachtstube geführt, wo man mich mit Schimpfreden
überschüttet, um mich dann unter einer Eskorte von acht
Chargierten mit aufgepflanztem Bajonett ins Gefängnis
zu führen.

Tags darauf suchte mich Signor Pietropaolo auf;
Thränen standen ihm in den Augen, er beklagte den Vorfall und sagte, daß er alles thun werde, um die Gefahr
abzuwenden; dann ging er, nachdem er mir zwei
Cigarren gegeben und einen zärtlichen Blick auf mich
geworfen hatte.

Eingeschlossen, allein, sah ich mehrere Tage hindurch niemand; unvertraut mit den militärischen Gesetzen
wußte ich nicht, was aus mir werden sollte und machte
mich auf alles gefaßt. Signor Pietropaolo kam wieder
und sagte lächelnd:

„Ich habe alles besorgt; morgen wirst Du in Freiheit gesetzt werden, aber versprich mir, daß Du Dich
gut führen willst."

„Je nach den Umständen", antworte ich.

In der folgenden Nacht, etwa um ein Uhr, wird
die Thür meines Gefängnisses geöffnet; ich fürchtete,
daß man mir etwas böses thun werde und schickte mich
an, mich zu verteidigen.

Es war der Hauptmann, der mich herausrief. Ich
folgte, er führte mich auf den Hof, eintöniges Schweigen

herrschte ringsum, nur unterbrochen durch die Schritte der Schildwache; der silberne Mond stand am Himmelsbogen.

„Der Herr Oberst verzeiht Ihnen diesmal, morgen werden Sie in Freiheit gesetzt; aber ich empfehle Ihnen, sich gut zu führen, dann werden Sie in drei Monaten die Korporaltressen bekommen."

„Ich danke Ihnen, Herr Hauptmann und bitte Sie, dem Herrn Oberst ebenfalls meinen Dank zu sagen; wenn ich nicht gereizt worden wäre, würde ich einen solchen Schritt nicht gethan haben, aber —"

„Genug, genug, seien Sie in Zukunft ruhiger. — Korporal, führen Sie den Mann ins Gefängnis."

Ich wurde wieder eingeschlossen, tausend Gedanken durchzogen mein Gehirn und ungeduldig erwartete ich die Stunde meiner Befreiung.

Tags darauf wartete ich angstvoll, jedes Geräusch gab mir einen Stich ins Herz; aber niemand kam, auch der Lieutenant Pietropaolo nicht. Es wurde Abend, endlich höre ich den Schlüssel klirren, die Thür öffnet sich und ein Sergeant, den ich nicht kenne, sagt:

„Auf, M. . ., schnell, es geht los; alles ist bereit".

Ich folge ihm, auf dem Hof steht ein verschlossener Wagen, von drei schwarzen Pferden gezogen, die ungeduldig scharren und wiehern; auf dem Bock sitzt ein Soldat mit aufgepflanztem Bajonett, vier andere Soldaten, zwei Korporale und zwei Sergeanten, alle mit aufgepflanztem Bajonett, standen um den Wagen herum.

„Rasch, M. . ., steigen Sie ein und machen Sie sich's bequem," sagte ein Sergeant in befehlerischem Ton.

Beim Anblick einer solchen bewaffneten Macht ward ich bestürzt und wußte nicht, was geschah; ein Sergeant ließ mich in den Wagen hinein und nahm an meiner Seite Platz, die beiden anderen Plätze nahmen zwei Korporale ein; ich sehe mich verständnislos um und frage mich, ob ich träume, ob man eine Komödie mit mir aufführen will?.. Der Wagen setzt sich in Bewegung, hält an, fährt weiter, hält wieder an und rast dann im Galopp davon; neben mir und vor mir sehe ich die unbeweglichen, kalten Gesichter der Soldaten, deren Augen auf mich gerichtet sind und die schweigend die Gewehre zwischen den Knieen halten. Draußen sehe ich eine Abteilung Soldaten, die dem Wagen folgte.

Endlich ermanne ich mich, den Sergeanten zu fragen, wohin man mich führt.

„Das werden Sie später sehen; wir sind jetzt am Ziel."

„Aber der Herr Hauptmann hat mir doch gesagt, ich würde heute früh in Freiheit gesetzt werden; wozu denn jetzt dieser Unsinn?"

„Der Herr Hauptmann hat Sie zum Besten gehabt," antwortet lachend der Sergeant.

„Zum Besten gehabt!" rufe ich aus.

„Ja, er hat Sie zum Besten gehabt."

Ich fange an nachzudenken, wo ich dies Wort schon einmal gehört habe, und ich erinnere mich, daß es der Karobiniere mir sagte, als ich in die Strafanstalt zu Neapel abgeführt wurde.

„Dies ist das zweite Mal," denke ich, „daß man mich zum Besten hat, zum dritten Mal soll es bei Gott nicht geschehen!"

Bald darauf hielt der Wagen an, eine Stimme fragte:

„Wer ist da?"

„Ein Gefangener wird eingeliefert," entgegnete eine andere Stimme.

Darauf entstand ein Fragen und Antworten, das ich nicht unterscheiden konnte; der Wagen setzt sich langsam in Bewegung, hält an; der Schlag wird geöffnet und ich werde mit unfreundlicher Stimme zum Aussteigen aufgefordert.

Ich steige aus und werde unter Bedeckung ins Gefängnis geführt, ein Sergeant trägt meinen Namen und mein Signalement in ein Register ein.

„Sie sind der thätlichen Insubordination angeklagt, begriffen?"

„Sehr wohl, aber gestern und heute Nacht habe ich es nicht begriffen!"

„Schweigen Sie, und schwatzen Sie nicht," sagte der Sergeant wütend.

Die Soldaten von meinem Regiment zogen ab, ohne mich eines Blickes zu würdigen.

Man führte mich in meine Zelle, ein großes Zimmer zu ebener Erde in der Festung Abasso, hier war auch das Militärgericht. In diesem Zimmer befanden sich etwa zwanzig Angeschuldigte von verschiedenen Waffengattungen.

Als ich den rohen, unwissenden Soldaten entrückt und unter Leidensgefährten war,*) fühlte ich mich von einer schweren Last befreit, ich überblickte meine kritische Position und zermarterte mir das Gehirn, weshalb Signor Pietropaolo und der Hauptmann bei seinem nächtlichen Besuch mir gesagt haben könnten, daß ich befreit werden würde, während ich jetzt im Gegenteil geheimnisvoll ins Gefängnis gebracht wurde. Wozu diese elende Komödie. Schuftige, lügnerische Menschen, die dafür bezahlt werden, daß sie heucheln! . . . Wann wird man ihnen ihre von Bosheit befleckte Maske vom Gesicht reißen können?

O meine Seele, was trauerst Du? Denke an die Vergangenheit, erinnere Dich an die Seufzer und die Leiden, damit ich dereinst mit den Farben der Wahrheit das Bild meines Unglücks entwerfen und die Unwissenheit der engherzigen, selbstsüchtigen Despoten schildern kann. —

Erinnere Dich an die Thaten eines unseligen, verworfenen Tyrannen! Verkünde, wenn Du es vermagst, die Handlungen des Autokraten, der, väterliche Gefühle und kindliche Liebe mißachtend, auf dem Scheiterhaufen des Vaterlandes die jugendliche Hoffnung Italiens als Brandopfer darbrachte, der die Stützen darbender Familien vom häuslichen Heerd hinwegriß, der Industrie die Kraft des Fortschritts raubte, um das erhabene An-

---

*) Ein Beweis für das Gefühl der Zusammengehörigkeit, das Familiengefühl, das unter den Verbrechern existiert.

denken der Freiheit zu schänden, und dem Bajonett, dem Galgen und der Galeere das Recht gab, den letzten Gedanken der Unglücklichen zu Todesseufzern zu gestalten.

Du allein, o meine Seele, kannst in den Tagen des Unglücks die Klagen deuten, welche in diesem Kreise ertönen, wo Leiden, Kummer, Qualen und der Wille eines gesetzlich sanktionierten Vatermörders die jugendlichen Hoffnungen aus dem Herzen des jungen Soldaten reißen, um die fern weilenden Familien in Verzweiflung zu stürzen.

Nach drei Tagen suchte mich der Lieutenant Pietropaolo auf, er war trostlos über mein Schicksal und sagte, daß der Oberst anfänglich die Absicht gehabt habe, mir zu verzeihen, in Anbetracht meiner Vorstrafen aber vorgezogen hätte, mich vor ein Kriegsgericht zu stellen; er flößte mir Mut ein und sagte, daß er meine Verteidigung vor Gericht übernehmen wolle.

Ich gab meine Aussage vor dem Untersuchungsrichter ab; am 13. Juli 1876 sollte die Verhandlung stattfinden.

Signor Pietropaolo kam wieder zu mir und teilte mir unter Thränen mit, daß seine arme Mutter krank sei, daß er infolge dessen Urlaub genommen habe und daß statt seiner der Advokat C...., der erste in Florenz, meine Verteidigung führen werde.

Der 13. Juli erschien; vier Soldaten mit aufgepflanztem Bajonett unter Führung eines Sergeanten brachten mich zum Gerichtssaal; dort fand ich den Advokaten C..., einen schönen Mann mit langem schwarzem Bart. Er trat auf mich zu und sagte:

„Mut, M..., heute werden Sie frei sein; der Vorsitzende und die Richter sind gute Freunde von mir, der Staatsanwalt ist ein Bekannter von mir — was brauchen Sie zu fürchten?"

„Ich, Herr Advokat, fürchte nichts, und wenn es auch sicher wäre, daß mir schweres Unglück bevorsteht, ich bin gewöhnt zu leiden, lange habe ich an den Brüsten des Unglücks gelegen; Mut glaube ich zu haben, meine Seele zittert nicht in den Zeiten des Mißgeschicks."

„Bravo, M..., heute werden wir bei mir eine Flasche trinken."

„Wenn wir nur nicht Fiasko machen!" antwortete ich.

Ich setze mich auf die Anklagebank, zum zweiten Mal in meinem Leben; meine Personalien und Antecedentien werden verlesen; der Staatsanwalt vergleicht mich mit den Räubern Kalabriens, der Verteidiger empfiehlt mich mit Stentorstimme der Gnade der Richter.

Nach einer Stunde erscheint der Gerichtshof, der sich zur Beratung zurückgezogen hat, wieder, und ich werde wegen Insubordination und thätlichen Widerstandes gegen einen Vorgesetzten zu drei Jahren Militärgefängnis und zu den Kosten des Verfahrens verurteilt.

Der Gerichtshof entfernt sich, ich werde ins Gefängnis zurückgeführt; unterwegs treffe ich den Advokaten C...

„Nun, M..., wir müssen Berufung einlegen; das Urteil ist ungerecht, ich werde es aufheben lassen, ich werde —"

„Sachte, Herr Advokat," unterbreche ich ihn, „kennen Sie nicht die Fabel von der Katze und der Maus?"

„Was Fabel, was Maus? Man hat Ihnen Unrecht gethan, wir müssen appellieren."

„Hören Sie mich einen Augenblick an, Herr Advokat, und dann appellieren Sie, so viel Sie wollen."

„Es war einmal ein Kater, der unter seinen nahen Verwandten eine arme kleine Maus hatte; diese rief: Onkel, Onkel; aber der gerufene Kater hörte die sanfte Stimme der kleinen Maus nicht. Als die andern Mäuse das jämmerliche Rufen hörten, sagten sie: Ihr eigener Onkel läßt sie so verzweifelt schreien; wenn, was Gott verhüte, wir mit dem Grausamen zusammen kämen, die wir fremd sind, würden wir sicher umgebracht werden.

„Sie, Herr C..., haben gesagt, daß der Vorsitzende und die Richter Ihre besten Freunde, daß der Staatsanwalt ein alter Bekannter von Ihnen wäre, daß also mit Rücksicht auf Sie, auf Ihre Freundschaft, die freundlichen Beamten mich freisprechen würden — nicht wahr?"

„Aber erlauben Sie, ich hatte nicht geglaubt —"

„Wenn Sie es nicht geglaubt haben, so doch ich, also —"

„Werden wir appellieren!"

„Weiser Mann, verschonen Sie mich mit dem Appellieren; warten Sie die Moral meiner Fabel ab und dann appellieren Sie zweimal, wenn Sie wollen."

„Wenn die Richter mit Rücksicht auf Sie mir die gelinde Strafe von drei Jahren auferlegten; wenn, was Gott verhüte, der brave Herr Lieutenant Pietropaolo mich an irgend einen anderen Anwalt empfohlen hätte, der keine freundschaftlichen Beziehungen mit den gnädigen Beamten unterhalten, was für eine Strafe würde ich dann bekommen haben? Lassen wir die Possen, Herr Advokat, mit dem Militärgericht ist nicht zu spaßen, ich bin zu drei Jahren verurteilt und werde sie in Frieden abmachen! Die Schlauheit der Advokaten ist groß, aber die Schlauheit der Beamten ist größer."

„Nein, bei allen Teufeln, wir müssen appellieren!"

„Noch einmal, apellieren Sie soviel und so oft Sie wollen — ich nicht!"

Nach einigen Tagen wurde ich in das Militärgefängniß zu Savona gebracht, wo jeder Gefangene zehn Stunden täglich angestrengt arbeiten mußten. Es war dort eine Druckerei, eine Weberei, eine Schneider-, Schuhmacher-, Tischler-, Klempner- und Matratzenmacherwerkstatt, eine Falz- und Gummianstalt und mehrere andere kleinere Betriebe.

Ich kam zuerst in die Schneiderwerkstatt; hier blieb ich acht Monate, nähte Hosen, Jacken, Hemden, Bettwäsche und Taschentücher und verdiente täglich zwölf Centesimi.

Dann kam ich in die Falzerei, wo ich drei Monate blieb und täglich fünfzehn Centisimi verdiente.

Von da kam ich in die Druckerei, einen großen langen Raum mit fünfzehn großen und zwanzig kleinen

Preſſen, ich mußte das große Rad einer Maſchine drehen und bekam täglich zwanzig Centeſimi; ſechs Monate blieb ich dabei und im Schweiß meines Angeſichts, arbeitend wie ein Ochſe am Pflug, verdiente ich mein Brot und meinen Käſe; nach dieſen ſchweren ſechs Monaten kam ich an eine Preſſe, wo ich mit einem braven jungen Toskaner zuſammen arbeitete.

Meine ſchwache Feder ſträubt ſich, all' die Leiden und Qualen und Kümmerniſſe aufzuzählen, die ich in dieſen harten zweieinhalb Jahren erduldet habe, ein Visconti Venoſta, ein de Amicis, ein Francesco Maſtriani könnte hunderte von Bänden damit füllen.

Italien hatte das Unglück, ſeinen Herrſcher Victor Emanuel II.*) zu verlieren, und die armen Gefangenen erlebten die Freude, daß ihnen bei der Thronbeſteigung König Humbert I. ſechs Monate der Strafe durch eine allgemeine Amneſtie nachgelaſſen wurde; am 19. Januar wurde durch das Kriegsgericht meine Strafe um ſechs Monate gekürzt.

Da ſomit meine Strafe am 19. Januar 1878 verbüßt war, verließ ich das Militärgefängniß in Savona und wurde nach Nocera bei Salerno geſchickt, wo ſich mein Regiment befand. In Neapel machte ich Halt, um mich zwei Tage zu ruhen und nach zweieinhalb Jahren die lang entbehrte Freiheit zu genießen. Ich erreichte mein Regiment; an der Kaſernenthür fragte mich der wachthabende Lieutenant:

*) Kurz vorher hat er ihn einen „Autokraten", einen „geſetzlich ſanktionirten Vatermörder" genannt.

„Kommen Sie vom Urlaub?"

„Nein", antwortete ich, „ich komme aus dem Gefängnis zu Savona."

„Kommen Sie herein und gehen Sie zu Ihrer Kompagnie — die wievielte ist es?"

„Die achte."

„Korporal, führen Sie diesen Soldaten zur achten Kompagnie!"

Ein Schurke. — Unschuldig verurteilt.

Als der Feldwebel B... von meiner Kompagnie mich in meiner schlechten Kleidung und in dem durch die langen Leiden verursachten heruntergekommenen Zustand sah, betrachtete er mich einige Minuten lang und sagte dann, sich erhebend:

„Wie, M..., so sind Sie heruntergekommen?"

„Das Brot der Unglücklichen schmeckt bitter."

„Wissen Sie, M...", sagte er in mißachtendem Tone, „daß Sie sich zwei Tage versäumt haben; alle Soldaten und Offiziere wissen das, denn wir erwarteten mit Ungeduld Ihre Rückkehr. Der Kommandant ist von der Verspätung unterrichtet, ich kann nichts thun, um Ihnen eine Bestrafung zu ersparen."

„Ich danke Ihnen, Herr Feldwebel, wenn der Herr Kommandeur meint, daß ich gefehlt habe, so wird er mich bestrafen und ich werde meine Strafe geduldig tragen."

Tags darauf wurde ich vom Hauptmann dem Obersten vorgeführt.

„Endlich!" rief dieser, als er mich sah, „endlich! Sie kommen etwas spät, zwei Tage zu spät!"

„Herr Oberst", erwiderte ich mit unterwürfiger Stimme, „ich habe in Neapel Rast gemacht, ich war zu müde, um die Reise fortsetzen zu können."

„So reden sich faule Zahler aus", sagte der Schuft von Hauptmann.

„Nun", sagte der gütige Oberst in väterlichem Tone, ohne auf die höhnische Bemerkung des Hauptmanns einzugehen, „ich verzeihe Ihnen, aber ich empfehle Ihnen, sich von heute ab gut zu führen; ich weiß es nur zu gut, das Soldatenleben ist voll Leiden; aber wenn Sie brav sind, sollen Sie in drei Monaten die Korporaltressen haben — versprechen Sie es mir."

„Herr Oberst, ich bin nicht gewöhnt, leicht zu versprechen, aber Ihnen verspreche ich, brav zu sein und meine Pflicht zu thun unter der Bedingung aber, daß ich nicht von meinen Vorgesetzten gereizt und daß ich nicht als Sklave, Dummkopf und Schweinehund behandelt werde, wie es die Korporale zu thun lieben."

„Sehen Sie, Herr Hauptmann", wandte sich der Oberst an meinen Vorgesetzten; „das heißt nicht kommandieren; die ganze Schuld liegt an den Unteroffizieren,

das weiß ich; Sie müssen sie im Auge haben, über=
wachen und ermahnen. Über diesen Soldat wünsche ich
täglich unterrichtet zu werden."

Dann wendete er sich an mich.

„Haben Sie verstanden? Sie werden hier alle
mögliche Rücksicht finden, aber für Ihre Verspätung
müssen Sie eine leichte Strafe bekommen — einstweilen
haben Sie bis auf weiteres Kasernenarrest."

Der Hauptmann teilte seinen Untergebenen den
Wunsch des Obersten mit, ich wollte mich gerade nieder=
setzen, um meiner Familie meinen neuen Aufenthaltsort
zu schreiben, als ich in die Wachtstube gerufen wurde.
Ich stelle mich dem diensttuenden Lieutenant vor, der
mir sagt:

„Der Herr Oberst hat befohlen, daß Sie in Arrest
müssen."

„Aber, Herr Lieutenant, ich habe nichts gethan, der
Herr Oberst hat mir die Verspätung verziehen."

Er zeigt mir eine schriftliche Ordre mit der eigen=
händigen Unterschrift des Obersten, ich lese sie und sage:

„Es ist richtig, jeder Fehler verdient seine Strafe."

Der diensthabende Sergeant führte mich in strengen
Arrest ab; das Arrestlokal lag neben dem für einfachen
Arrest bestimmten Raum.

Hier fand ich einen Korporal aus meiner Kompagnie,
mit Namen Alfonso S... Wir sahen uns an und
verstanden uns, und unsere Augen schworen sich töt=
lichen Haß.

„Wie heißen Sie?" fragte der Korporal mich, während ich in dem Zimmer auf und ab ging. „Woher kommen Sie, weswegen haben Sie Arrest?"

„Was wollen Sie?" antwortete ich gereizt, „sind Sie Untersuchungsrichter?"

Der Korporal S... setzte sich nachlässig auf seine Pritsche.

Es kam die Stunde, wo unser Brot gebracht wurde, S... erhielt auch Käse und Cigarren; er lud mich ein, mit ihm zu essen; ich lehnte wiederholt ab — schließlich, um nicht unhöflich zu erscheinen, nahm ich widerwillig an; aber mein Herz ekelte sich vor dem gemeinen Zwitter.

Zehn Tage bei Wasser und Brot verbrachte ich mit diesem schweinischen Ungeheuer, zehn Nächte voll schändlichsten Schmutzes, den zu beschreiben die Feder sich sträubt, der meinen Namen als Sohn Adams mit Kot bedeckt, daß ich mein Antlitz mit schwarzer Larve verhüllen mochte. O Mensch, Du Ebenbild Gottes, Herrscher der Natur, Traum des Idealen, Gottheit des Schönen, warum bist Du so verderbt?

Diese zehn Tage und diese zehn höllischen Nächte kann nur das rohe und schmutzige Gemüt des ausschweifendsten geilsten Lüstlings unter allen höllischen Wesen sich vorstellen; nein, auch dieses nicht, und wenn es das vermöchte, so würde es erschaudern ob solcher Unflätigkeit.

. . . . . .

Der Korporal S.... wurde in Freiheit gesetzt, seine Strafe war abgelaufen, ich mußte noch fünf Tage im Arrest bleiben.

Endlich war auch meine Strafe verbüßt, ich wurde befreit und der achten Kompagnie wieder zugeführt; dort setzte ich die bisherige geile Freundschaft, die schändliche Buhlerei mit dem S.... fort.

Der Lieutnant Pietropaolo war zu uns abkommandiert, er suchte mich auf und machte mir lebhafte Vorstellungen.

Einst als ich mich ihm gegenüber über das Soldatenleben beklagte, sagte er:

„Töte Dich!!"

Ich setzte die heimliche Buhlerei mit dem Korporal S.... fort. Abends gingen wir zusammen spazieren. und da ich in Nocera unbekannt war, so führte S.... mich; später gingen wir in eine abgelegene Schänke, tranken einen oder zwei Liter herben Wein, wobei S.... immer bezahlte;*) . . . .
. . . .
. . . .
. . . .
. . . .
. . . .
. . . .
. . . .

---

*) Die Verlagshandlung der deutschen Ausgabe sah sich hier genötigt, eine auf den päderastischen Umgang bezügliche Stelle zu streichen.

....
.... Wir traten in die Grotte mit dem dicht belaubten Gesträuch, und dort, im Dunkeln, unter dem gestirnten Himmelszelt, im Schweigen der Natur, sündigten wir, sündigten wir entsetzlich!*)

Eines Tages teilte der schändliche Zwitter mir mit, daß er den Feldwebel unserer Kompagnie tötlich haßte, weil dieser, der einst sein glühender Liebhaber gewesen, ihn verlassen habe und ihn täglich tadelte und Strafen aussetzte**) und weil er, als er befördert werden sollte, durch eine falsche Strafanzeige jenes Feldwebels zu

---

*) Vielleicht ist eine Gegenüberstellung dieses ungebildeten M.... mit einem der begabtesten Dichter und Schriftsteller der Decadence, Paul Verlaine, der wegen Verletzung eines seiner sodomitischen Freunde verurteilt ist, nicht unangebracht. Auch M...., wird poetisch, wie Verlaine, wenn er von seiner Verworfenheit erzählt.

Daß sie auf das freie Land gehen, um ihren Lastern zu fröhnen, ist auch ein charakteristischer Zug dieser Menschen. Sighele schreibt: Fast mehr noch als die Tribaden lieben es die Päderasten, ihre Laster mit der seltsamen und starken Wollust des Schmerzes zu vereinen. Sie empfinden es als ein Bedürfnis, ihrem widernatürlichen Instinkt die Empfindung der Gefahr hinzuzufügen, und wenn sie nicht soweit gehen, daß sie für ihr Leben fürchten möchten, so suchen sie wenigstens für ihre Ehre etwas zu riskieren.

**) Ein weiterer Beweis für die Mischung von Liebe und Haß. Die natürliche Liebe stillt im Besitz der Stürme die Leidenschaften und gewinnt im Affekt ihr Gleichgewicht. Die widernatürliche Liebe kann naturgemäß keinen normalen Abschluß und kein Gleichgewicht haben.

vierzehn Tage strengen Arrestes verurteilt worden war; infolgedessen war seine Beförderung ausgeschlossen und sein fester Entschluß war, sich zu rächen.

„Nachdem er mir meine Ehre genommen hatte," sagte er, „nachdem er mich acht Monate lang betrogen hatte, verließ er mich, er konnte mich nicht mehr sehen! Der Undankbare! Einst sagte er, daß er mich liebte, er nannte mich seine süße Alfonsine; . . . .
. . . .
. .! . . . .
. . . .*) Er ist es gewesen, der mich durch Vorspiegelungen und Versprechungen verführt hat, ach! und wie habe ich ausgehalten; mir war als ob ich mit einem eisernen Pfahl gespalten wurde und mehrere Monate habe ich an Blutungen gelitten; der Schändliche! als er genug hatte, hat er mich verlassen!"

„Was willst Du, mein lieber S. . . .", sagte ich, „Du bist schön und verführerisch wie ein Weib; der Feldwebel V. . . . hat es verstanden; nachher ist er Deiner überdrüssig geworden und hat Dich sitzen lassen."

„Ich will mich rächen. Ich beabsichtige ihm einen anonymen Brief von Beleidigungen und Drohungen zu schreiben."

„Nein, mein reizender S. . . ., das geht nicht; der Feldwebel V. . . . würde über Deine Thorheit lachen, und wenn es entdeckt wird, würdest Du streng

---

*) Man erkennt die weibische Natur der passiven Päderasten an ihrer Sprechweise.

bestraft werden. Ich empfehle Dir einen einfacheren und natürlicheren Weg, um zu Deinem Ziel zu kommen."

„Und der wäre?"

„Ich meine, lieber S...., es wäre das Beste, wenn Du den Feldwebel irgendwo einmal Abends auflauertest, und ihm ein par ordentliche Säbelhiebe über den Kopf und die Schultern giebst; wenn Du da entdeckt würdest, was ich übrigens für sehr schwer halte, so hättest Du wenigstens die Genugthuung, daß Du ihm den Schädel oder die Knochen eingeschlagen hättest, und hättest Ersatz für Deinen ruinierten Körperteil."

„O nein, das kann ich nicht, dazu habe ich weder Mut noch Kraft."

„Und Du willst Soldat sein!"

„Warum willst Du mich nicht rächen? Du weißt, wie sehr ich Dich liebe; und ich meine, es ist die Pflicht des zweiten Liebhabers, die Beleidigungen des ersten zu rächen."*)

„Ich sage es Dir rund heraus, mir fehlt der Mut dazu."

„Weißt Du, S...., Du paßtest besser ins Bordell als in die Kaserne; man sollte Dir einen Unterrock anziehen, aber nicht eine Uniform; was meinst Du dazu?"

---

*) Auch die Feigheit ist, wie Sighele zeigt, ein Charakteristikum der passiven Päderasten und Tribaden. — Sie bedienen sich der neuen Eroberung fast stets, um sich für den Verrat der vorhergehenden zu rächen.

„Du willst immer scherzen, M. . . .; da ich mich Dir hingab, weil ich Dich liebe, meinst Du, ich könnte mich auch einem andern hingeben?"

„Und wenn Dir ein anderer besser gefällt, als ich, würdest Du ihn da nicht an meine Stelle rücken lassen?"

„Sicher!"

„Du bist wie die Königin Karoline von Neapel, die nie müde wurde, ihre Liebhaber zu wechseln."

„Ich weiß von keiner Königin und von keiner Karoline; ich weiß nur, daß ich dem Feldwebel einen Brief schreiben, und ihn beleidigen und bedrohen will."

„Unsinn mit Deinem Brief, Du wirst thun was ich sage und nicht was Du denkst."

„Es ist mir unmöglich, ich habe nicht einmal den Mut gehabt, ihn mir abzuschütteln, als er damals bei mir war, — im Gegenteil!"

Er setzte mir so lange mit dem anonymen Brief zu, daß ich seinem Drängen nicht widerstehen konnte; eines Abends sagte ich zu ihm:

„Gieb mir Papier und Bleistift, ich werde Dir den Brief vorschreiben, nachher kannst Du ihn abschreiben."

Er gab mir sein Notizbuch und ich schrieb:

„Denke an den 23ten!!!"

Am 23ten war S. . . . in Folge der falschen Anzeige des W. . . . mit strengem Arrest bestraft worden.

Er nahm das Blatt Papier, las die von meiner Hand geschriebenen Zeilen und sagte:

„Ist das wenig! Ich will es ihm ordentlich besorgen!"

„Nun, acht Monate lang hat er es ja ordentlich verdient!"

„M. . . ., ich lasse mich nicht beleidigen!"

„Na, nachher werde ich es wieder gut machen."*)

„Sprich nicht so, wir wollen die Sache mit Verstand machen . . ."

„Ganz recht, wir wollen es mit Verstand machen, wie der Feldwebel."

„Ich mag Dich nicht mehr leiden, ich hasse Dich. Nein, ich liebe Dich, ich liebe Dich . . ., rasch M. . . ., einen Kuß!"

„Und zitternd küßte er mich auf die Lippen . . ."

„Und zitternd küßte er mich auf die Lippen . . ."

„Weißt Du, mein liebes Milchgesicht," und mit der Hand streichelte ich ihm das Kinn und die purpurnen Lippen, „die eine Zeile sagt soviel wie zwei ganze Seiten".

Wir gingen zu unserer laubbewachsenen Grotte und besiegelten den Brief an den Feldwebel B. . . . auf unsere Weise.

Nach einigen Tagen wurde ich von einem traurigen Leiden ergriffen, ich stellte mich dem Stabsarzt vor, der mich auf die Krankenstation brachte, die sich in derselben Kaserne befand. Nach fünf Tagen fühlte ich heftige Schmerzen und das Übel griff weiter um sich.

---

*) Aus der cynischen Ausdrucksweise des M. . . . geht hervor, wie wenig echt sein Abscheu gegen seinen Gefährten war.

Am Morgen des sechsten Tages kam ein Sergeant mit zwei bewaffneten Soldaten zu mir, auf Befehl des Obersten wurde ich ins Gefängnis gebracht, in denselben Raum, wo der schändliche S. . . . mich zur Sünde verleitete.

Wer diese einfachen und ungeschminkten Zeilen liest, der möge meinen Zustand ermessen: ich raste, ich fluchte, ich raufte mir die Haare, biß mir in die Hände, rannte mit dem Kopf gegen die Wände; wenn mich jemand gesehen hätte, er hätte mich für verrückt gehalten — so verbrachte ich den Tag und sah niemand als den Sergeant, der mir meine Suppe und Wasser brachte.

Noch trauriger war die Nacht, die ich auf der alten Pritsche zubrachte; meine Schmerzen nahmen zu, und mir war, als ob der kranke Körperteil von tausend Nadeln durchbohrt würde.

In meiner Kompagnie war ein Landsmann von mir, Namens Antonio P. . . ., genannt Catanzaro, der noch am Leben ist und die Wahrheit meiner Erzählung bezeugen kann: ich versuchte jedes Mittel, um ihn zu sprechen und zu erfahren, weshalb man mich ins Gefängnis gebracht hatte, aber es war vergebens.

So vergingen drei Tage und drei Nächte in grausamen Qualen, endlich am vierten Tage öffnet sich die Thür, S. . . . tritt lächelnd und heiter ein, die Thür schließt sich und S. . . . bleibt als Gefangener bei mir. Ich frage ihn:

„Kannst Du mir sagen, warum ich hier bin?"

„Der Solbat Gir . . . hat Dich verraten, er hat dem Oberst unser Verhältnis mitgeteilt und wir kommen zur Strafkompagnie; aber Gir . . . ist nicht hier, er hat einfachen Arrest; aber wenn wir auch zur Strafkompagnie kommen, das thut nichts."

Wer mich liest, möge ermessen, von welchen Gedanken blutiger Rache gegen den Gir . . . ich erfüllt war.*) Bald darauf wird S. . . . abgerufen, ich bin wieder allein, in der finsteren Ungewißheit über meine Lage. Ich lasse mir den Arzt kommen, er untersucht mich kaum und verspottet mich; mit Wut im Herzen lege ich mich auf meine Pritsche.

Am Abend läßt man mich heraus, um Luft zu schöpfen; ich komme mit den andern Soldaten zusammen, die im einfachen Arrest sind; ich suche mit dem Blick, um Gir . . . zu finden, mit blutrünstigen Augen sah ich ihn an, wie ein hungriger Löwe seine Beute, ehe er sie im Rachen hat.

Es regnete, wir Gefangenen standen alle unter einem Schutzdach, nahe dem Gefängnis, ich spähe in das Wachtzimmer hinein und sehe meinen Landsmann Antonio P., genannt Catanzaro, ich winke ihn zu mir herein, und flüstere ihm zu:

„Kannst Du mir ein scharfes Messer geben?"

---

*) Die blutige Rache erscheint bei M. . . . als die natürlichste Sache in der Welt.

Er steckte die Hand in die Tasche, holt ein altes Messer heraus und sagt:

„Da, mach' es nicht stumpf!"

Mit diesem alten Messer, ohne Schärfe und Spitze gehe ich in meine Zelle zurück, um es zu prüfen, ich finde es für meine Zwecke unbrauchbar, aber ich denke: du wirst es versuchen, und wenn es glückt, bist du gerächt und die verwünschte Dienstzeit hat ein für alle Mal ein Ende.

Ich begab mich zu den anderen Soldaten und suchte den Gir..., ich näherte mich ihm, er suchte mir zu entfliehen und behielt mich im Auge; mehr und mehr überzeugte ich mich, daß er die Ursache meiner Leiden sei, mit einem Sprunge war ich bei ihm, faßte ihn an der Brust und rief:

„Elender, so rächt sich Deine Schändlichkeit!"

Mit dem alten losen Messer schnitt ich ihm schnell mehrere Male durchs Gesicht und stieß es ihm in die Kehle, dann klappt das Messer zu und schneidet mir zwei Finger entzwei; ich muß meine Beute loslassen, aber verfolge sie wütend in den Hof, jedoch vergebens: die Schildwache ruft „Heraus!", die wachthabenden Soldaten eilen herbei, das Gewehr in der Hand, der Lieutenant mit gezogenem Säbel ruft:

„Halt, M..., halt, oder ich lasse schießen!"

Wütend wie eine Hyäne, der man ihr Opfer entrissen, entblöße ich meine Brust, wende mich um und brülle, während der Schaum mir vorm Munde steht:

„Hier ist meine Brust, lassen Sie schießen, aber rasch, ich sterbe gern, wenn ich unter der Knechtschaft der Tyrannen leben muß."*)

Nunmehr versucht der Lieutenant es im Guten:

„M..., kommen Sie zu sich, gehen Sie in Ihre Zelle, niemand soll Ihnen ein Haar krümmen, ich schwöre es bei meinen Tressen."

Durch diese Worte beruhigt ging ich zurück, die Thür meiner Zelle schloß sich hinter mir und ich blieb allein mit meinen trüben Gedanken. Mein erster Gedanke war, das alte Messer aus dem Wege zu bringen, um den, der es mir gegeben hatte, nicht bloszustellen; ich sehe mich um und suche, aber finde keinen geigneten Ort; es aus dem Fenster werfen, hieße es den Vorgesetzten direkt in die Hände liefern, denn das Fenster ging auf den Hof hinaus; aber ist es ein geheimisvolles Gesetz des Zufalls, Gottes oder des höllischen Teufels: die Heißblütigen und Kopflosen werden gewöhnlich vom Zufall in ihren Gefahren, ihrem Mißgeschick begünstigt. So gelang es mir, das Messer zwischen die Bretter meiner Thür, die eine Art Doppelthür war, zu bringen und so das corpus delicti zu entfernen.

---

*) Das ist Wahnsinn; man beachte auch, daß die Tyrannei in diesem Fall darin besteht, ihn an der Ausübung der Päderastie zu behindern. Es ist sehr wohl möglich, daß M... diese Worte wirklich gesprochen hat; die Thatsache ist bekannt genug, daß der mörderische Impuls sich in einen selbstmörderischen verwandelt, besonders bei den Epileptikern.

Nachts erschienen mehrere Offiziere und Chargierte, ich wurde an Händen und Füßen gefesselt und mit Schmähreden überhäuft, von denen mir nur eine zu Gemüt ging. Ein Lieutenant schlug mich mit der Scheibe auf den Arm und sagte:

„Wenn ich dabei gewesen wäre, hätte ich Dich durchbohrt."

„Bisher haben Sie mich mit Ihrem langen Säbel noch nicht durchbohrt und werden auch schwerlich dazu kommen", erwiderte ich rasch.

„Mörder, Lump!" rief er zornig und gab mir eine Ohrfeige.

„Pfui, Elender", zischte ich, „Elender, einen gefesselten Menschen zu ohrfeigen!" Und ich fuhr in die Höhe, um ihn zu beißen.

Die ganze Nacht saß ich gefesselt auf meiner Pritsche, meine Schmerzen waren furchtbar, unerhört; aber sie drückten mich nicht nieder — ich dachte an die Ohrfeige und nahm mir fest vor, wenn der Lieutenant mir wieder zu nahe kommen sollte, ihm die Nase abzubeißen.

Am Abend des folgenden Tages wurde ich nach dem Hof gebracht, das ganze Regiment war aufgestellt, ein Dienstwagen mit einem kräftigen Maultier bespannt, stand bereit; ich stieg ein, sechs Soldaten, vier Sergeanten und ein Offizier reihen sich darum. Der Wagen setzt sich in Bewegung, er hält an; die vier Sergeanten nehmen neben mir Platz; der Wagen setzt sich von neuem in Bewegung und führt einen Halbkreis im Hof; ich wende mich den schweigenden Truppen zu und grüße kalt und lächelnd mit der Hand und ein Ausruf erscholl aus allen Kehlen, ein Ausruf der Bewunderung.*)

Der Wagen verließ die Kaserne in Begleitung der bewaffneten Soldaten. Nach zwei Stunden kamen wir in Cava bei Tirreni an, wo das Militärlazarett war; hier wurde ich in die Kleiderkammer geführt, ein Sergeant trug mich in ein Register ein und befahl mir, mich auszuziehen.

Während ich das that, näherte sich einer der Sergeanten, die mich eskortiert hatten, und flüsterte seinen Kameraden einige Worte ins Ohr.

„Herr Sergeant", sagte ich, „es ist überflüssig, daß mein Sergeant mich Ihnen empfiehlt. Ich bin ein schlechter Soldat, ich komme vors Kriegsgericht, und wenn es mir glücken sollte, auszureißen, so würde ich nicht erst Lebewohl sagen, deshalb behalten Sie mich im Auge."

Alle lachten und ich lachte mit.

Ich kleidete mich aus, legte ein Hemd von rauher Leinwand, ein Paar wollene Hosen an, die mit Flicken aller Art, in allen Farben, bedeckt waren, außerdem waren sie zu weit und vier Handbreit zu lang, aber ich krempelte sie um und so leisteten sie dieselben Dienste, dazu zog ich ein Paar Pantoffeln an, die Simson gepaßt hätten, sowie einen Rock, der mir bis auf die Fersen hing und mit Blut und Eiter befleckt war, so daß mir übel wurde; auf den Kopf stülpe ich mir eine Mütze, die bis über

---

*) Klassische Verbrechereitelkeit.

die Ohren geht; so im Parabeanzug stelle ich mich den beiden Sergeanten vor:

„Nun, was meinen Sie, könnte ich nicht auf der Bühne auftreten? Das wäre zu nett! Wenn Sie erlauben, würde ich als wandernder Mime gleich losziehen."

Und ich trällerte ein Liedchen; beide lachten aus vollem Halse.

Ein Sanitätskorporal führte mich in meine neue Wohnung. Es war eine Zelle, die etwas länger war als mein Bett, ein kleines Fenster mit Gitter und einem Drahtnetz gesichert, ging auf das Feld hinaus, ein anderes großes breites vergittertes Fenster auf einen Korridor, eine hölzerne Bank, ein zinnerner Napf, ein ebensolcher Becher und ein Holzsessel machten das bescheidene Mobiliar aus.

Am folgenden Morgen höre ich einen neapolitanischen Gruß sagen, die Thür meiner Zelle öffnet sich und herein tritt ein Stabsarzt mit einem Sergeanten, man reißt mir die Bettdecke weg, der Arzt befühlt und besieht mich und sagt dann:

„Hier müssen wir schneiden, ein Stück abschneiden!"

„Alle Wetter, Herr Doktor, was sagen Sie?" rief ich aus, „schneiden Sie mir lieber den Kopf ab."

„Haben Sie den Dreck so lieb!"

„Er ist mein Abgott, und das Entzücken meiner armen Nerven."

Lachend und trällernd ging er ab, die Thür wird geschlossen und ich bleibe allein. Der Stabsarzt war ein Dreißiger, heiter und sorglos, er scherzte gern mit mir und oft sagte er:

„Sie haben eine gute Natur, ein fröhliches und starkes Gemüt; wenn ich in Ihrer Haut steckte, würde ich keine vierundzwanzig Stunden leben."

Zur Essenszeit kam der Sergeant mit einem Lazarettgehilfen und brachte mir etwas Salbe auf Papier, etwas gelbes Wasser in einem Becher, meine Suppe und mein Brot.

„Damit reiben und waschen Sie die Wunde; wenn etwas passiert, rufen Sie nur aus dem Fenster."

Ich blieb allein, und obgleich ich mich kaum bewegen konnte, mußte ich mich selbst besorgen. Ich kletterte aus dem Bett und kroch auf der Erde zu dem Kübel hin, um mich selbst zu bedienen, mich selbst zu kurieren! Wenn mir dann oft die Kräfte zu erlahmen schienen, dann sagte ich mir oft:

Mut, M . . ., Mut! Auch dieses Drama wird sein Ende haben; und ich lachte, ich lachte wie ein Wahnsinniger.

Um nicht weitschweifig zu werden und so viel unnützes Zeug zu erzählen, komme ich zum Nötigsten.

Eines Tages, um Mittag, da ich mich gerade niedergelegt hatte und im Begriff war, einzuschlafen, höre ich, wie an mein Fenster geklopft wird, ich öffne die Augen und sehe einen Stock, der an das Gitter klopft, ich erhebe mich von meiner Pritsche und klettere, mir die Schmerzen verbeißend, auf die Bank, die unter dem Fenster steht, und was erblicke ich? Ein reizendes junges

Mädchen, siebenzehn Jahre alt, schön wie eine Madonna, mit schwarzen schmachtenden Augen, das goldene Haar in Zöpfen gebunden und auf dem Kopf durch ein rotes Tuch bedeckt, die Stirn marmorweiß und keusch.

„Was wünschen Sie, mein liebes Fräulein?" fragte ich.

Und sie sagte:

„Sie sind hier allein, Sie Armer! Wissen Sie, ich habe Mitleid mit den Soldaten; ich habe einen Bruder bei der Kapelle des 90. Regiments. Wenn Sie wüßten, wie ich Sie beklage... haben Sie eine Mutter, einen Vater?... woher sind Sie?"

„Ich bin verwaist, meine Eltern sind lange tot... ich bin aus Kalabrien und sehr unglücklich."

„O Sie Armer!" beklagte mich das reizende Geschöpf. „Verwaist! Fern von der Heimat im Gefängnis eingeschlossen, ohne Hülfe, von allen verlassen" — sie weinte heiße Thränen — „aber wissen Sie, verlieren Sie das Vertrauen nicht, der liebe Gott lebt für uns Unglücklichen und er verläßt uns nicht, wenn wir auf ihn und seine Vorsehung vertrauen. Sagen Sie, Bruder, und erlauben Sie, daß ich Sie von jetzt ab mit diesem süßen Namen nenne; was haben Sie begangen und wie lange müssen Sie hier bleiben?"

„Ich weiß nicht, weswegen ich hier bin, aber ich glaube, ich werde hier zwei Monate lang bleiben müssen."

„Es schmerzt mich, Sie so leiden zu wissen, aber ich werde Sie zu trösten versuchen, und Ihnen Gesellschaft leisten, ich werde meinen Papa und meine Mama mitbringen; ich werde Gott für Sie bitten so lange, bis ich das Glück habe, Sie frei zu sehen. Und wenn Ihnen jetzt etwas fehlt, so öffnen Sie Ihr zerrissenes Herz Ihrer armen Schwester."

„Ich möchte ein Licht und Streichhölzer haben, weil man mich Abends im Dunkeln läßt, sowie etwas Papier, eine Feder und Halter, um meiner Familie zu schreiben und sie um etwas Geld zu bitten."

„Nachher werde ich alles bringen, seien Sie nicht mehr traurig."

Am Mittag kam sie mit ihrem Vater, ihrer Mutter und einem kleinen Bruder, und brachte mir etwas Fleisch, Käse, Pasteten, Wein, zwei Cigarren und ich weiß nicht was sonst noch.

Ich öffnete das Drahtnetz und reichte meinen Napf heraus, so wurde nach und nach der ganze Vorrat hereingeschafft. Teresina bat mich dann, sie als meine liebe Schwester anzureden; ich that, wie sie mir sagte; sie sprach so freundlich und teilnahmsvoll zu mir und ermahnte mich, geduldig und mutig im Unglück zu sein. Dann gingen sie alle wieder fort, schmerzerfüllt über mein Mißgeschick.

Ich schrieb mehrere Male an den Ehrenmann, meinen Bruder, und bat ihn, mir für meine dringendsten Bedürfnisse etwas Geld zu schicken, aber auf alle meine Briefe, die ich durch Teresina zur Post besorgen ließ, empfing ich keine Antwort.

Traurig und träge schlichen meine Tage dahin, meine Schmerzen nahmen zu, immer war ich allein, immer eingeschlossen, nie konnte ich ein einziges Mal nur frische gesunde Luft atmen; der ekelhafte Geruch der Salbe und meiner Exkremente verursachte mir Schmerzen im Kopf und Brust.

Wiederholt bat ich den Arzt, den Lazarettinspektor, daß sie mir eine Stunde Bewegung auf dem Hof gestatten möchten — sie antworteten:

„Wir können es nicht!"

Mein einziger Trost war das unaussprechliche Glück, täglich mehrere Male Teresina zu sehen, die mir zu essen, trinken und rauchen brachte, alles was ich wünschte. Eines Tages schrieb sie mir folgenden Brief, den ich noch aufbewahre als Pfand meiner Ergebenheit und Dankbarkeit; durch ihren Bruder hatte sie ihn mir geschickt:

„Mein lieber Bruder!

Gestern konnte ich nicht kommen, Sie zu besuchen, ich war mit Hausarbeiten beschäftigt, deshalb schreibe ich, damit Sie mir sagen sollen, wenn Sie etwas brauchen; das Essen und das andere schicke ich durch meinen Bruder.

Schon lange wollte ich Ihnen etwas sagen, aber ich hatte keinen Mut dazu, das persönlich zu thun, deshalb schreibe ich es jetzt und bitte, es mir nicht übel deuten zu wollen.

Sie wissen, daß die Zuneigung, die ich zu Ihnen habe und immer haben werde, daher rührt, daß ich ein lebhaftes Mitgefühl habe für alle, welche leiden, und besonders für Sie, der Sie leidend und von allen verlassen sind; der bloße Gedanke daran erpreßt mir Thränen und zerreißt mir das Herz. Ich weiß aus den Reden meines Vaters, daß mein Mitleid mit den armen Soldaten mir zuweilen anders ausgelegt wird, aber ich bin nun einmal so: ich liebe die Unglücklichen und die Leidenden, aber mit heiliger, reiner, schwesterlicher Liebe, und deshalb müssen Sie mich ebenfalls als Schwester lieben, denn wenn Sie irgend welche andere bösen Absichten hätten, dann müßte ich aufhören, Ihnen gut zu sein.

Seien Sie nicht traurig, daß Ihr Bruder nicht auf Ihre Briefe antwortet, vielleicht hat er sie nicht erhalten oder irgend ein Umstand hindert ihn am Schreiben, und was fehlt Ihnen denn auch? Bin ich nicht hier? Ich werde Ihnen mit allem zur Seite stehen, so lange Sie hier sind, wenn Sie dann frei sind, dann suchen Sie mich auf und ich werde glücklich sein, Sie zu sehen.

Ich bete täglich zu Gott, daß er Ihre Schmerzen lindern möge, und mein armes Herz sagt mir, daß Sie bald in Freiheit sein werden. Und beten auch Sie in Ihrer Zelle zu ihm, inmitten Ihrer Schmerzen und Kümmernis, denn das Gebet der Unglücklichen bringt bald zu unserm Heiland; beten Sie auch für mich.

Fassen Sie Mut, verzagen Sie nicht, alles ist vergänglich, alles ist ein schrecklicher und abscheulicher Traum.

Nehmen Sie meinen schwesterlichen Gruß und denken Sie oft an Ihre arme Schwester
Teresina M . . ."
Cava bei Tirreni, 8. Mai 1878.

Meine Antwort:

Aus dem Militärlazarett zu Palermo in Cava bei Tirreni, 9. Mai 1878.

„Meine zärtliche Schwester!

Ich weiß nicht, wie ich Ihnen Ihre heilige Liebe vergelten soll; der Dank allein kann mich nicht entlasten für die innere Zuneigung, die Sie mir so edelmütig entgegenbringen. Meine Liebe zu Ihnen ist heilig und fromm; ich liebe Sie, wie nur die Engel Gott lieben und verehren können. Ich war verloren, Sie haben in meiner Brust hohe und reine Gefühle entfacht; ich war dem Wahnsinn nahe, mich zu töten, Sie, die Sie die Schönheit der Engel tragen, haben mir mein armes Herz wieder geöffnet für die Schönheit des Schöpfers; Ihre silberhelle Stimme hat mich von dem Abgrund meines Nichts zurückgerufen und mich ermahnt, mein Mißgeschick zu tragen und zu überwinden.

Wieviel Dank schulde ich Ihnen! Wie kann ich all' das Gute vergelten?

Ich werde unaufhörlich zu Gott beten, im Unglück und im Wohlleben, daß er Sie beschützt und Sie erhält zum Wohle der Unglücklichen und Leidenden.

Mir ist jetzt wohl, nur krampft mein Herz sich zusammen, wenn ich Sie nicht sehe, wenn Ihre Stimme mich nicht der Bangigkeit, dem Trübsinn entreißt.

Den ganzen Tag stehe ich am Fenster meiner elenden Zelle und erwarte Sie, bei jedem Geräusch erbebt mein Herz, das Sie so zärtlich liebt.

Dank, Teresina, unendlichen Dank für Ihre Güte, die mir ewig unvergeßlich bleiben wird. Nun kommen Sie, um mich zu trösten, empfehlen Sie mich den Ihrigen und vergessen Sie nicht

Ihren Sie liebenden
Antonino M..."

Eines Morgens sagte der Arzt zu mir:

„Machen Sie sich etwas fein, der Auditeur will Sie sprechen."

Ich sollte mich „fein machen!" Seit zwei Monaten hatte ich weder die Bett- noch andere Wäsche gewechselt, zwei Monate lang hatte ich mir nicht Gesicht und Hände gewaschen, denn das Wasser war mir so knapp zugemessen, daß es kaum genügte, den Durst zu löschen. Ich war voll von Läusen, von Läusen jeder Art und Größe; das Bett, die Zelle, meine Kleider, meine Person wimmelten davon; mein Haar war lang und struppig, der Bart nicht geschnitten und voll Schmutz: ich sah aus wie ein Wilder.

Zwei Karabinieri führten mich zum Auditeur; als wir allein waren, mußte ich mich setzen, und er fragte mich:

„Wissen Sie, wessen Sie angeklagt sind?"

„Weil ich den Soldaten Gir... verwundet habe."

„Nein, hier handelt es sich nicht um Körperverletzung, sondern um einen anonymen Brief."

„Davon weiß ich keine Silbe; ich habe keinen anonymen Brief geschrieben."

Der Beamte entfaltete ein Blatt, das vor ihm auf dem Tische lag und holte einen Brief heraus, den er mir überreichte.

Ich nahm den Brief aus dem Umschlag und las:

„Denken Sie an das traurige Ereignis vom 23."

Dann nahm ich den Umschlag und las die Aufschrift:

„An den Herrn Feldwebel V . . . von der 8. Kompagnie 20. Infanterie-Regiments

Nocera.

Der Leser möge ermessen, was in diesem Augenblick in meinem Herzen vorging und welchen Entschluß ich faßte.

„Nun?" fragte ich.

„Nun, können Sie mir sagen, was diese Worte bedeuten, worauf die Zahl 23 anspielt? Der Korporal S . . . hat den Brief Ihrem Obersten überreicht und erklärt, daß Sie ihm denselben gegeben hätten, damit er ihn zur Post besorgen solle."

„Herr Auditeur, ich erkläre, daß das eine Unwahrheit ist; das ist nicht meine Handschrift, und wenn ich den Brief doch geschrieben hätte, wozu hätte ich ihn dann dem Korporal S . . . zur Besorgung übergeben? Konnte ich nicht selbst auf die Post gehen? Auf den ersten Blick muß doch klar werden, daß hier ein Geheimnis, eine Schändlichkeit zu Grunde liegt!"

Der Auditeur nahm meine Aussage zu Protokoll und ließ mich zum Vergleich mit der Handschrift des

Briefes einige Zeilen schreiben; ich unterschrieb das Protokoll und wurde in meine Zelle zurückgeführt. Was ich in diesen Tagen dachte, weiß nur Gott allein, ich war in eine Schlinge verwickelt, aus der ich mich nicht befreien konnte, ich zermarterte mein Hirn, um den Schlüssel des Geheimnisses zu finden, aber vergebens, und so dachte ich: warten wir die Entwickelung dieses rätselhaften Dramas ab.

Eines Tages beschwerte ich mich bei dem Arzt, daß die Läuse mich beinahe lebendig auffräßen und entsetzt ordnete dieser verweichlichte Feigling an, daß ich gewaschen und umgekleidet würde. Ich bekam ein reines Bett, man ordnete mein Haupt- und Barthaar, man wusch und striegelte mich, wie in der Strafanstalt zu Neapel und gab mir saubere Kleidung.

Meine Teresina verließ mich nicht, lange Stunden saß sie unter meinem Fensterchen und tröstete mich mit ihren Ermahnungen und sanften Ratschlägen. Gott segne sie und lasse ihr seine Gnade zukommen, der edelmütigen Seele.

Eines Morgens sagte der Arzt zu mir:

„M . . ., nachher werden Sie den Besuch des Herrn Generals bekommen, ich empfehle Ihnen, sich anständig zu betragen und nicht soviel zu sprechen."

„Gut", sagte ich, „schon lange wollte ich eins von diesen großen Tieren sehen, endlich ist die Stunde gekommen, und besser spät als nie, sagt ein altes Sprichwort." Am Mittag hörte ich Geräusch und Stimmengewirr auf dem Korridor, die Thür öffnet sich und ein großer Mensch in Generalsuniform mit dem Obersten und verschiedenen Ärzten des Lazaretts tritt herein, während andere draußen warten.

„Wie heißen Sie?" fragte der General mit grober rauher Stimme, indem er mich vom Kopf bis zu Fuß musterte.

„M . . ., Antonino M . . . vom 70. Infanterieregiment, zur Zeit hier im Lazarett in Behandlung."

„Weswegen sind Sie angeklagt?"

„Ich weiß es nicht, ich glaube, ich bin unschuldig, und ungerechter Weise büße ich in dieser schmutzigen Zelle, von Guten und Bösen verlassen, von Gelehrten und Unwissenden verworfen, von Mächtigen und Elenden erniedrigt, von Tyrannen und Sklaven gequält, von . . ." *)

„Genug, genug! Sie haben nur auf das zu antworten, was Sie gefragt werden."

„Herr General haben mich gefragt und ich glaubte, es sei meine Pflicht, mit klaren Worten zu antworten."

„Schweigen Sie! Antworten Sie nur auf das, was ich sage, und sonst nichts. — Wie geht es Ihnen hier?"

„Sehr schlecht, Herr; zwei Monate liege ich in diesem Jammerloch, von Gott und allen Heiligen ver-

---

*) Wer ein Irrenhaus besucht hat, wird mehr als einen gefunden haben, der ihm so antwortete und durch seine geschwollene Ausdrucksweise sein Unglück zu adeln suchte. Diese Großsprecherei ist für die Wahnsinnigen charakteristisch

lassen; zwei Monate lang atme ich diese üblen Dünste, die mir die Lunge zerfressen; unendlich oft habe ich den Herrn Oberst gebeten, gefleht, angebettelt, mir eine einzige Stunde frische Luft zu gestatten — er hat es nicht gewährt. Tage lang wurde mein armer Körper von Ungeziefer gereizt, ich war voll, übervoll von Läusen."

„Schweigen Sie, so spricht man nicht zu einem Vorgesetzten; ich werde Sie in Eisen legen lassen!"

„O, Herr, hören Sie mich an, erfüllen Sie meine einzige Bitte; ich flehe Sie an, gewähren Sie mir eine einzige Stunde am Tage in freier Luft, auf dem Hof!"

„Nein, das geht nicht; Sie sind Gefangener, ich kann es nicht erlauben."

„O dann, Herr", rief ich wütend, „dann lassen Sie mich lieber niederschießen, anstatt mich langsam hinzumorden; machen Sie ein Ende mit dieser verfluchten Dienstzeit!"

Fluchend gingen sie fort, die Thür fiel krachend in's Schloß.

Als ich allein war, erfaßten mich die Furien der Hölle, ich war entschlossen mich zu töten und hätte mich nicht die Stimme meiner Teresina an's Fenster gerufen, wer weiß, welche Schandthat ich begangen hätte!

Gegen Abend wurde mir meine Suppe gebracht und die Thür wurde aufgelassen; ich aß die Suppe und überlegte, endlich stand ich auf und ging hinaus und setzte mich zu den anderen Kranken auf den Hof.

Die Wachtposten sahen mich, aber keiner hielt mich an.

So ging es mehrere Tage und schon hatte ich die Absicht gefaßt, einen Fluchtversuch zu machen, die Ringmauer war von innen nur mannshoch — wie sie von außen war, das mußte ich nicht, aber wenn ich auch fürchten mußte, mir Hals und Beine zu brechen, ich war entschlossen, einen Versuch zu machen.

Am Morgen, nachdem ich diesen Entschluß gefaßt hatte, kam mein Arzt und teilte mir mit, daß ich in das Krankenhaus des Zivilgefängnisses zu Salerno überführt werden würde.

Ich machte Einwendungen, da ich noch zu krank sei, aber er sagte, daß mir ein Wagen gestellt werden würde.

Man brachte mir meine Kleider, ich kleidete mich an, zwei Karabinieri begleiteten mich zur Polizeistation; dort stand ein offener Wagen bereit, und daneben zwei andere Karabinieri und ein Frauenzimmer in den Dreißigern, das ich für eine Prostituierte hielt, worin ich mich nicht täuschte.

Die Karabinieri ließen das Frauenzimmer einsteigen und wollten mich auf den Bock schieben.

Ich weigerte mich standhaft, indem ich sagte, daß der Wagen für mich und nicht für sie und ihre Dirne sei und nach langem Hin- und Herstreiten, wobei der Karabiniere mir den Arm mit der Handfessel zusammenschnürte, daß mir beinahe die Adern zerschnitten wurden, wurde mir endlich der Platz neben dem Weibe eingeräumt.

Nach mehreren Stunden Fahrt kamen wir in Salerno an. Als wir in die Stadt einfahren, laufen die Einwohner aus den Schenken heraus und treten an die Fenster und schreien:

„Seht den Soldaten, mit dem schönen Fräulein ist er ausgerückt, aber sie haben ihn gefaßt!" Und Lachen, Spotten und Pfeifen tönt hinter mir her.

Ich werde zum Kriegsgericht abgeführt, ein Karabiniere meldet mich dem Staatsanwalt, ich werde hereingerufen und wen erblicke ich! Den Staatsanwalt Herrn T . . ., denselben, der in Florenz die Staatsanwaltschaft vertrat, wo ich zu drei Jahren Gefängnis verurteilt wurde.

Er sieht mich an und lacht, dann sagt er:

„Das ist das zweite Mal, daß Sie vor mir erscheinen, Sie scheinen Pech zu haben."

„Was soll ich machen, Herr Staatsanwalt? Das Geschick des Menschen ist unbegreiflich, das Unglück verfolgt mich — und sehen Sie, Herr Staatsanwalt, wie eng mir die Karabinieri die Handfesseln geschnürt haben, meine Hände sind ganz geschwollen, ist das nicht unrecht?"

„Lassen Sie sehen", und er nahm meine Hand, „nein, sie sind gar nicht eng, im Gegenteil, sie scheinen zu weit zu sein."

„Ich danke Ihnen für Ihre Versicherung; das Lamm, das sich mit dem Wolf einläßt, geht seinem Tode entgegen. Es scheint mein Verhängnis, daß mir alles in die Quere geht."

Der Herr Staatsanwalt lacht, die Karabinieri lachen mit, und, um ihnen einen Gefallen zu thun, lache auch ich, aber es war ein böses giftiges Lachen.

Er stellt mir den Schein für das Gefängnis aus, dann sagt er:

„Seien Sie vernünftig, M...., Sie scheinen unter keinem guten Stern geboren zu sein."

Ich wurde in das Zivilgefängnis eingeliefert, weil es in Salerno kein Militärgefängnis giebt und ich fühlte mich glücklich, weil es mich an die alten Zeiten erinnerte, wo ich noch nicht Soldat war.

Nach einigen Tagen wurde ich meinem Verteidiger vorgestellt, einem jungen zwanzigjährigen Mann, der die Advokatenkarrière macht, er empfing mich freundlich und ich erzählte ihm alle Einzelheiten meines Verhältnisses zu dem elenden Korporal S... und alles, was ich von dem anonymen Brief wußte. Er machte mir gute Hoffnungen und ging.

Ich dachte immer an die Zuneigung, die jene Teresina M... mir entgegengebracht hatte, und es zerriß mir das Herz, wenn ich dachte, daß ich das Lazarett hatte verlassen müssen, ohne sie noch einmal sehen und ihr meinen neuen Aufenthaltsort mitteilen zu können; ich hatte ihr noch einmal danken wollen und daher schrieb ich ihr folgenden Brief:

„Meine liebe Schwester!

Meine Seele ist von Qualen zerrissen, während ich Ihnen schreibe, um Ihnen mitzuteilen, daß ich ohne jedes

Vorwissen in dieses Gefängnis gebracht worden bin, so
daß ich keine Zeit mehr hatte, Sie zu benachrichtigen.
Wo auch das Schicksal mich zu leben verdammen mag,
mein erster Gedanke gilt Ihnen, die Sie ein Teil meiner
Existenz sind. Wegen eines Vergehens, das ich nicht
begangen habe, wegen der Schandthat eines bartlosen
Jünglings, muß ich hier dulden, aber ich vertraue auf
die göttliche Gerechtigkeit, wie Sie es mir geraten haben
und werde für Sie, für Ihr Wohlergehen zu Gott beten.

Sobald ich weiß, was aus meinem Prozeß geworden
ist, werde ich Sie benachrichtigen.

Empfangen Sie meinen Gruß und vergessen Sie nicht
Ihren unglücklichen Sie liebenden Bruder

Antonino M . . ."

Aus dem Gerichtsgefängnis zu Salerno, 20. Juni 78.

Nachdem ich den Brief geschrieben hatte, fehlten
mir die zwanzig Centesimi, um ihn zu frankieren, ich
wandte mich an einen Kranken, um sie mir zu leihen,
und da er sich weigerte, so wandte ich das Recht der
Camorra an und zwang ihn dazu. Ich gab den Brief
zur Post und wartete angstvoll auf Antwort, aber meine
Hoffnungen wurden getäuscht.

Es fiel mir ein, meinem Bruder zu schreiben und
ihn um Unterstützung zu bitten; ich schilderte ihm meine
kritische Lage und meinen traurigen Zustand; nach einigen
Tagen empfing ich folgenden liebenswürdigen Brief, der
seiner Dummheit ganz würdig war.

„Lieber Bruder!

Ich empfing Deinen Brief und bedaure Deine Lage; aber an allem bist Du selbst schuld und wer an seinem Übel schuld ist, der muß sich selbst beklagen.

Du hast durch Dein schlechtes Verhalten unsere ganze Familie entehrt, so daß ich nicht mehr den Mut habe, aus dem Hause zu gehen. Der Lieutenant P... war hier auf Urlaub und erzählte schauderhafte Dinge von Dir, Dinge, daß wir alle uns nicht auf der Straße zeigen mögen — und das alles um Deinetwillen.

Du sagst, ich soll Dir etwas schicken? Zunächst, wenn ich etwas hätte, würde ich es Dir nicht schicken, denn Du verdienst es nicht und wir haben Dir früher viel Geld nach dem Gefängnis geschickt; zweitens aber sind wir hier im größten Elend, meine Kinder gehen nackt und bloß und sterben vor Hunger; ich gehe nicht aus, weil ich keine Schuhe habe und meine Hosen keinen Boden mehr haben — was soll ich Dir da schicken? Freue Dich, daß Du täglich Deine Suppe und Dein Brot umsonst hast.

Du brauchst uns nicht mehr zu schreiben, wir haben nichts mehr mit Dir zu thun; wir klagen über unser Unglück wie Du über Deines.

Dein Bruder

Michele M..."

Parghelia, den 3. Juli 1878.

Das war das Gejubel, das mein Bruder, dieser Dummkopf, der Gatte der Donna Michele, genannt die . . .-Sau, entworfen und geschrieben hatte.

Wer ihn kennt, der möge sagen, wie ich ihn schildern soll, diesen dummen Schweinhund. Meine Landsleute kennen ihn und bezeichnen ihn als dreckig, falsch, engherzig, bösartig, als einen Schwindler, einen Dummkopf, einen Schweinhund, ein Vieh, das um hundert Grad unter dem säuischsten und schmutzigsten Vieh auf Erden steht.

Er sagt, daß er mir ins Gefängnis so viel Geld geschickt hat, und ich behaupte und stelle unter Beweis, daß ich während meiner langen dreizehnjährigen Leidenszeit, die ich zum größten Teil wegen seiner Dummheit erdulden mußte, wie ich es in meinem „Ersten Unglück" gezeigt habe, von diesem gemeinen Schuft nicht mehr als zwölf Lire monatlich bekam, nur ein einziges Jahr hindurch, das letzte meiner Pein, schickte er mir dreißig Lire, weil der Elende wußte, daß ich bald zurückkehren würde.

Und sprecht, meine lieben Landsleute, wenn er mir monatlich die gottgesegneten zwölf Lire schickte, hat er das von seinem Vermögen? Hat mein unglücklicher Vater mich bei seinem Tode enterbt? Wenn seine Söhne Hunger leiden, ist das meine Schuld? Wenn er keine ganzen Hosen auf dem Leibe hat, wenn er sich keine Schuhe kaufen kann, ist das auch meine Schuld?

Sprecht rund heraus, was Ihr meint, lieben Landsleute, Euch rufe ich als unparteiische Richter an.

Der dreckige Brief ärgerte mich nicht wenig und ich nahm mir vor, nicht mehr zu schreiben.

Ich erhielt die Anklageschrift von der Staatsanwaltschaft, welche mich als den Verfasser des anonymen Briefes erklärte.

Es kam der Tag, wo die Verhandlung stattfand, zwei Karabinieri führten mich zum Gerichtssaal, ich nehme auf der Anklagebank Platz, mein junger Verteidiger war zur Stelle und mit ihm der Zivilanwalt Herr di Leo, der erste von Salerno.

Der Gerichtshof trat ein, jeder nahm seinen Platz ein, die Akten wurden gelesen, meine Vorstrafen festgestellt, der Staatsanwalt T... war zur Stelle, mit seiner großen schwarzen Toga angethan, und ließ mich nicht aus den Augen.

Nach den gewöhnlichen Formalitäten fragte mich der Präsident:

„Was haben Sie auf die Anklage zu erwidern? Ist es wahr, daß Sie dem Korporal S... einen Brief zur Besorgung übergeben haben?"

„Großmütiger Herr Richter", antwortete ich, „von dem Verbrechen, dessen man mich anklagt, weiß ich nichts. Es ist unwahr, daß ich dem S... einen Brief zur Besorgung übergeben habe; es ist eine schwarze Verleumdung und eine Sünde und Schande; ich schwöre es vor Gott und vor den Menschen. Ich könnte mich leicht vor diesem S... schützen, aber ich will von Dingen nicht reden, die eine so gebildete Zuhörerschaft entsetzen würde; ich will nur meine Ehrenhaftigkeit betonen."

„Ich bin unschuldig, ich bin unschuldig und Sie als hervorragende Militärs und gelehrte Juristen werden einen Unschuldigen nicht wegen der niederträchtigen Verdächtigung eines Schurken verurteilen wollen, der nicht wert ist, daß er zur menschlichen Gesellschaft zählt."

„Mein Herz sagt mir, daß Sie mich verurteilen werden; aber mein Herz sagt mir auch, daß bald Licht in dieses grausige Geheimnis kommen wird, und dann — o dann ist es zu spät und Sie werden es bereuen, daß Sie einen Unschuldigen verurteilt, einen Menschen hingemordet haben."

„Und wer sagt Ihnen, daß ich schuldig bin?"

„Der Korporal S..., S..., dieses verworfene Geschöpf, S..., dieser passive Päderast, der schändliche Sodomit, der Abschaum der Menschheit, der Auswurf der Natur! S..., ein ehrloses, sinnloses Wesen... Soll ich das beweisen, soll ich es ihn mit eigenem Munde aussprechen lassen?"

„Und Sie könnten wollen, daß ich den Schlingen der Bosheit und Schändlichkeit zum Opfer falle? Muß ich erst diesen Zwitter S... zeugen lassen?"

„O, ich schaudere bei dem Gedanken, und eine schwarze eiserne Larve müßte unsere und der ganzen Armee Gesichter bedecken, wenn das geschehen sollte."

„Seien Sie gerecht, nur um Gerechtigkeit, nicht um Gnade flehe ich, ich, der arme, unschuldige Mann, ich fordere von dem unerbittlichen Schwerte des Gesetzes, von den unbestechlichen Richtern, ein Urteil, das durch Argwöhnungen und betrügerische Verdächtigungen nicht be=

einflußt ist — der Schuldige verlangt Gnade, Verzeihung, Erbarmen!"

„Machen Sie, in deren Hände das Gesetz gelegt ist, daß diese mit dem Banner Italiens geweihte Halle, die das Entsetzen der Bösen und ein Hort der Gerechten ist, nicht dem Betrug, der Fälschung eines verworfenen Schurken dienstbar werde."*)

„Genug M..., genug." unterbrach mich der Präsident, „das Gesetz ist für alle gleich."

Der Feldwebel B... wird gerufen und sagt aus:

„Ich hatte mit dem Gemeinen M... nichts zu thun gehabt, er war ein guter Untergebener, ich habe ihm mehrere Male Geld geliehen, das er mir später

---

*) Diese wahnsinnigen Tiraden erinnern an die Verteidigungsrede, die der Soldat Francesca Torres vor dem Militärgericht zu Mailand hielt. Zwischen beiden ist eine große Familienähnlichkeit. Und das beweist, was Lombroso aufgezeichnet hat, daß nämlich der Begriff der sozialen Gerechtigkeit im Keime vorhanden ist; M... erklärt sich als einen „reinen, unschuldigen Mann", als ob er nicht an dem päderastischen Verhältnisse beteiligt wäre, das M... dem S... in so glühenden Worten vorwirft, als ob er ihm nicht den anonymen Brief diktiert und noch schlimmeres angeraten hätte.

Es ist derselbe Fall wie bei dem Straßenräuber, den Lombroso (Palimsesti del carcere) beschrieben hat, der, um seine Unschuld zu erweisen, den Schauplatz der Straßenräuber zeichnete, wobei er den unmittelbaren Empfänger einer Uhrkette darstellte, die ein anderer gemeinschaftlich mit der Uhr eines Passanten aus der Tasche gerissen hatte. Und darüber war geschrieben: Ich bin u n s c h u l d i g. — Das Kriterium der Unschuld bestand darin, daß er als Räuber beider Gegenstände angeklagt war, während er nur die Kette genommen hatte.

zurückgab, ich kann nicht begreifen, weshalb er mir den Brief hätte schreiben sollen."

Der Korporal S... wird gerufen und sagt aus:

„Ich war mit M... sehr befreundet, er vertraute mir manches an, und dabei schimpfte er auf den Feldwebel V..."

„Weshalb that er das?" fragte der Präsident.

„Ich glaube, das hat er mir nicht gesagt, oder ich habe es vergessen; aber ich weiß, daß er ihn haßte. Eines Abends sagte er: Ich gebe Dir einen Brief, willst Du mir den Gefallen thun und ihn zur Post besorgen? Ich versprach es, er gab mir den Brief; ich las die Aufschrift und vermutete, daß Schmähungen und Drohungen darin enthalten sein konnten; darauf war ich unentschlossen, was ich thun sollte, vier Tage behielt ich den Brief bei mir, M... fragte mich mehrere Male, ob ich ihn abgeschickt hätte und ich sagte immer ja; endlich wurde M... krank und kam ins Lazarett, und da entschloß ich mich, die Sache dem Herrn Oberst zu melden."

Ich lasse den S... fragen, wo ich ihm den Brief übergeben haben soll, er antwortet, in einem Wirtshaus um ein Uhr Mittags. „Herr Präsident," sage ich, „es scheint mir ein Unding, daß ich um ein Uhr Mittags, wo ich zwei Freistunden vor mir hatte, einen so gefährlichen Brief einem Andern zur Besorgung übergeben haben sollte. Weshalb gab ich ihn denn nicht selbst zur Post? Wer hinderte mich daran?"

Die Richter nickten verständnisinnig zu meinen Worten, der Staatsanwalt erhebt sich, hält seine Anklage aufrecht und beantragt schließlich vier Jahre Gefängnis.

Darauf ergreift mein jugendlicher Verteidiger das Wort, widerlegt der Reihe nach die Ausführungen des Staatsanwalts und unterzieht dann den S... einer Beurteilung, in der er ihn in den schwärzesten Farben schildert, ihn einen falschen Verleumder, einen ehrlosen Schurken nennt; er stellt den Richtern ernste und sorgfältige Erwägung des Falles anheim.

Nunmehr endet der Advokat bi Leo und ruft, indem er sich das Gesicht mit den Händen bedeckt:

"Man müßte sich das Gesicht verhüllen, um, ohne zu erröten, die Schandtaten des S... aufzuzählen; und er trägt noch die Tressen! Soll ich Ihnen das schmutzige Verhältnis dieses Ungeheuers mit dem armen M... vorenthalten? Nein, darum lassen Sie die Thüren schließen, denn was ich mitzuteilen habe, paßt nicht für das Ohr der Öffentlichkeit."

"Herr Präsident, stellen Sie beide gegenüber und lassen Sie den unglücklichen M... ihn fragen, ob er sich an die Vergangenheit erinnert, an die laubverhüllte Grotte, an den strengen Arrest, an die Klagen des S... über den Feldwebel V..., der ihm einen Blutfluß verursacht hatte, über das Verhältnis Beider, um ihn dann zu verfolgen; ob er sich erinnert, wie er sagte: Nachdem er mir die Ehre geraubt und mich acht Monate lang genossen hat, verließ er mich, um mich zwei Jahre lang zu mißhandeln, er nannte mich seine süße Alfonsine u. s. w."

„Wollen Sie noch mehr! Soll ich noch weiter wühlen in diesem Abgrund von Schmutz und Kot? Sehen Sie ihn sich an, meine Herren, seht ihn an, den Korporal S. . . ., wie er bleich, zitternd und gebeugt dasteht, wie er weint! Meinen Sie, daß er Reue über seine Schandthat fühlt! Nein, meine Herren, solche verworfenen Geschöpfe empfinden keine Reue, weil sie kein Herz haben."

Und er schließt mit dem Ersuchen um ein freisprechendes Urteil.

Der Gerichtshof zieht sich zurück und erscheint nach drei Stunden wieder. Ich muß mich erheben, der Präsident liest das Urteil vor: wegen Insubordination werde ich zu einem Jahr Militärgefängnis verurteilt. Meine Verteidiger waren außer sich, das Publikum ging zischend hinaus, und ich blieb kalt und unbeweglich angesichts dieser furchtbaren Komödie stehen. Sie wollten appellieren, ich wollte nicht, um nicht mehr von diesen Dingen sprechen zu hören; dann wurde ich in das Gefängnis zurückgeführt.

In mein armes unglückliches Taschenbuch schrieb ich die Worte ein: Antonino M. . . vom 20. Infanterie-Regiment ist am 18. Juni 1878 vom Militärgericht zu Salerno unschuldig zu einem Jahre Gefängnis verurteilt, wegen der Schändlichkeit des Korporals Alfonso S. . .

Eines Tages werde ich in das Wachtzimmer geführt und wen sehe ich? Teresina's Vater; ich werfe mich an seine Brust, wir umarmen und küssen uns wie Vater und Sohn; der arme Greis weinte heiße Thränen, er brachte mir einen Brief von Teresina, den zunächst der Chef der Wache las und abstempelte. Wir sprachen von gar manchen Dingen, er erzählte mir, daß seit meiner plötzlichen Abreise Teresina keinen ruhigen Augenblick mehr gehabt habe und täglich von mir spreche und mein Unglück beklagte.

Als ich ihm mittheilte, daß ich zu einem Jahr verurteilt wäre, drückte der gute Alte mir lange und fest die Hand; wer vermöchte zu sagen, wie viel Liebe und Schmerz in diesem Händedruck lagen.

Er gab mir acht Lire, die mir Teresina schickte, ich wollte sie um keinen Preis nehmen, aber da er sagte, daß es Teresina Schmerz bereiten würde, wenn ich sie zurückwiese, so mußte ich sie wohl oder übel behalten. Wir verabschiedeten uns und er ging, ohne seine Thränen verbergen zu können. Teresina schrieb mir:

„Mein heißgeliebter Bruder!

Ich habe Ihren Brief erhalten und lange, lange geweint.

Ich wollte hinkommen, um Sie zu sehen, aber meine Eltern haben es nicht erlauben wollen.

Ich bete stets zu Gott, daß ich Sie bald wieder gesund und frei sehe, denn erst dann kann ich wieder fröhlich werden.

Ich schicke Ihnen acht Lire, das einzige Geld, das wir armen Leute zu Hause haben; für den Augenblick werden sie genügen, später, wenn Sie dort bleiben, werde ich selbst kommen und recht viel mitbringen.

Schreiben Sie mir oft, lassen Sie mich nicht in Trauer verharren. Vertrauen Sie auf Gott, der uns heimsucht und tröstet. Wir sind allzumal Sünder und müssen büßen. Die Mutter Gottes möge zu Ihrem Haupte wachen und Sie vor jedem Ungemach behüten.

Nehmen Sie meinen schwesterlichen Gruß und vergessen Sie nicht
Ihre arme Schwester
Teresina M . . .“

Cava bei Tirreni 22. Juni 1878.

Auf diesen Brief antwortete ich:

„Innig geliebte Schwester!

Als ich Ihren guten alten Vater sah, habe ich vor Rührung geweint, wir haben uns umarmt, haben lange von Ihnen gesprochen, und er hat mir Ihren Kummer bei meinem Fortgehen von da geschildert.

Beten Sie zu Gott um meinetwillen, beten Sie zu ihm mit aller Kraft, denn es thut mir not.

Tausend Dank, liebste Schwester, ewigen Dank für Ihre Freundlichkeit.

Ihr Vater hat mir acht Lire gegeben und gesagt, daß Sie sie mir schicken, ich habe sie angenommen aus Liebe zu Ihnen mit dem Wunsche, sie eines Tages zurückgeben zu können. Das Gericht hat mich ver=

urteilt, aber ich schwöre Ihnen, liebe Schwester, ich bin unschuldig an dem Verbrechen, dessen ich angeklagt worden bin, und Sie glauben es, nicht wahr? Ja, Sie sind die einzige, die mich für unschuldig hält.

Binnen kurzem werde ich von hier abreisen, um die höchst ungerechte Strafe zu verbüßen, die mir jene Richter auferlegt haben; wohin ich komme weiß ich nicht, und von da aus werde ich wohl nicht schreiben können, da ich nur an Verwandte, die meinen Namen tragen, schreiben darf, aber ich werde es doch versuchen. Ihnen gehört mein gekränktes und verbittertes Herz, Ihnen meine ewige Ergebenheit, grüßen Sie die Ihrigen und denken Sie oft an den unglücklichen Gefangenen im Militärlazaret zu Cava bei Tirreni.

Ihr ergebenster Bruder
Antonino M . . ."

Geschrieben im Gerichtsgefängnis zu Salerno
25. Juni 1878.

Einen Monat verbrachte ich in diesen Gefängnismauern in nicht geringem Schmerz; möge der, welcher mich würdigt, diese schmucklosen Blätter zu lesen, die ohne Zusammenhang, ohne Gelehrsamkeit, ohne Grammatik niedergeschrieben sind, ermessen, in welchem Zustand ich war und was für traurige Gedanken mir durch den Kopf gingen.

Das Auge des Allmächtigen sah ernst auf mich hernieder und las in den Fasern meines Herzens meine Demut und Ergebenheit.

Der Mensch, der seinem Bruder Böses thut, wird unglücklich, elend, verworfen, und graufam quält ihn ein innerer Drang, der gegen ihn selbst zeugt; das steinharte Herz zersplittert, erdrückt von der Gewalt des eigenen Gewissens und früher oder später leuchtet ein silberner Glanz in dem tiefsten, finstersten Abgrund des Unglücks.

Eines Morgens im Monat Juni 1878 saß ich auf meinem Bett, den Kopf zwischen den Händen und dachte an die Vergangenheit, klagte über Gott und seine Vorsehung, dachte an die Schändlichkeit des Korporals S . . ., an die Schlingen, die mir gelegt waren, dachte an den Brief, den der Hallunke von meinem Bruder mir geschrieben hatte, dachte an die heiße Liebe Teresina's, an die acht Lire, die sie mir geschickt hatte, an das Militärgericht zu Salerno, an den Präsidenten, an den Staatsanwalt Herrn T . . ., an meinen Vertheidiger, an die kalten Richter, dachte an meine Unschuld, an meine ungerechte Strafe, dachte an S . . .

Da rief eine Stimme an dem Gitter:

„M . . ., M . . ., Sie werden verlangt!"

Verwirrt stehe ich auf und eile an das Gitter.

Es war ein Sergeant von meiner Kompagnie, der mit einem nach Salerno detachierten Bataillon hergekommen war; er sagte:

„M . . ., hol's der Teufel, ich habe das Individuum entdeckt, das mit eigener Hand den Brief an den Feldwebel W . . . geschrieben hat, S . . . soll den Brief diktiert haben, als Sie nicht zugegen waren. Ich habe ben Namen vergessen, aber aus dem, was ich Ihnen sagen werde, können Sie leicht das Nötige ermitteln, nur nennen Sie meinen Namen nicht, denn beim Militär kann alles schief gehen."

„Laſſen Sie Sich nach Nocera bringen, dort gehen Sie zur Straba Porteri, bis Sie einen großen Palaſt mit großem Thorweg ſehen, daſelbſt befindet ſich ein Hofraum mit mehreren Steinſitzen und dort wohnt ein junger Burſche von zwölf bis vierzehn Jahren, blond, blauäugig und anſtändig gekleidet, dieſer hat den Brief nach S . . .'s Diktat geſchrieben. Sie ſind unſchuldig, weiß der Teufel, und es iſt nicht hübſch, einen Unſchuldigen wegen der Schurkereien eines andern zu verurteilen."

Er empfahl mir die größte Verſchwiegenheit und ging.

Ich überlegte lange: Sollte das alles wahr ſein? Und wenn auch, würde ich es beweiſen können? Denn beweiſen mußte ich es, wenn ich Anzeige erſtattete, ſonſt lief ich Gefahr, wegen falſcher Anſchuldigung mindeſtens zu fünf Jahren verurteilt zu werden. Was war zu thun?

Endlich entſchloß ich mich, alles zu gewinnen oder alles zu verlieren, und ich erſtattete die Anzeige gegen S . . . wegen Meineides, indem ich mitteilte, daß ich die Perſon des Briefſchreibers, die auf S . . .'s Befehl gehandelt habe, bezeichnen könnte, wenn ich nach Nocera geführt werde.

Nach zwei Tagen suchte der Staatsanwalt mich auf und sagte: ob ich meiner Sache so sicher sei, da ich mir sonst schlimme Folgen zuziehen konnte. Ich bejahte es und so erschienen Tags darauf zwei Karabinieri, die mich gefesselt nach Nocera schafften; hier angekommen, nahmen sie mir die Fesseln ab und ließen mich frei gehen, wobei sie mir in kurzer Entfernung folgten.

Ich kannte Nocera wenig und erst recht nicht die Straße, welche der Sergeant mir bezeichnet hatte, aber ich verließ mich auf den Zufall.

Ich gehe die Hauptstraße hinunter und dann erinnere ich mich, hier war ich an dem Abend mit S..., wo wir erst Wein tranken und dann so furchtbar sündigten, ich gehe eine Viertelstunde weiter, endlich komme ich an ein kleines Haus, hier rede ich eine Frau an, die vor der Thür sitzt:

„Liebe Frau, haben Sie Kinder?"

„Ja, zwei Söhne."

„Wie alt sind Ihre Söhne?"

„Einer dreißig, der andere siebenundzwanzig."

„Kennen Sie einen Jungen, der hier wohnen soll, er ist blond und blauäugig, aus guter Familie!"

„Nein, den kenne ich nicht," antwortete sie trocken.

Nach langem Suchen endlich fand ich einen großen Palast mit weitem Eingang, der auch im übrigen nach der Beschreibung paßte, die jener Sergeant mir gegeben hatte. Und jetzt erblickte ich auch einen jungen Burschen, der pfeifend die Treppe herunterkam; mir wird heiß und kalt, meine Hände zittern, in den Ohren summt es mir.

Ich nähere mich ihm — er ist blond, mit blauen Augen, gut gekleidet.

„Bitte," sagte ich, „können Sie mir nicht sagen, ob vor fünf oder sechs Monaten ein Korporal hier war, der Sie einen Brief abschreiben ließ?"

„Ja, ich erinnere mich, daß ein Korporal hier war, der mich eine Zeile auf ein Blatt Papier schreiben ließ; dann mußte ich die Adresse auf ein Couvert schreiben, den Namen weiß ich nicht mehr, aber es war ein Feldwebel; ich sagte, daß ich mich nicht kompromittieren wollte; er erwiderte, daß es sich um einen einfachen Scherz handelte, den er mit dem Feldwebel, seinem Freunde, machen wollte."

„Nun sagen Sie, war ich dabei?"

„Ich habe nie das Vergnügen gehabt, Sie zu sehen."

„Wer war denn zugegen, als der Brief geschrieben wurde?"

„Drei Jungen, die hier in der Nähe wohnen."

Die Karabinieri kamen hinzu und fragten, ob ich gefunden hatte.

„Diogenes mit seiner Laterne suchte Menschen und fand keine; ich mit meinem Brotbeutel an der Seite habe gefunden, was ich suchte. Hier ist der brave junge Mann, der die Schandthat des S . . . entlarven wird."

Nun wurden die anderen Knaben hinzugerufen und wir alle begaben uns zur Polizei; die Zeugen wurden in ein besonderes Zimmer geführt; der Polizeibeamte nimmt meine Aussage zu Protokoll.

Auf dem Korridor macht sich ein Geräusch bemerkbar, die Thüre öffnet sich, ein Feldwebel tritt herein und meldet, daß der Korporal S... zur Stelle ist.

„Er soll hereinkommen," befiehlt der Beamte.

Und S... trat ein, mit bleichem hageren Gesicht, mit erloschenem Auge und thränendem Blick, niedergebeugt und abgefallen.

Ist es zu glauben? Er that mir leid!

Ich sah ihn mitleidig an und sagte:

„Bist Du nun zufrieden, Elender?"

„Ruhe," rief der Beamte.

Ich wurde hinausgeführt und nach einer halben Stunde wieder eingelassen; S... weinte bitterlich und sagte schluchzend zu mir:

„M..., verzeihe mir, nur aus übergroßer Liebe zu Dir habe ich gefehlt; ich wäre glücklich, wenn ich mit Dir zusammen meine Strafe verbüßen könnte, um Dich noch mehr lieben zu können."

„Ruhe!" rief der Beamte wieder.

Wir wurden jeder in eine Ecke des Zimmers gestellt, alsdann trat Francesco Crubele bi Antonio, der blonde Jüngling, ein.

„Kennen Sie den Soldaten wieder, der Ihnen vor fünf Monaten einen anonymen Brief an den Feldwebel S... vom 20. Infanterie-Regiment diktiert hat?"

Crudele sah uns an, dann sagte er:

„Ja, ich kenne ihn."

„Nun, so zeigen Sie ihn."

Er ging auf den Korporal S . . . zu, zeigte mit der Hand auf ihn und sagte:

„Dieser ist es gewesen."

„Und kennen Sie den andern Soldaten?"

„Nein, ich habe ihn vor heute nie gesehen."

Die anderen Knaben bestätigten seine Aussage.

„Sie haben einen armen Soldaten ins Unglück gestürzt," sagte der Beamte zu S . . ., „aber es wird Ihnen teuer zu stehen kommen."

„Herr," sagte ich zu dem Beamten, „ich verzeihe ihm, er thut mir leid, ich verzeihe ihm von ganzem Herzen."

„Haben Sie verstanden, S . . .? Er verzeiht Ihnen, aber die unerbittliche Schärfe des Gesetzes wird Ihr falsches grausames, schändliches Herz zu treffen wissen."

S . . . weinte, er bereute, gern hätte er das Wort im Busen bewahrt, es war zu spät.

Die Hand Gottes. — Ungerechtigkeit.

Eine Abteilung Soldaten führte den schluchzenden Alfonso S. . . . fort; ich wurde in die Kaserne geleitet.

„Man hat Sie unschuldig verurteilt," sagte ein Karabiniere, „wegen der Schändlichkeit dieses Korporals hat man Ihnen ein Jahr Gefängnis auferlegt; was für eine Bande ist denn der Gerichtshof; was für Murmeltiere von Richtern haben Sie getroffen?! Da sieht man, wie man beim Militär Hals über Kopf verurteilt wird."

„Ich habe es den Richtern gesagt, daß ich unschuldig sei, und ihnen prophezeit, daß meine Unschuld bald ans Tageslicht kommen würde."

„Nun, machen Sie sich keine Gedanken; das Urteil muß rückgängig gemacht werden."

Tags darauf reisen wir nach Salerno ab; ich werde in mein Gefängnis zurückgeführt, der Staatsanwalt sucht mich auf und sagt wütend:

„Zum Teufel, warum haben Sie das nicht gleich gesagt? Damals wollten Sie verurteilt sein, jetzt beteuern Sie Ihre Unschuld. Mit Ihrer Hartnäckigkeit haben Sie das ganze Unheil angerichtet, den Gerichtshof haben Sie in eine schöne Verlegenheit gebracht, jetzt müssen Sie an das Ministerium schreiben und um Erlaß der Strafe einkommen."

„Verzeihung, Herr Staatsanwalt, wir wollen die Rollen nicht verwechseln. Ich habe es den Richtern geweissagt, daß ich verurteilt werden würde, aber daß bald meine Unschuld sonnenklar zu Tage treten müsse. Die Richter waren taub, als ich rief: Ich bin unschuldig, ich bin unschuldig.

Sie glaubten nur dem elenden Korporal S...

Jetzt kommen Sie und erzählen mir Geschichten, die kein Esel glaubt; anstatt mich zu bedauern, beklagen Sie sich über mich, daß Sie mich verurteilt haben — wissen Sie, daß unser Herrgott die Geduld dabei verlieren könnte? Wie sollte ich sprechen, wo ich alles noch nicht wußte! Erst nach meiner Verurteilung habe ich das erfahren."

„Und wer hat Ihnen das alles enthüllt?"

„Die Hand Gottes."

„Oder des Teufels," antwortete er grinsend.

Wenige Tage später wurde der Korporal S... in das Gefängnis eingeliefert und zwar in den oberen Raum, wo die andern militärischen Angeschuldigten waren; es war uns strenge verboten, mit ihm zu verkehren.

Als ich wußte, daß S... mir nahe war, im selben Hause, als ich überlegte, daß ich um seinetwillen unschuldig ein Jahr lang leiden mußte, da kochte mir das Blut in den Adern, mein rachebrütender Kopf glich einem Vulkan, und mein entsetzlicher Durst nach persönlicher Vergeltung marterte mein Inneres, und wenn ich ihm in Nocera verziehen hatte, so hatte ich ihm damit die Strenge des Gesetzes ersparen wollen, aber nicht die Rache, die in meiner Macht lag, und die ich plante, nun wo er mir so nahe in die Hand gegeben war.*) Ich war mit dem Wärter befreundet: ich bat ihn, mir ein scharfes Eisen zu besorgen und er verschaffte mir eine große scharfe und spitze Scheere, von der ich den Zapfen herausnahm, so daß ich im Besitz zweier prächtiger Dolche war; die eine Hälfte verbarg ich auf dem Abtritt, die andere in der Innentasche meiner Jacke.

Ich muß bemerken, daß eine Treppe von etwa einem Dutzend Stufen nach dem Hof führte, die dem Raum benachbart war, wo S... sich befand; auf diesem Hof gingen die Gefangenen spazieren.

Ich überlegte: zu der Zeit, wo der Arzt den Kranken seinen Besuch macht, bleibt das Gitter offen, die dienstthuende Wache begleitet den Arzt auf seinen Besuchen, mein Bett steht nicht weit von der Thür, ich werde leicht unbeobachtet hinauskommen, dann steige ich die Treppe hinauf, eile in den Garten, stürze mich auf den elenden S... und mache ihn mit einem einzigen Stich kalt und damit der ganzen verfluchten Dienstzeit ein Ende; aber es gilt keine Zeit zu verlieren.**)

Die ganze Nacht konnte ich nicht schlafen, Morpheus, der friedliche Gott, floh meine Lider, Fieberhitze durchströmte mein Blut, mein Kopf glühte wie eine

---

*) Die Unterscheidung eines Wahnsinnigen, die nur gemacht wird, um einen verbrecherischen Impuls zu beschönigen.

**) Das ist das Mitleid, das er für S... empfindet.

Esse, so stritten die Gedanken an die Rache, die Ver=
gangenheit, an die ungeheuerliche ruchlose Zukunft durch=
einander.*) Aber nach Gottes Willen wurde es Tag
und auf die trüben Gedanken der Nacht folgten die
trüben Gedanken des Tages . . .

Der Arzt kam, der Besuch begann, die Wache be=
gleitete ihn; als ich mich unbeobachtet glaube, eile ich
zu dem Gitter und auf die Treppe; schon war sie halb
passiert, als ein Wächter mir begegnete und sagte:

„Wohin, M . . .?"

. „In die Küche", sagte ich und versuchte vorbei zu
kommen.

„Das geht nicht, Sie dürfen nicht in die Küche
gehen, kehren Sie um, Sie kommen nicht vorbei."

„Ich will vorbei oder ich steche Dich nieder."

„Auf keinen Fall! Zu Hilfe! Zu Hilfe!"

Wir umfaßten uns, er drängte mich zurück, ich
stieß ihn vorwärts. Als ich mich verloren glaubte, zog
ich die halbe Scheere heraus, entwand mich seinen Armen
und war im Begriff, ihm einen tüchtigen Stich in den
Unterleib beizubringen, als mich eine Hand mit unwider=
stehlicher Gewalt zurückriß, so daß ich die Treppe herab=
rolle; wie eine angeschossene Hyäne sprang ich auf, da
erhielt ich einen derben Schlag auf den Arm, die Scheere
entfiel meiner Hand.

Ich wurde festgenommen und zurückgebracht, ich
bewaffnete mich mit der anderen Hälfte der Scheere,

---

*) Ein Beweis für die epileptische Natur des Verbrechers.

entschlossen, den Ersten, der mir den geringsten Anlaß geben würde, niederzustechen. Am selben Tage kam der Staatsanwalt zu mir und sagte:

„Ich verstehe Ihre Rachegedanken, aber niemand darf selbst Vergeltung üben, das ist Sache des Gesetzes. Sie haben unrecht gehandelt; wenn der Gerichtshof Sie verurteilte, so wird derselbe Gerichtshof das Urteil aufzuheben wissen, ein Versehen kann immer wieder gut gemacht werden, aber nicht so, wie Sie es anfangen."

„Aber Herr Staatsanwalt, ich wollte in die Küche, der Wächter hat mich schlecht behandelt und ich . . ."

„Morgen werden Sie abreisen, verstanden? Ich hatte Ihre Abreise bisher hinausgeschoben, weil ich Ihnen die Genugthuung verschaffen wollte, daß Sie persönlich der Verhandlung gegen S . . . beiwohnen könnten, aber jetzt sehe ich, es ist besser, wenn Sie fortkommen; wenn gegen S . . . verhandelt wird, werden Sie hergebracht werden. Also halten Sie sich morgen bereit."

„Herr Staatsanwalt, Sie haben Recht, ich habe gefehlt, verblendet von meinen Rachegedanken; ich wollte S . . . ermorden; aber jetzt verspreche ich Ihnen ruhig zu sein; wenn ich ihn jetzt bei mir hätte, würde ich ihm kein Haar krümmen, deshalb bitte ich Sie, lassen Sie mich hier."

„Sie werden morgen reisen; hier würde es ein Unglück geben, wir kennen Sie lange genug."

Ich mußte mich fügen. Tags darauf brachten mich zwei Karabinieri nach Taranto.

Hier ging es mir sehr schlecht; die Luft war verpestet, das Essen elend, das Wasser einer alten stickigen Cisterne entnommen, die von ekelhaftem Getier wimmelte.

Flöhe gab es wie Sand am Meer, Milliarden großer Flöhe, deren Biß furchtbar war.

Lange, dunkle, enge, niedrige Korridore waren unsere Schlafräume, in denen wir eine Nacht verweilten.

Zehn Stunden Arbeit und Exerzieren war unsere Arbeit, schwere Lasten mußten wir tragen; in einem Winkel des Hofes war ein Berg großer schwerer Steine, und während die eine Hälfte der Strafgefangenen exerzierte, mußte die andere Hälfte die Steine in die andere Ecke des Hofes tragen; dann mußten wir tiefe Gruben auswerfen und sie wieder zuschütten; kleine Steine luden wir auf Karren und fuhren sie nach einer Ecke des Hofes, dann schafften wir sie wieder zurück. Es war ein Leben wie die Verrückten, die Narren, und verrückter und närrischer waren die, welche es uns befahlen.*)

Im Sommer unter der kochenden Hitze der Sonne, die uns das Gehirn versengte, da es streng verboten war, im Schatten der Einfassungsmauer zu arbeiten; im Winter unter der entsetzlichen Kälte, dem klatschenden Regen, dem Sturm ausgesetzt, daß uns Hände und Ge-

---

*) Denselben Gedanken drückt Dostojewski in seinen „Erinnerungen aus dem Hause der Toten" aus. Er sagt, daß, wenn man jemand nötigen würde, dieselbe Arbeit immer zu verrichten und wieder zu zerstören, er wahnsinnig werden würde, weil die Nützlichkeit, sei sie auch im Verhältnis zur Arbeit nur gering, dasjenige sei, was die Arbeit rechtfertigt.

sicht anschwollen, da es streng verboten war, sich an der Dezember-, Januar- und Februarsonne zu wärmen — so konnte man krank niedersinken; so sorgten jene teuflischen Menschenfreunde für unser Wohlergehen; verflucht seien sie!!!

Fortwährend gequält, schlecht gekleidet, ungenügend ernährt, unsauber, zehn Stunden täglich mit schwerer Arbeit geplagt — es war ein Leben, um sich umzubringen. Wiederholt wurde ich in eine einsame Zelle in Ketten gelegt und an die Wand gebunden, weil ich während des zehnstündigen Exerzierens einige Male gesprochen hatte. Es würde ein Mann von Genie, von Bildung und Gelehrsamkeit seine Feder leihen müssen, um die Gräuel dieser elenden Gruft zu schildern, um die schändlichen tyrannischen Herzen jener Tyrannen und die Selbstverleugnung, den Mut, die Ergebenheit der armen Kinder des Unglücks zu kennzeichnen.

Italien! Du großer Name, Du große, freie und unabhängige Nation! Aber die meisten, die Du so als freigebige Mutter ernährst, sind Tyrannen, Despoten, Schinder, und dadurch, daß Du sie duldest, erniedrigst Du Dich zur ehrlosen, hündischen, gemeinen Dirne.

Sechs Monate meiner Strafe waren verstrichen, ich stellte mich dem Kommandanten vor und sagte ihm, daß ich unschuldig verurteilt wäre, er antwortete:

„Faule Ausrede!"

Ich bat ihn, mir zu gestatten, daß ich eine Eingabe an das Militärgericht zu Salerno richtete, und er erlaubte es.

Nach drei langen Monaten wurde mir von der Staatsanwaltschaft die Mitteilung, daß der Korporal Alfonso S . . . am 2. Januar 1879 zu sieben Jahren Gefängnis und zur Degradation verurteilt worden sei und zwar wegen Insubordination, begangen durch Absendung eines anonymen Briefes an den Feldwebel V . . . und wegen falscher und verleumderischer Aussagen gegen mich. Von meiner Vernehmung war vom Gericht abgesehen worden.

Und wer entschädigte mich für das Jahr Gefängnis, das nun bald verbüßt war? Wer tröstete mich für die Leiden, die ich erduldet?

Die Hand Gottes.

Und wenn wir der Hand Gottes blindlings und unerschütterlich vertrauen, dann schützen wir uns davor, uns in den entsetzlichen, dunklen Abgrund des Nichts zu stürzen.

Es ist nicht wahr, daß die Hand Gottes schwer auf uns Menschen lastet und wenn wir das glauben, so beleidigen wir die Majestät des Ewigen.

Es ist ein Geheimnis, ein unlösbares Rätsel wie Belsazars Menetekel.

Ich bat den Kommandanten, daß er mir erlauben möchte, an Teresina M . . . zu schreiben, da sie eine nahe Verwandte von mir sei, er gab es nicht zu.

Das Jahr meiner Pein ging zu Ende, und das Gewissen und das Ehrgefühl jener Richter hatte nicht gesprochen, ich hatte wegen der Schändlichkeit des S . . .

leiben müssen und wegen der Unaufmerksamkeit eines tauben, stumpfsinnigen, kindischen Gerichtshofs! . . .

Am Morgen des 17. Juni 1879 wurde ich entlassen und von einigen Karabinieri der ersten Strafkompagnie auf dem Lido zu Venedig überliefert.

Gemäß Artikel 130 des Aushebungsgesetzes wurde ich der Klasse 1879 zugeschrieben.

Diese Strafkompagnie enthielt zweihundert Soldaten verschiedener Waffengattungen, und von verschiedenen Armeekorps; es wurden solche Soldaten eirangiert, welche unwürdig waren, dem Heere anzugehören und welche sich durch unlautere Handlungen, schlechtes Betragen und umstürzlerische Bestrebungen gegen das Vaterland entehrt hatten.

Hier fand ich zu meinem Unglück einen Soldaten Gir . . ., einen Vetter des Gir . . ., den ich beim Regiment schlecht behandelt hatte, er war durch seinen Vetter über mich unterrichtet, so daß man in der Strafkompagnie meine Antecedentien kannte.

Als ich auf dem Lido angekommen und in den „Serail" genannten Teil der Kaserne untergebracht war, geriet die ganze Strafkompagnie in Bewegung, einzelne Soldaten kamen heran, sahen mich an und liefen davon.

Gir . . . trat mit seinen piemontesischen Landsleuten zusammen und sie verabredeten sich, mir einen Streich zu spielen.

Einige Soldaten, die aus der Gefängniszeit her eng mit mir befreundet waren, brachten mir zu essen sowie Wein und Cigarren.

Ein Freund von mir, ein Genuese Namens Civ...
verriet mir den Anschlag der Piemontesen, die sich rächen
wollten, weil ich ihren Landsmann, den Vetter Cir...'s
beim Regiment mißhandelt hatte.

Mir mißfiel das sehr, denn ich halte mir fest vorgenommen, alles geduldig zu ertragen und dann meinen
Abschied zu nehmen, aber mein böser Stern folgte mir
bis an die lachenden Ufer der Lagune.

Was thun?

Wenn ich still bin, so glauben sie, daß ich Furcht
habe und reizen mich erst recht; wenn ich ihnen ent-
gegentrete, so können die schlimmsten Folgen daraus ent-
stehen: ich war zwischen Scylla und Charybdis, gute
und böse Gedanken kämpften in mir mit einander; nach
langem Nachdenken beschloß ich den Kampf aufzunehmen
und dem Schicksal die Frage zu stellen: Welchen Schluß
hat dieses
düstere Drama?

Dritter Teil.
In der Strafkompagnie.

> Ein italienischer Schriftsteller, eine
> wissenschaftliche Abhandlung wird von
> gebildeten, gelehrten, wissenschaftlichen
> Menschen verstanden; eine gewöhnliche
> Darstellung, die leicht geschrieben ist, wird
> sowohl vom gebildeten, gelehrten, wissen-
> schaftlichen Menschen, wie vom unwissen-
> den Mann aus dem Volke verstanden;
> sonach ist es besser, sich beiden als blos
> einem verständlich zu machen

Unter den vielen Inseln, die Venedig umgeben, dehnt sich östlich von der Stadt eine Landzunge aus, welche vom adriatischen Meer bespült wird und den Namen Lido trägt; sie hat die besondere Aufgabe, vermittelst starker Befestigungswerke den Feind an einem Flottenangriff auf die Stadt zu hindern. Aber außer seiner Bestimmung als Bollwerk gegen feindliche Angriffe und außer seiner Eigenschaft als Vergnügungsort in den Tagen des Friedens, ist der Lido der Aufenthaltsort derer, welche sich zu Sklaven einer unsinnigen Disziplin gemacht haben und verurteilt sind, in stetem

Leiden und unter besondern Strafen dahin zu leben. Blühende Akazien, grünende Felder, lachende klare Seen und was es sonst Herrliches in der Natur giebt, schmückt diese Gegend im Sommer, wo sie Scharen von Besuchern empfängt. Verborgen blüht die Rose zwischen den Büschen, wenn der Morgenstrahl der Sonne die Erde küßt und die Vögel ihre sehnsüchtigen Melodien ertönen lassen — und in den düsteren Zellen der Kaserne seufzt der Verworfene.

Die träge Welle der Adria bricht sich am Lido, sie liebkost in wollüstigen Umarmungen die schönen venezianischen Sylphiden und erglüht unter ihrem verliebten Blick — und sie führt die Klagen und Thränen der Unseligen, die im Elend leben, mit sich hinweg. Lange habe ich hier dem Willen eines Tyrannen mich beugen müssen und weinen müssen, fern von meinen Lieben, und kämpfen müssen, um die Grundpfeiler meiner Zukunft wieder aufzurichten.

Wenn die Sonne in goldiger Glut hinter den Bergen versank, und wenn sie in rosigen Farben wieder emporstieg, meine Seele vermochte es nicht zu trösten, und so oft auch die Natur sich ihres Schmuckes entkleidete und von neuem ihr schimmerndes Blütengewand anlegte — es vermehrte nur die Empfindung meines Leidens.

O arme Seele, was hoffest Du? Denke an den Jammer und die Seufzer, damit ich mit den Farben der Wahrheit ein Bild meines Unglücks und der Unwissenheit der selbstsüchtigen Tyrannen entwerfen kann.

Denke an die unselige verworfene Knechtherrschaft! Schildere, wenn Du es vermagst, die Thaten jenes Despoten, der väterliche Gefühle und kindliche Liebe mißachtend auf dem Scheiterhaufen des Vaterlandes die jugendliche Hoffnung Italiens als Brandopfer darbrachte, der die Stützen darbender Familien vom häuslichen Herd hinwegriß, der Industrie die Kraft des Fortschritts raubte, um das erhabene Andenken der Freiheit zu schänden, um dem Bajonett, dem Galgen und den Galeeren das Recht zu geben, den letzten Gedanken des Unglücklichen zu Todesseufzern zu gestalten.

Du allein, o meine Seele, kannst in den Tagen meines Glückes die Klagen beulen, welche in dieser Sphäre ertönten, wo Kummer, Qualen, Ketten und der Wille eines gesetzmäßigen Mörders den Herzen der jungen Soldaten alle Hoffnung entrissen und die fern weilenden Familien ins Unglück stürzten.

Wie gesagt mißfiel mir der Anschlag der Piemontesen sehr, und ich bat meinen Freund Civ... mir irgend eine Waffe zu verschaffen, um mich nöthigenfalls vertheidigen zu können; er brachte mir einen langen dreieckig geschliffenen Dolch.

Am folgenden Morgen wurde ich zum Kommandanten gerufen, mit meinem Dolch an der Brust begab ich mich zu ihm. Er empfing mich mit Schmähreden, aber ich sagte:

„Herr Kommandant, ich bin nicht gewöhnt, Vorwürfe zu hören; wenn Sie meinen, daß ich gefehlt habe, so haben Sie ja Kerker und Ketten zur Verfügung."

„Wiſſen Sie, M . . ., ich bin Familienvater, ich liebe die Soldaten wie meine Söhne und ſtrafe nur, wenn ich dazu gezwungen werde: deshalb nehmen Sie es mir nicht übel, meine Verweiſe ſind die eines Vaters und glauben Sie mir, ein Vorwurf iſt beſſer, wie acht Tage bei Waſſer und Brot. Ich wünſchte von Herzen, daß Ihr alle in Bälde Eure Familien, Freunde und Bekannten wiederſehen könntet. Sie ſind ein verſtändiger junger Mann, und es wäre eine Sünde, Sie im Unglück umkommen zu laſſen. Deshalb ſeien Sie vernünftig, bis jetzt haben Sie ſehr viel zu leiden gehabt und ich beklage Sie, denn das iſt meine Natur. Deshalb wenden Sie ſich an mich, wenn Ihnen irgend etwas fehlt, oder wenn Ihre Vorgeſetzten Sie ſchlecht behandeln. Sind wir einig? Dann ſeien Sie ruhig, führen Sie ſich gut und halten Sie ſich von den ſchlechten Elementen fern, deren es hier nur zu viele giebt; thun Sie Ihre Pflicht, und nehmen Sie Rückſicht auf mich."

Guar . . . Signor Battiſta aus der Markgrafſchaft Ligurien war ein vorzüglicher, ebler Vorgeſetzter, aus vornehmer Familie, von Haus aus reich, wegen einer unglücklichen Liebe war er ins Heer eingetreten und war zur Zeit Hauptmann.

Er war ein zärtlicher Vater den Soldaten gegenüber, menſchenfreundlich, wohlwollend, human; er hatte eine Frau und zwei Söhne. — Die Strafkompagnie war eine Luſt für uns: eine Stunde am Tage wurde exerziert und dann geſpielt, geſungen, geſcherzt, gelärmt — kurz, wir machten, was wir wollten.

Tags darauf sagten meine Bekannten zu mir:

„M..., nimm Dich in Acht, Dir wird es schlimm gehen."

Es war für mich ein ewiges Hin- und Herschwanken — wie konnte ich das Leben fassen mit dem Gedanken, jeden Tag überfallen zu werden.

Endlich entschloß ich mich, der Sache ein Ende zu machen.

Am Abend saßen die Soldaten im Hof und plauderten in Gruppen oder spielten Ball, Dame und Domino oder promenierten hin und her — kurz, jeder war auf seine Weise beschäftigt.

Ich rief meinen Freund C... und ließ mir den Gir... zeigen, der hauptsächlich den Anschlag gegen mich angezettelt hatte.

Er führte mich unter einen Säulengang und zeigte mir einen langen hageren Soldaten, der in einer Zelle arbeitete. Ein kurzer schrecklicher Entschluß fuhr mir durch den Kopf, ich trat auf den Pfosten der Zelle und rief ihn heraus. Er kam, ich stellte mich vor ihn auf; die Rechte hielt hinter dem Rücken den Dolch bereit.

„Also Sie sind die Seele der Verschwörung gegen mich, Sie wollen mir ans Leben? Sie sind ein Schurke, wissen Sie das, rufen Sie Ihre Landsleute, damit ich denen dasselbe sagen kann!"

Ich schwang meinen Dolch und war im Begriff, ihm den Leib aufzuschlitzen, als eine eiserne Faust meinen Arm umklammerte, während Gir... angstvoll rief:

„M . . ., was machen Sie?! ich bin unschuldig! Ich habe nie von Ihnen gesprochen."

„Sie sind ein Schurke, wir müssen ein Ende machen."

Auf unser lautes Gespräch kamen viele Soldaten hinzu, die sich um uns aufstellten und gespannt das Ende des Dramas erwarteten.

„M . . ., was machen Sie?" rief der, welcher mich festgehalten hatte. „Ich bin Esp..., Ihr Freund und Landsmann, beruhigen Sie sich, M . . ., Sie machen sich unglücklich."

Am folgenden Morgen wurde ich zum Kommandanten gerufen, ich erzählte ihm freimütig alles, was vorgekommen war.

Der Ehrenmann war trostlos und beklagte sich, daß ich ihn nicht von Anfang an unterrichtet hätte. Er versammelte die Piemontesen und meine Landsleute auf dem Hof und sprach eine Stunde lang zu ihnen, wie nur ein zärtlicher Vater zu seinen geliebten Söhnen unter so traurigen Umständen sprechen kann.

„Und jetzt," schloß der würdige Offizier, „jetzt gebt Euch das Pfand des Friedens, der Eintracht, der Brüderlichkeit. Gir. . . ., umarmen Sie Ihren Kameraden M. . . ."

Wir küßten und umarmten uns, Gir. . . . hielt seine Thränen mit Mühe zurück.

„Morgen ist Sonntag," sagte der Hauptmann, „ein Festtag für Euch. Ihr werdet Euch zusammenthun, jeder giebt einen Lire, Herr Lieutenant G. . . . hat Befehl, für Euch ein Festmahl zu veranstalten, zehn Flaschen Toskanerwein gebe ich dazu. Aus Euren Tischen werdet Ihr eine Tafel zusammenstellen, die Bänke können als Sitze dienen, für Tischwäsche, Gläser u. s. w. werde ich sorgen, und Ihr werdet zu Ehren des Friedens, der Einigkeit, der Brüderlichkeit essen und trinken. Sie, M...., sammeln das Geld und liefern es an Herrn Lieutenant G...., wer kein Geld hat, mag sich an mich wenden. Sie, Gir...., nehmen M.... unter den Arm und gehen spazieren. Rührt Euch!"

Ein Beifallsturm, Händeklatschen und Hochrufen folgte diesen Worten.

Am folgenden Tage wurde eine große Tafel im Hof hergerichtet, wie der edle Hauptmann befohlen hatte; hundertundzwanzig Soldaten, sechs Sergeanten und fünf Korporale nahmen an dem prunkvollen, reichlichen Mahl teil, die Becher füllten sich mit schäumendem Toskanerwein; die Flaschen standen aufmarschiert, als wollten sie sagen: Nimm mich hin — die Gläser kreisten unter den Tischgenossen. Der Hauptmann, der Lieutenant, die Feldwebel und Sergeanten waren alle zugegen; sie füllten unsere Becher immer von neuem, Trinksprüche wurden ausgebracht, wir tranken zu Ehren des Hauptmanns, der Offiziere, wir tranken auf die Brüderlichkeit, die Einigkeit, den Frieden, wir tranken auf unsere Gesundheit, Hochrufe, Händeklatschen und Lachen ertönte aus der freudigen Gesellschaft, und ich brachte einen langen Trinkspruch in Versen aus.

Zwei Monate verbrachte ich in dieser Strafkompagnie ohne irgend welche Störung, geliebt und geachtet von meinen Vorgesetzten und Kameraden, ich hatte mich über meine vergangenen Leiden getröstet und genoß ein friedliches, nachdenkliches Leben in Spiel und Scherz mit meinen Genossen.

Eines Tages rief mich der Kommandant und teilte mir mit, daß meine Familie sich beschwert habe, daß ich so lange nicht geschrieben habe und trug mir auf, sofort von meinem Verbleiben und Befinden Nachricht nach Hause zu geben.

Seitdem ich den unliebenswürdigen, schmutzigen Brief meines Bruders bekommen hatte, hatte ich nicht mehr geschrieben, und es war beinahe zwei Jahre her, daß die Meinen ohne Nachricht von mir waren; wenn nun der Hallunke von meinem Bruder auf einmal so heißes Verlangen nach mir zeigte, so hatte das keinen anderen Grund, als daß er hoffte, ich sei tot, und er könne sich in den Besitz des Wenigen setzen, das mein unglücklicher Vater mir hinterlassen hatte. Das war der Gedanke des elenden Wurmes, der jeden Augenblick auf die Nachricht von meinem Hinscheiden wartete; aber Gott, das unsichtbare Wesen, der die verborgensten Falten der menschlichen Herzen sieht, spottete der thörichten und boshaften List des durchtriebenen Schurken.

Da mein Hauptmann befahl, durfte ich nicht zögern, wie konnte ich auch, da er mich täglich mit Beweisen seines Wohlwollens überhäufte. So schrieb ich denn folgenden Brief:

„Geliebter Schwachkopf!

Denkst Du noch an den schönen Brief, den Du mir nach Salerno schriebst? An den Brief, der Deiner würdig war, deiner Dummheit, deiner Hartherzigkeit? — Nun, ich danke, es geht mir sehr gut, trotz aller Wünsche derer, die mich hassen. Ich habe hier alles: Liebe, Achtung, Wohlwollen, und das genügt mir, um mich wohl zu fühlen. Morgens bekomme ich eine prächtige schmackhafte Suppe und ein großes Stück gutes Brot, das mehr als genug für mich ist; Abends ein Stück Kalbfleisch; ich habe viel freie Zeit und manche Vergnügungen: Spiel, Musik, Theater, Tanz, Lektüre, u. s. w., und was will man mehr?

Wir leben hier auf einer Insel nahe der Königin der Meere, einer großen, schönen, lachenden, grünenden Insel; oft fahren wir auf unseren Gondeln nach Venedig hinüber, ohne etwas zu zahlen, wir lustwandeln auf der lachenden weiten Piazza di San Marko; wir schäkern mit den rosigen, schönen Venezianerinnen, wir trinken unser Bier, unsern Wermut, den Du noch nicht einmal versucht hast und den du nicht kennst; wir trinken schimmernden Toskanerwein, — was will man mehr!

Wir haben Geld genug, schöne Banknoten, um uns vergnügen zu können und Du armer Tropf, teilst mit Deinen armen Kindern den Hunger!

Unser Kommandant ist ein Prachtmensch, ein wahrer Vater der Soldaten, die Vorgesetzten sind alle Ehrenmänner, was kann man mehr verlangen?

Wir sind glücklich, wahrhaft glücklich. Das möge
Dir genügen. Und wenn Du an unserem Glück teil=
nehmen willst, so komme her; das Ufer des abriatischen
Meeres wird edelmütig genug sein, um den verworfensten,
elendesten, schmutzigsten Wurm aufzunehmen, der auf
Erden herumkriecht.

Lido, Venedig 10. April 1879.

Dein (!)
Antonino M. . ."

Und was ich meinem Bruder schrieb, war die
Wahrheit; uns Soldaten fehlt nichts, es war alles
wahr.

Wir hatten eine prächtige Kapelle, die auf Ver=
langen im Hof spielte, oft wurde getanzt; Donnerstags
und Sonntags spielten wir auch Theater. Mit unseren
Tüchern und Decken steckten wir auf dem Hof einen
großen viereckigen Raum ab, in einem Zimmer wurde
geprobt, Kostüme fertigten wir selbst an, fünfzehn Sol=
daten oder mehr machten die Schauspieler, wir hatten
einen Impresario, einen Direktor, einen Regisseur u. s. w.,
das nötige Geld wurde alle Woche von den Soldaten,
Offizieren und Gefreiten gesammelt; einmal hatten wir
fünfhundertzwölf Lire und achtundachtzig Centesimi; der
Hauptmann hatte allein zweihundertfünfzig Lire gegeben!!!

Ich erinnere mich, daß ich einmal in einer Posse
die Rolle des Briganten Gasparone spielte, ich war als
kalabresischer Räuber gekleidet, mit hohem Hut, Stulpstiefeln,
Hose und Jacke mit großen vergoldeten Knöpfen geschmückt,

zwei Patrontaschen an den Seiten, eine doppelläufige Flinte über dem Rücken, einen großen Revolver und einen langen Dolch an der Seite; es war eine brillante Rolle; die Offiziere, die Chargierten, Herren und Damen wohnten der Vorstellung bei, und ebenso Handwerker und Bauern. Donnerstags und Montags gab es alles in Überfluß: Rum, Wermut, Bier, Wein und Cigarren, so daß es für die ganze Woche reichte; alles wurde von den Offizieren und Bürgern gegeben. Ich ging oft nach Venedig und blieb dort ganze Tage; wenn ich mich auf den Weg machte, und mich dem Hauptmann meldete, um die Erlaubnis einzuholen, dann sagte er:

„Haben Sie Geld?"

„Ich habe einen Lire, und das genügt für einen Tag."

„Nein, in Venedig ist das nichts." und er nahm einen Fünflireschein heraus und gab ihn mir.

Seine Börse war stets für alle geöffnet, und wenn man ihm das Geld wiedergeben wollte, dann fluchte und wetterte er und drohte uns in Arrest zu schicken! Der Ehrenmann litt an Asthma und Nachts mußte er von der Seite seiner lieben Gemahlin aufstehen, um ins Freie zu laufen, um Luft schöpfen.*)

Ein Lieutenant, ein Landsmann von ihm, sagte, daß er achtzigtausend Lire jährliche Rente habe, aber er

---

*) Wie Venturi in seinem Gutachten bemerkt, begegnen sich bei M... die Übertreibung des Hasses mit der Übertreibung der Zuneigung, und so wird wahrscheinlich die Wirklichkeit der Erzählung des M... in nicht wenigen Punkten widersprechen.

machte kein Aufheben von seinem Reichtum, den er zum Besten der Armen und Unglücklichen verwandte; wegen seiner großen Zuneigung zu den Soldaten war er wiederholt bestraft worden und wäre ohnedies schon bedeutend avanziert. Derselbe Lieutenant erzählte mir einige Episoden aus dem Leben dieses merkwürdigen Mannes, von denen ich einige mitteilen will.

Als Hauptmann Guar... noch Lieutenant in Ravenna war, verliebte er sich in ein Mädchen aus dem Volke, er heiratete sie, nachdem er sie mit einem Vermögen von fünfundzwanzigtausend Lire ausgestattet hatte. Er lebte glücklich mit dem jungen Weib, das er mit allen Fasern seines Herzens liebte; die Frucht dieser Liebe war ein Söhnchen, das Ebenbild des Glückes seines Vaters. Da wurde ihm gesagt, daß seine Gattin ihn betrog.

„Unmöglich", antwortete er, „Virginie, meine geliebte Virginie kann mich nicht verraten." Er hatte ein Duell mit einem anderen Lieutenant, der ihm mitgeteilt hatte, daß seine Virginie ein unerlaubtes Verhältnis mit einem Lastträger hatte — der arme Lieutenant wurde von Guar... erstochen.

Eines Morgens teilte er seiner Virginie mit, daß er verreisen müsse; er kehrte aber um und versteckte sich neben ihrem Schlafgemach, so daß er hören konnte, was dort vorging.

Lange stand er so und wartete; Virginie war mit ihren häuslichen Angelegenheiten beschäftigt.

Endlich gegen Abend hörte er Küsse, er lauschte und vernahm folgende Worte:

„Ettore, süßer Ettore, ich liebe dich wahnsinnig; ich möchte dich immer in meinen Armen halten, der schweigsame Offizier langweilt mich, ich liebe ihn nicht. Laß uns fliehen, Ettore, nach Verona; da können wir in Freiheit unser Glück genießen."

„Nein süße Virginia, noch ist nicht die Zeit dazu ... Wie schön Du bist, gieb mir einen Kuß!"

Er hörte ihre Küsse, und das Blut erstarrte ihm in den Adern.

Es wurde still, Seufzer und Küsse wechselten mit einander; G... blickt durch eine Spalte und sieht seine Virginia in wollüstiger Umarmung mit ihrem Geliebten.

Er eilt hinaus, klopft an die Thür seines Schlaf-Gemaches, niemand antwortet. Endlich ruft er:

„Mach' auf, Virginia, ich bin es, Dein Gatte."

Die Thür wird geöffnet, Virginia erscheint und sagt:

„Wie, Du bist nicht fort?"

„Nein, ich wollte Deinen Ettore sehen!"

„Hier bin ich," antwortete Ettore, eine Waffe in der Hand haltend. „Sie befehlen?"

„Nichts, lieber Ettore," antwortete der Lieutenant, „nur Ihre Hand."

Sie reichten sich die Hände, Virginia lag auf den Knieen und zerfloß in Thränen. Herr G... öffnete sein Portefeuille, nahm zehn Tausendlirescheine heraus, reichte sie Virginia und sagte

„Bitte, nehmen Sie und gehen Sie mit Ihrem Ettore; mein Sohn bleibt bei mir."

Ettore und Virginia nahmen sich bei der Hand und gingen, G... wurde ohnmächtig aufgefunden, wie er seinen Sohn in den Armen hielt.

Als er Hauptmann beim zehnten Infanterie-Regiment in Bologna war, traf er eines Abends einen Zahlmeister, der ihm klagte, daß er sich das Leben nehmen müsse, da ihm sechstausend Lire aus der Kasse fehlten, Guar... nahm die Kassenschlüssel, öffnete sein Portefeuille, gab dem Zahlmeister sechs Tausendlirescheine und sagte nur:

„Nehmen Sie, die Kasse stimmt jetzt, seien Sie vernünftig!"

Nach Gottes Fügung starb Virginia wenige Jahre später arm und elend in einem Irrenhaus; G... heiratete ein anderes Mädchen aus dem Volke von schlechten Gewohnheiten und unregelmäßigem Lebenswandel. Ehe er sie heiratete, sagte er:

„Clelia" — so hieß sie, „ich lege meinen Reichtum, mein Herz, meine Ehre, meinen guten Ruf in Deine Hände; willst Du mir treu sein, willst Du ein neues Leben beginnen?"

Sie versprach es und er erhob sie zur Herrin seines Lebens; sie gebar ihm ein süßes Töchterchen; der blonde Ludovico, der Sohn der Virginia, der jetzt zehn Jahr alt war, war immer bei ihm, und oft, so sagte man, umarmte er ihn und weinte, weinte herzbrechend.

Folgen wir dem Faden unserer Erzählung.

Eine Nacht war ich auf Wache, ich hatte etwas viel getrunken, es war im Sommer, ich litt unter der Hitze, und ob es daher kam oder von dem Wein, ich wurde sehr müde, setzte mich nieder und schlief mit dem Gewehr im Arme ein. Bald darauf werde ich geweckt, jemand klopft mich auf die Schulter; ich springe auf und sehe den Hauptmann.

„Das ist unrecht, Sie dürfen sich nicht vom Schlaf übermannen lassen — es ist ein schweres Verbrechen, auf Wache zu schlafen. — Ist Ihnen nicht wohl?"

„Nein, Herr Hauptmann, ich habe starke Kopfschmerzen."

„So rufen Sie den dienstthuenden Sergeant und geben Sie mir so lange Ihr Gewehr."

Ich gab ihm mein Gewehr, er nahm es und ging damit hin und her, ich ging zur Wachtstube und kam mit dem Sergeant zurück. Der Hauptmann sagte ihm, daß ich krank sei und befahl, mich ablösen zu lassen.

So geschah es, ein anderer nahm meinen Posten ein, ich ging in's Bett.

Derartiges kam öfter vor, der Hauptmann bestrafte nie; die Soldaten, die im süßesten Schlummer ihr Bett verlassen mußten, klagten nicht, sondern erwiesen sich als gute Kameraden.

Man muß wissen, daß ein Soldat, der auf Wache einschläft, mit sechs Monaten Kerker bestraft wird.

Es würde die Feder eines Francesco Mastriano erfordern, und die anderer Männer von Genie, um diese Strafkompagnie und ihre Mitglieder zu beschreiben, und um meine klassischen Abenteuer während der vier langen Jahre, die ich dort war, zu schildern; dicke wundersame Bände ließen sich darüber schreiben. Ich beschränke mich darauf, die bemerkenswerteren und unterhaltenden Vorfälle kunstlos niederzuschreiben, und bitte Euch, Nachsicht zu üben, denn ich habe wenig oder nichts gelernt und kenne fast nichts, deshalb bitte ich den wohlwollenden und gebildeten Leser um Nachsicht.

Unser acht Soldaten schlossen uns in enger Freundschaft zusammen: meine Gefährten waren intelligente und gebildete junge Leute; einige Stunden des Tages studierten wir zusammen, besprachen wissenschaftliche Fragen mit regem Eifer, lasen Romane, weltgeschichtliche Darstellungen und Zeitungen, und organisierten eine regelrechte Polemik untereinander: wir machten Verse, Oktaven, Kanzonen, Sonette, die unter einander gelesen, kritisiert, verbessert und umgearbeitet wurden; zur Poesielehre hatte ich einen gewissen Neapolitaner Carlo Frol... Pag..., in der Litteratur unterrichtete mich Luigi Mastr..., ebenfalls ein Neapolitaner, in der Kritik und Geschichte ein Piemontese Namens Alt...

Ich empfing einen Brief von meinem Bruder, in welchem er mich wegen meiner Gefängnisstrafe zu Salerno bedauerte und seine Freude darüber aussprach, daß es mir gut gehe (der elende Fuchs!) Er schickte mir zwölf Lire und seitdem schrieben wir uns alle Monat und ich bekam regelmäßig meine zwölf Lire.

Eines Abends waren wir im Wirtshaus; zwischen dem Wirt und einem Kameraden von mir, einem gewissen Angelo M . . ., erhob sich ein Streit, in dessen Verlauf der Wirt auf einmal sagte:

„Ihr seid alle Galeeren=Sklaven, Zuchthäusler, eine verkommene Bande!"

Diese uns allen ins Gesicht geschleuderte Beleidigung mußte gerächt werden, ich nahm das Glas und schlug dem Unverschämten mit aller Gewalt auf den Kopf. Das war das Signal zu einem allgemeinen Kampf, Flüche und Drohungen schallten durch die Luft, und wenn nicht einige Sergeanten hinzugekommen wären und der Wirt sich eingeschlossen hätte, wer weiß was für Unheil entstanden wäre.

Dem armen Wirt war der Schädel zerschlagen, ich wurde acht Tage bei Wasser und Brot eingesperrt.

Über meiner Zelle saß ein gewisser Liut . . . in Arrest, der mir durch eine Spalte in der Wand von seinem Essen etwas zusteckte. Er war in Untersuchung, weil er eine anonyme Anzeige gegen unsern Hauptmann geschrieben hatte, zwei Soldaten hatten ihn denunziert; ein gewisser Scar . . . aus Bologna und ein Cec . . . aus Benevento. Der Lieutenant Gui . . war in die Affaire mit verwickelt; bald darauf wurde er durch ein Kriegsgericht abgesetzt; zürnend zog er ab, er war in Zivilkleidung und als er vor der Kaserne stand, zog er seinen Säbel aus der Hose heraus und zerbrach ihn über das Knie. Ein neapolitanischer Soldat Namens Per...., der dies sah, spuckte ihm ins Gesicht und sagte:

„Du bist ein elender Hund!"

Während ich im Gefängnis saß, hörte ich eines Morgens ein Geräusch, als ob zwei Personen mit einander kämpften und vernahm die Stimme eines Kameraden, der sagte:

„Er hat mich an die Gurgel gepackt, er wollte mich erwürgen."

Mein Kamerad hatte von seinen Landsleuten eine Mitteilung erhalten; während er sie las, war der aufsichtsführende Sergeant gekommen und hatte ihm das Blatt wegreißen wollen; Liur... aber hatte das Papier in den Mund gesteckt, deshalb hatte der Sergeant ihn an den Hals gefaßt.

Die Sache wurde gemeldet und Liur... wegen Insubordination vor Gericht gestellt; er bat mich, als Entlastungszeuge zu dienen.

Mein Arrest ging zu Ende, ich wurde in Freiheit gesetzt; ich erkundigte mich nach dem Schicksal des Liur..., niemand wußte, daß er das anonyme Schreiben verfaßt hatte, nur Cec... und Scar... traten gegen ihn auf, und beide waren von früherher mit ihm verfeindet.

Ich bat:te: Bin ich nicht auch angeklagt und ungerecht verurteilt worden? Hatte denn jenes schändlichste Ungeheuer, der Korporal S..., Recht mit seiner Aussage? Ist es nicht denkbar, daß auch Liur... un=

schuldig verdächtigt und verleumdet war? Genügt die Überzeugung von der Schuld eines Menschen, um ihn zu verurteilen und ist ein solches Urteil wissenschaftlich und unanfechtbar?*)

Ich beschloß der Sache auf den Grund zu gehen, und da ich sah, daß Cec... und Scar... ein Herz und eine Seele waren, so nahm ich mir vor, den einen durch den andern entlarven zu lassen.

Ich rief den Soldaten Cec... und sagte:

„Cec..., wir sind gute Freunde, ich weiß, daß Du aus guter Familie bist; hier in der Kompagnie sind lauter ungebildete Burschen, lauter entlassene Sträflinge (als ob ich aus dem Colleg herkäme); wie wäre es, wenn wir ein treues Freundschaftsbündnis schlössen und zusammen lebten?"

„Mit Vergnügen, lieber M..., aber ich muß Scar... sprechen, mit dem ich, wie du weißt, seit langem zusammen lebe."

„Sehr wohl, sprich mit Scar..."

Am Abend sah man uns alle drei zusammen essen und trinken, die Freundschaft war besiegelt. So vergingen mehrere Tage, Liur... war nach dem Militär-

---

*) Der gewöhnliche Refrain, der immer zum Vorteil des Übelthäters ausschlägt. Ich kannte einen Verbrecher, der wegen Diebstahls angeklagt, antwortete: Die Verhältnisse sprechen freilich gegen mich, aber ich gebe den Diebstahl nicht eher zu, bis man mir die Sache zeigt, die ich gestohlen haben soll. — Und als er später eines Mordes angeklagt war, wollte er, daß man ihm die Person zeige, die ihn hatte morden sehen.

gefängnis zu Venedig geschafft und hatte mich als Entlastungszeugen angegeben; der Tag der Verhandlung kam immer näher.

Ich sagte beim Promenieren zu Cec . . .:

„Cec . . ., Du giebst viel Geld für den Scar . . . aus, der ein Schwindler ist; mir, der ich Dein Bestes will, mißfällt das; es ist eine Schande, daß Du Dich von dem Heuchler ausbeuten läßt."

„Weißt Du, M . . ., Du hast Recht; Scar . . . ist ein scheinheiliger Hund, er ist mir zwanzig Lire schuldig, die ich mir doch nicht aus dem Bein schneiden kann."

„Was, ihm, der ärmer ist wie Hiob, hast Du zwanzig Lire geborgt, nun, heute Abend muß er sie Dir wieder geben."

Am Abend waren wir wieder alle drei zusammen in einer Schenke; nachdem wir unser kärgliches Mahl verzehrt hatten, verlangte Cec . . . sein Geld; Scar . . . legte sich auf's Beteuern, daß er nichts habe, Cec . . . wurde wütend und das Ende vom Liede war eine große Schlägerei zwischen beiden, von der der Wirt den größten Schaden hatte, denn sein ganzes Geschirr, Flaschen und Gläser gingen in die Brüche. Als bittere Feinde schieden sie.

Nach zwei Tagen machte ich mich an Scar . . . heran und sagte:

„Ich will Dir ein Geheimnis mitteilen, das Dir sehr nützlich sein kann, aber verrate mich nicht."

„Nein, M . . ., auf keinen Fall, Du bist ein guter Freund, der Cec . . . ist ein ungebildeter Hansnarr."

„Cec . . . sagte mir, daß Du ihn angestachelt hättest zu sagen, daß Du gesehen hättest, wie Liur . . . die anonyme Anzeige gegen unsern Hauptmann geschrieben hatte; daß er . . ."

„Der Schändliche!" unterbrach er mich, „der Mörder, der Verräter; er hat mich verleitet, das zu sagen; ich wußte von nichts, ich habe nichts gesehen."

„Nun schön, Scar . . ., höre mich an und unterbrich mich nicht: Cec . . . sagte, daß Du die direkte Ursache von Liur . . .'s Ruin bist, wenn das die Richter wüßten, würde es Dir schlecht ergehen, und er teilte mir mit, daß er vor Gericht aussagen will, daß Du ihn zu der falschen Beschuldigung verführt hättest.

„Ganz im Gegenteil, der Verräter hat mich verführt, er hat den armen Liur . . . ruiniert."

Während ich mit Scar . . . sprach, beobachtete Cec . . . uns von weitem und verzehrte sich vor Neugier, und als wir uns endlich trennten, eilte er zu mir heran und fragte, was wir miteinander gehabt hätten.

„Scar . . . hat mir einen Brief gezeigt und vorgelesen", sagte ich, „den er dem Verteidiger Liur . . .'s schicken will, in dem er seine erste Aussage widerruft und zu Deinen Ungunsten aussagen will."

Diese Worte wirkten wie ein Donnerschlag, Cec . . . geriet in furchtbare Erregung und wollte von Scar . . . Genugthuung verlangen, aber ich hielt ihn zurück und sagte:

„Cec . . ., höre zu; wir wollen vor dem Militärgericht eine schöne Posse aufführen: Du darfst nicht sagen, daß Du die Absicht des Scar . . . kennst; ich werde mich bei dem Wirt erkundigen, ob er im Auftrage Scar . . .'s einen Brief an Liur . . .'s Verteidiger besorgt hat, und wenn das der Fall ist, mußt Du in Deiner Aussage dieses Abenteuer des Scar . . . erzählen und mich und den Wirt als Zeugen anrufen; auf diese Weise wird er entlarvt sein und als Verleumder erkannt werden."

„Vorzüglich, M . . ., vorzüglich ausgedacht."

„So bleibt es dabei."

Der Verhandlungstag war herangekommen, wir waren zehn Zeugen, darunter der Wirt; wir warteten im Zeugenzimmer. Ich rief Cec . . . zu mir heran und sagte:

„Es ist alles wahr, der Wirt vertraute mir an, daß er vor einigen Tagen in Scar . . .'s Auftrag einen Brief an Liur . . .'s Verteidiger besorgt hat. Vergiß nicht, Cec . . ., alles vor Gericht zu erzählen und rufe mich und den Wirt zu Zeugen an."

Die Zeugen wurden aufgerufen, endlich auch ich. Ich sagte aus:

„Ich befand mich in der Arrestzelle, in der andern Zelle war Liur . . ., der sich fast täglich beklagte, daß er von den Chargierten so viel auszuhalten hätte. Eines Morgens hörte ich ein Geräusch, als ob zwei Menschen miteinander ringen und hörte, wie Liur . . . sagte: Er hat mich an die Gurgel gepackt, er wollte mich erwürgen. — Das ist alles, was ich aussagen kann."

„Sagen Sie, M . . .," fragte der Präsident, „ist es wahr, daß Sie dem Soldaten Cec . . . gesagt haben, daß der Soldat Scar . . . Ihnen einen Brief gezeigt habe, der an den Herrn Verleidiger des Liur . . . gerichtet war, und in dem er den Verleidiger bat, dem Liur . . . mitzuteilen, daß er seine erste Aussage verwerfen wolle. Ist das wahr, daß Sie das alles gesagt haben?"

„Wie, Herr Präsident," antwortete ich, indem ich den Dummen spielte, „ich verstehe nicht, was Sie fragen."

Der Präsident wiederholte das ganze Gewäsch.

„Ich!" antwortete ich entrüstet, „ich soll das dem Cec . . . gesagt haben? Das ist eine Verleumbung, eine freche Lüge! Ich habe nie mit Cec . . . über die ganze Angelegenheit gesprochen, er muß geträumt haben oder reif für die Zwangsjacke sein!"

Cec . . . wird aufgerufen und erzählt die ganze Geschichte.

„Was?" rufe ich empört, „Du bist ein Betrüger, ein elender Verleumder, Du hast den armen Liur . . auf die Anklagebank gebracht!"*)

---

*) Und dabei glaubt er ein gutes Werk zu thun, weil er den Liur . . retten will, und weil dieser unter ähnlicher Anklage steht, wie M . . . selbst, als er unschuldig verurteilt wurde, erfindet er eine Reihe von Unwahrheiten und stellt andere als Verleumder hin. Eine merkwürdige Auffassung vom Guten!

Der Präsident verweist uns zur Ruhe, der Staatsanwalt erklärt selbst, die Anklage nicht aufrecht erhalten zu können, der Verteidiger spricht lange und eindringlich und bittet um Gerechtigkeit für seine Klienten.

Der Gerichtshof zieht sich zurück und nach langer Beratung wird Liur . . freigesprochen.

Ich teile meinem edelmütigen Hauptmann mit, daß ich von dem Gericht zu Salerno unschuldig verurteilt worden sei und bat ihn, eine Eingabe zu unterstützen, daß mir dieses Jahr auf meine Dienstzeit angerechnet würde.

Er willfahrte gern, setzte selbst die Eingabe auf, ließ sich Abschriften der Urteile geben und schickte sie an das Kriegsministerium. Wir warteten lange vergeblich, er schrieb noch einmal und erhielt die Antwort, daß ein Urteil nur durch eine andere gerichtliche Entscheidung aufgehoben werden könne, daß meinem Ersuchen demnach nicht stattgegeben werden könne.

So waren meine Hoffnungen zerstört und ich mußte mich in das Geschick fügen. Ich wurde nach Rom geschickt, um in der Druckerei des Kommandos der Strafabteilung zu arbeiten. Es war ein großer Arbeitsraum in dem Kommandogebäude, drei Maschinen und acht Pressen machte die Druckerei aus, ich mußte mit einem Zivilisten zusammen an einer Presse arbeiten und bekam außer der Soldatenkost fünfzig Centesimi täglich. Hier blieb ich zwei Monate, während dieser Zeit schloß ich enge Freundschaft mit dem Bureauschreiber. Eines Tages sagte ich zu ihm:

15*

„Rom . . .," so hieß er, „wäre es nicht möglich, im Bureau eine hübsche kleine Fälschung zu machen, die mir sehr nützlich sein könnte?"

„Was für eine Fälschung?" rief er, die Augen aufreißend und mich anstarrend.

„Im Register stehe ich unter der Klasse 1869 verzeichnet, könnten wir daraus nicht 1868 machen?"

„Was für einen Unsinn verlangst Du, willst Du mich auf die Galeere bringen?"

„Was Unsinn, was Galeere, ich sehe, daß Du noch ein Neuling in diesen Dingen bist."

An jenem Tage wollte er nicht einwilligen, aber ich ließ nicht nach, bis ich ihn verführt.

Eines Abends waren wir in einem Wirtshaus, ich veranlaßte ihn mehr zu trinken als gewöhnlich und als es mir schien, daß der Weinrausch ihn umnebelt hatte, fing ich von neuem von der Fälschung an.

Wir gingen hinaus, er sagte:

„M . . ., warte ein wenig, ich will sehen, ob jemand im Bureau ist."

Er kam taumelnd wieder heraus, die Sache ging gut.

„Komm," sagte er, „im Bureau ist niemand."

Wir gingen die Treppe hinauf, ich gab ihm eine Cigarre, wir traten in das Bureau; er schlug das Register auf, ich suchte meinen Namen, bei dem die Jahreszahl 1869 eingetragen war, mit einem Federmesser kratzte ich die unverschämte 9 aus und setzte eine liebliche 8 an die Stelle.

Wir brachten alles wieder in Ordnung, darauf gingen wir in ein Café und dachten über unsere That nach.

Nach zwei Monaten wurde ich wieder von Rom fortgeschickt und kam zum Lido zurück.

Kaum wieder bei der Kompagnie wurde ich sofort einem der Forts zugeteilt, welche Venedig umgeben.

Die Aufgabe der zum Dienste in den Forts betachierten Soldaten war: niemand ohne Erlaubnis des Chefs der Wache einzulassen, die Bollwerke täglich und einige Male Nachts zu überwachen, zu verhindern, daß irgend wer topographische Aufnahmen der Gegend machte, niemand an den Festungsgraben kommen zu lassen und das Fischen darin zu verhindern; das Fort sauber zu halten und auf das Losungswort zu antworten.

Ich wurde nach dem Fort San Andrea, unweit dem Lido geschickt; dieses Fort war ganz von Wasser umgeben; ein Boot, das von einigen Schiffern, Soldaten aus meiner Kompagnie, bedient wurde, lag in der Nähe vor Anker; der Chef der Wache war ein alter Veteran.

Hier führten wir ein patriarchalisches Leben, in der fortwährenden Einsamkeit betrachtete man täglich die Schlechtigkeit der Menschen, die Schönheit der silbernen Lagunen, die Ungeheuerlichkeit dieser bösen Welt, die Schönheit des klaren venetianischen Himmels; hier sah man Venedig in seiner ganzen Größe, die flinken Gondeln huschten zu hunderten über die klare, krystallhelle Flut, man sah den Lido mit seinen hohen Boll=

werfen und großen Kanonen, man sah die anderen Forts, die wie kleine Erdhügel hier und da verstreut lagen.

Ein großes Genie würde dazu gehören, um diese entzückende Wunder der Natur und der Menschenhand zu beschreiben.

Ich blieb mehrere Monate in diesem Fort, las Romane und schrieb einige Sachen, die ich meinem Freunde in der Kompagnie zur Korrektur schickte.

Dann kam Befehl von der Strafabteilung, daß die Detachements in den Forts abwechseln sollten, indem jeder Soldat acht Tage lang dableiben sollte; infolge dessen mußte ich, sehr gegen meinen Wunsch, wieder zur Kompagnie zurück und ein anderer nahm meinen Posten ein.

Wie es kam, mag Gott wissen, genug, unser edler Hauptmann Guar... wurde als Direktor des Militärgefänisses nach Savona versetzt.

Wir waren darüber sehr ungehalten und beklagten den schmerzlichen Verlust lebhaft.

An seine Stelle kam der Hauptmann Alessandro Ter..., ein bestialischer, bösartiger Mensch. Dieser Henker hatte Weib und Kinder; er war ein schrecklicher unerbittlicher Schinder, ein bestialischer Mensch, eine Bestie von Natur und Charakter, launisch, hämisch, bockbeinig wie ein Esel; immer bereit, Böses zu thun, wurde er eine wahre Geißel für uns arme Soldaten. Nach soviel Freuden solche Leiden: so wechselt das menschliche Leben, so ändern sich die Dinge in einem Augenblick.

Zehn Stunden täglich ward exerziert mit dem Gewehr im Arm und dem Tornister auf dem Rücken.

Unsere Soldaten hatten Zündnadelgewehre, ein altes Modell, welches nicht schoß, krumme, unbrauchbare Flinten ohne Bajonett; wenn wir ausgingen, durften wir nur den Gürtel umschnallen, keinen Säbel, statt des Helmes trugen wir die Mütze.

Wie gesagt: zehn Stunden täglich exerzieren, im Sommer unter der sengenden Sonnenglut, im Winter im Schnee, im Regen, im Schmutz — und wie auch das Wetter war, immer mußten wir zehn Stunden exerzieren.

Eine eiserne Disziplin spannte uns wie mit einem Ring zusammen, unaufhörlich regnete es Strafen, die Arrestzellen waren überfüllt, rostige und schimmelige Ketten wurden den Ärmsten angelegt, sechzig Tage mußten sie bei Wasser und Brod schmachten, viele wurden vor ein Kriegsgericht gestellt und zu langjährigen Strafen verurteilt.

Theater, Musik, Spiel, Gesang, Lachen und Scherzen — alles war vorbei; wehe dem, der noch daran dachte und sich nicht dem eisernen Willen des herzlosen Tyrannen, des unerbittlichen Schinders beugte.

Er sei verflucht!

Die Offiziere, seine Untergebenen, war eine Aasbande, die für kärglichen Sold gekauft war; die Chargierten folgten dem Beispiel der schändlichen Bestie, sie hoben frech ihr Haupt, das Hauptmann Quar . . . in den Staub gebeugt hatte. Sie erstatteten falsche An=

zeigen, ungeheuerliche erlogene Meldungen und er, der legitime Schinder verurteilte stets, ohne Erbarmen, er hörte auf keinen Einwand, sondern sagte: „Der Soldat legt seinen Verstand vor dem Kasernenthor ab!"

Er sei verflucht!

Weil ich während des Exerzierens mit meinem Nachbar ein einziges Wort gesprochen hatte, verurteilte er mich zu dreißig Tagen strengem Arrest bei Wasser und Brot.

Er sei verflucht!

Ein so trauriges Leben führten wir unter dem Kommando des Hauptmanns Alessandro Ter . . . verfluchten Angedenkens, nach soviel Glück, Frieden und Fröhlichkeit gerieten wir in Trübsal, Kummer und Unglück.

Das Essen war schlecht, ungenießbar, der Mehlbrei war trocken und schwarz, das Fleisch stinkig, das Brot trocken, schwarz und ungar, alles war schlecht, nach soviel Glück gerieten wir in soviel Übel.*)

Ich wiederhole es, es würde die Feder der größten Männer erfordern, um die Schändlichkeiten, die Grausamkeiten, die Schindereien zu schildern, denen der Hauptmann Alessandro Ter . . . uns aussetzte.

Er sei verflucht!

---

*) Diese Übertreibung in pejus bildet den logischen Gegensatz zu der vorherigen optimistischen Übertreibung. Jeder begreift, daß die Lebensbedingungen sich nicht so sehr ändern konnten. Dieser leidenschaftliche Gigantismus ist charakteristisch für die Epileptiker.

Meine Freunde Frol..., Maſtr...., Perlil..., Ala... und andere junge Leute von Bildung und Wiſſen wurden ein Opfer dieſer Beſtie in Uniform, deſſen Gattin, Frau Malilde, kein anderes Beſtreben hatte, als ihm täglich ein neues Horn auf den Kopf zu pflanzen; ſie hielt es mit dem Feldwebel, und er, der uniformierte Hahnrei wußte alles und war ſtolz auf die prächtigen Hörner, die auf ſeiner Mörderſtirne prangten.

Drei lange Jahre verbrachte ich in dieſem Labyrinth des Jammers, Gott weiß wie; ich war pünktlich und aufmerkſam im Dienſt, aber mehrere Male wurde ich von dem Hauptmann Aleſſandro Ter... wegen nichtiger Vorwände in ſtrengen Arreſt geſchickt, und verbrachte zwanzig, ja dreißig Tage bei Waſſer und Brot.

Er ſei verflucht!

Ein niederträchtiger Lieutenant, mit einem Geſicht wie ein Affe, ein Lilliputaner, Antonio Car..., eine Beſtie noch unter dem Vieh, der nicht einmal italieniſch ſprechen konnte, ſondern nur ſeinen breiten piemonteſiſchen Dialekt kauderwälſchte, hatte es auf mich abgeſehen und tadelte und meldete mich, wo er konnte.

Eines Tages meldete er mich, weil ich ihn ange‍ſehen hatte, ohne ihn zu grüßen und dieſer Schinder, Aleſſandro Ter..., verurteilte mich zu fünfundzwanzig Tagen ſtrengem Arreſt bei Waſſer und Brot.

Er ſei verflucht!

Aus dem Arreſt entlaſſen, nahm ich mir vor, der verfluchten Dienſtzeit einen großen, tragiſchen Abſchluß zu geben, ſo ſehr hatte mich die Strafe erbittert. Ich ging in eine Schenke und goß mir einen Liter Wein in den Magen, und als ich merkte, daß die Weindünste mich umnebelten, ging ich nach Hause, holte meinen Dolch und legte mich angekleidet zu Bett. Der Lieutenant mit dem Affengesicht hatte die Ronde; er mußte gegen Mitternacht in mein Zimmer kommen, um zu sehen, ob alles still war und ob die Lampen ordentlich brannten.

Kurz vor Mitternacht erhob ich mich und stellte mich auf der Treppe auf, wo der Offizier vorbei mußte, entschlossen, ihm, sobald ich ihn sah, in den Rücken zu springen und ihn zu durchbohren.

Ich hörte Schritte und glaubte, die Zeit sei gekommen, aber es war mein Kamerad Masir . . ., der sich, weil er auf Wache war und es grimmig kalt war, seine Decke geholt hatte — würde er entdeckt, so wären ihm vierzehn Tage Wasser und Brot gewiß, auf Anordnung des hochedlen Hahnreis Alessandro Ter . . .

Er sei verflucht!

Ohne ein Wort zu sagen ging Masir . . . vorbei, kam mit seiner Decke zurück und ging wieder heraus. Es war Winter, es schneite in großen Flocken, im Hof lag der Schnee zwei Handbreit hoch und unaufhörlich senkten sich die Flocken herunter.

Alles war still, einförmig drangen die Schritte des Nachtpostens an mein Ohr.

Der Lieutenant kam nicht, schon war es ein Uhr, die Grabesstille, das Schneien, das Dunkel und die jetzt lauten, jetzt verhallenden Schritte der Schildwache machten mir Furcht, vor meinem furchtbaren Entschluß wurden Herz und Seele matt.

Jetzt schlug es zwei, ein verteufelter Lärm entstand in der Wachtstube, ein Kommen und Gehen von Soldaten, Waffengeklirr, ich trat an die Fensterbrüstung und sah zur Wachtstube herein, da erblickte ich bewaffnete Soldaten, zwei Korporale und einen Sergeanten; sie kamen herein unter Anführung des Lieutenants mit dem Affengesicht, sie stiegen die Treppe hinauf.

Die Sache ist nicht richtig, dachte ich, ziehe die Stiefel aus und renne barfuß in meine Kammer.

Den Dolch versteckte ich in dem Strohsack, entkleidete mich rasch und zog die Bettdecke über, dann that ich, als ob ich friedlich schlief. Der Lieutenant trat ein mit seiner Begleitung, die Betten wurden gezählt, an mein Bett trat er heran, lüftete die Bettdecke und sah mich an.

Am andern Morgen, als uns in der Instruktionsstunde das neue Gewehr, Modell 1870 Wetterli, erklärt wurde, rief der Lieutenant mich heraus.

„M . . .", sagte er, als wir allein waren, „Sie haben gestern Nacht versucht, mich zu ermorden."

„Ich, Herr Lieutenant! ich hätte versucht, Sie, einen Vorgesetzten zu ermorden?"

„Genug, M . . ., ich weiß alles, bedenken Sie, daß ich eine zahlreiche Familie zu ernähren habe, die ohne mich, da ich kein Vermögen habe, ihr Brot auf der Straße erbetteln müßte. Ich meinerseits habe gefehlt, indem ich Sie öfter getadelt und gemeldet habe,

Sie, indem Sie das große Verbrechen auf sich luden, mich ermorden zu wollen. Jetzt ist alles aus, ich werde die Sache begraben sein lassen, thun Sie dasselbe, wir wollen gute Freunde bleiben, einverstanden, M . . .?"

"Ja, Herr Lieutenant", antwortete ich.

Von diesem Augenblick ab war der Lieutenant zuckersüß zu mir und übte alle möglichen Rücksichten gegen mich.

Und wie hatte er es erfahren, daß ich ihn töten wollte?

Mein Kamerad Mastr . . . hatte mich gesehen, als er seine Decke holte und aus dem Umstande hatte er meine Absicht erraten; er begab sich zu dem Lieutenant und benachrichtigte ihn, bat ihn aber, unter keinen Umständen seinen Namen zu sagen; denn wenn er ihn jetzt warnte, so geschähe es, um ihn vor Schaden zu bewahren; morgen könne man ihn auf die Folter spannen und er würde kein Wort sagen.

Drei Jahre verbrachte ich so im Elend, oft und aus nichtigen Gründen wurde ich bestraft, viele wurden vor ein Kriegsgericht gestellt und gingen jahrelangen Kerkerstrafen entgegen.

Nachts, anstatt zu schlafen, lag ich wach und quälte mein Hirn, um nicht in irgend eine Schlinge zu geraten.

Nie werde ich die Kaltblütigkeit meines Freundes Frol . . . vergessen.

Eines Abends saßen wir in der Schenke, mehrere Soldaten und ein Sergeant von unserer Kompagnie, und sprachen bei einem Becher Wein und einem Stück Brot über Politik, dabei war Frol . . . anderen Sinnes als der Sergeant, sie gerieten in Wortwechsel und schließlich gab der schuftige Sergeant dem Frol . . . eine mächtige Ohrfeige auf die rosige Wange. Frol . . . blieb ruhig und kalt, lächelnd bat er den Wirt um eine Schüssel mit Wasser, stellte sie vor dem Sergeanten auf, wusch sich das Gesicht, füllte sein Glas und stieß mit dem Sergeanten an, indem er sagte:

„Trinken wir auf das Wohl der Armee und auf uns armen Sünder!"

Der Sergeant wollte nicht Bescheid thun, mit schamrotem Gesicht ging er von dannen.

Der Vorfall kam dem Hauptmann zu Ohren, er rief Frol . . ., faßte ihn am Arm und sagte:

„Sie sind ein schlechter Soldat, ein neapolitanischer Trotzkopf, aber wir werden Ihnen Ihren Starrsinn austreiben: Sie haben dreißig Tage strengen Arrest bei Wasser und Brot, damit Sie Ihren Hauptmann Alessandro Ter . . . nicht vergessen."

Er sei verflucht!

Die Entdeckung.

Ein ministerieller Erlaß ordnete an, daß die Soldaten der Straffompagnie, die mit mehr als sechs Monaten Gefängnis bestraft waren und der Aushebungsklasse 1868 angehörten, auf dauernden Urlaub entlassen werden sollten. Die hiervon betroffenen Soldaten freuten sich und sahen ungeduldig der Stunde entgegen, wo sie dieser Hölle entrinnen konnten; auch ich freute mich, aber nicht ganz aufrichtig, denn ich wußte, daß etwas dabei nicht ganz in Ordnung war. Infolge meiner Sparsamkeit hatte ich mir eine ganze Ausstattung angeschafft, die ich, nachdem ich dreizehn Jahre lang von Hause entfernt war, gut gebrauchen konnte. Denn zu Hause war ich sicher, nichts vorzufinden, wie wäre das möglich, da mein Bruder vor Hunger starb und im tiefsten Elend saß. Der Ärmste!! ...

Endlich kam das Verzeichnis der Soldaten, welche auf dauernden Urlaub gingen, sie wurden zusammengerufen und ich mit; mein Herz schlug heftig, die Beine trugen mich kaum, mein Geist war trübe und verwirrt. Warum? Ich wußte es selber kaum.

Unsere Uniform wurde uns ausgezogen, nur den Drillichanzug behielten wir, auch die Waffen wurden uns abgenommen und jedem von seinem Guthaben acht Lire und fünfzig Centesimi abgezogen. Den ganzen

Tag herrschte ein Kommen und Gehen, wir waren sechsunddachtzig Mann.

Am Abend wurde uns der Paß ausgestellt, unser Guthaben ausgezahlt und das Fahrgeld für die Eisenbahn übergeben. Als der Hauptmann mich sah, sagte er:

„Es thut mir leid, daß Sie schon fortgehen, ich hätte Sie gerne noch etwas länger hier gehabt, damit Sie Ihren Hauptmann Alessandro Ter . . . nicht vergessen."

Er sei tausend Mal verflucht!

Am nächsten Sonntag reiste ich, nachdem ich meine Kameraden umarmt hatte, von Venedig dritter Klasse nach Bologna ab; die meisten fuhren nach Florenz, ich allein mit einem Gefährten nach Ancona.

Ich hatte noch eine Anzahl Zehnlirenoten; in Bologna gingen wir in eine Schenke, dort ließ ich mir einen Bettler kommen und schenkte ihm meinen Drillichanzug, während ich mich in meinen schönen Zivilanzug kleidete. Dem Bettler schenkte ich alles, Hose, Jacke, Binde, Mütze, ja sogar das Taschentuch, um durch nichts mehr an den Hauptmann Alessandro Ter . . . erinnert zu werden.

Er sei tausend Mal verflucht!

Dann gab ich ihm eine Zweilirenote und sagte:

„Da, iß und trink, und wenn jemand Dich fragt, wer Du bist, dann sage, Du bist aus der ersten Strafkompagnie entlassen."

Als der Bettelsoldat fort war, sagte mein Kamerad:

„Dem hast Du was schönes eingebrockt!"

„Wieso?"

„Weil er, ehe noch eine Stunde verstrichen ist, verhaftet sein wird."

„Unmöglich!"

Tags darauf reiste mein Gefährte nach Ancona ab; ich fuhr nicht mit, nicht eigentlich um mir Bologna anzusehen, sondern weil es mir Vergnügen machte, allein und von niemandem gekannt, zu reisen.

Nach vier Tagen fuhr ich nach Ancona, und depeschierte an meinen Bruder um Geld, worauf ich eine telegraphische Anweisung über zwanzig Lire empfing; dann reiste ich weiter.

In Taranto blieb ich zwei Tage, hier schrieb ich in mein Taschenbuch, daß ich auf Ministerialerlaß vom 7. Juni 1881 am 14. Juni 1881 auf dauernden Urlaub entlassen sei; in Bari hielt ich mich zwei Tage auf, von Foggia aus telegraphierte ich wieder an meinen Bruder um Geld; hier blieb ich sechs Tage, da ich einen Unglücksgefährten traf, mit dem ich in Lucera zusammen im Gefängnis gewesen war. Am siebenten Tage ging ich zum Bahnhof; gerade wollte ich nach Polenza abfahren, als der Schaffner, welcher die Fahrkarten zu durchlochen hat, mich nach meinem Billett fragte, und nachdem ich es ihm gezeigt hatte, sagte:

„Sie sind Soldat?"

„Ja."

„Und haben Sie die Erlaubnis, in Zivil zu reisen."

„Nein."

„Nun, dann ziehen Sie Uniform an, oder bezahlen wie jeder andere Zivilist, so kann ich Sie nicht mitfahren lassen."

Ich widersprach, der Kontroleur kam herzu und gab mir unrecht. Ich mußte aussteigen und überlegte was zu thun sei. Ich hätte mich ja bei der Militärbehörde melden können, aber in meinem Paß war angegeben, daß ich wegen schlechter Führung unter Aufsicht stand.

Als Zivilist zu bezahlen kostete viel Geld und das hatte ich nicht, in Foggia konnte ich nicht bleiben — was war da zu thun?

Endlich faßte ich mir ein Herz und begab mich zur Militärbehörde, wo der Oberst mir den Vermerk in den Paß schrieb, daß ich Zivilkleider tragen dürfe. Erleichtert ging ich von bannen, tags darauf reiste ich nach Polenza, von da nach Calanzaro und dann nach Pizzo. Von hier ließ ich mich in einem Boot nach meinem Heimatort rudern; mein Neffe Francesco Antonio, der älteste Sohn meines Bruders erwartete mich. Ich betrete das Haus meines verstorbenen Vaters, es war Abend und die Nacht brach heran, mein Bruder umarmte mich und weinte vor Ärger, da er gewünscht hatte, daß ich das väterliche Dach nie wieder gesehen hätte; aber ihm lachte ja noch der süße Trost, daß ich von Mörderhand fiel oder an der Schwindsucht in irgend einem Krankenhause verendete.

„Wie Du elend aussiehst," sagte er, tiefen Schmerz heuchelnd.

„Das macht nichts lieber Bruder; so sieht das Unglück aus, es ist das Werk des Hauptmanns Alessandro Ter . . ., der tausendmal verflucht sei; aber bald werde ich mich erholt haben; ich war schon elender als jetzt, und unter Eurer Pflege werde ich bald wieder frisch und rund sein, eine Zigeunerin hat mir in Genua prophezeit, daß ich ein Baum sei, der in jedem Sturm zerzaust würde, aber daß ich mich bald wieder mit Blüten und hellem Grün bekleiden würde."

Ich fand sechs kleine dreckige Kinderchen vor, zerlumpt, barfuß, halbtot vor Hunger und Durst — es waren die Kinder meines Bruders.

Ich sah seine würdige Gemahlin, Donna Michela, ein Weib wie ein Kürassier, wenn sie ging, zitterte der Boden unter ihrem großen, schweren Fuß, sie war kurzsichtig und kniff die Augen zusammen, wenn sie mich ansah; stets hingen ihr die fetten Brüste aus dem ge= öffneten schmutzigen und zerrissenen Kleid heraus.

Ich fand zwei alte kindisch gewordene boshafte Nonnen vor, es waren die Schwestern meines armen verstorbenen Vaters.

Mehrere Tage hindurch quälte eine schreckliche Krankheit ein Glied meines Körpers, ich legte mich zu Bett und rief den Doktor Antonino bi Vila, doch die Schmerzen wurden stärker und zerrissen mir das Herz. Als ich endlich auf dem Wege der Besserung war, erhielt der Bürgermeister unserer Stadt die nieder= schmetternde Nachricht, daß ich auf Anordnung der

Militärbehörde sofort zurück geschickt werden solle, da ich irrtümlich auf dauernden Urlaub gegangen sei.

Dieser Befehl wurde mir mitgeteilt, meine Verzweiflung kannte keine Grenzen, mehrere Male setzte ich den kalten Lauf meines Revolvers an die Schläfe und war im Begriff mir den Kopf zu zerschmettern, aber ein anderer Gedanke kam dazwischen und sagte: Lebe und leide!

Ich schickte ein ärztliches Attest, daß ich nicht reisen könne und bekam vierzehn Tage Aufschub.

Nach diesen vierzehn Tagen mußte ich abreisen, um unter die Knechtschaft des Tyrannen zurückzukehren, um noch einmal in jenem Labyrinth in Jammer und Pein zu leben, wo Arrest und Kettenhaft, Wasser und Brot herrschen und jener schändliche Hauptmann Alessandro Ter . . .

Er sei tausend Mal verflucht!

Ich bewaffne mich wie ein Brigant, eine Doppelbüchse über die Schulter, einen Revolver an der Seite, zwei Pistolen in der Tasche, einen langen Dolch und Säbel, Patronen, Pulver und Schrot trug ich in einer alten Patronentasche, so begab ich mich in die bergigen Gefilde von Daffina, entschlossen, die Karabinieri über den Haufen zu schießen, wenn sie mich verfolgen sollen.

Die Zeit war um, wo ich mich in Catanzaro hätte melden müssen, jetzt war ich Deserteur.

Nach sieben Tagen entschloß ich mich, das Schicksal walten zu lassen, ich ging nach Catanzaro und stellte mich der Militärbehörde. Hier gab man mir mein Reisegeld und ich machte denselben Weg zurück, den ich vor zwanzig Tagen gefahren war.

Ich trug den Tod im Herzen, die Abteilungen dritter Klasse waren voll von Soldaten, die fröhlich sangen; auf den Stationen war ein Drängen, ein Gehen und Kommen, Ein- und Aussteigen, Umarmen, Begrüßen; fröhlich, jauchzend trennten sich die Kameraden, es war die Klasse 1868, die entlassen war; nur ich, der ich derselben Klasse zugehörte, mußte zum Regiment zurück! Welch trübes Verhängnis konnte mich erwarten unter der Herrschaft des ausgemachten Hahnreis, des Hauptmanns Alessandro Ter . . .?

Er sei tausend Mal verflucht!

Was in mir vorging, das vermag keine Feder zu beschreiben; denn gewisse Schmerzen fühlt man zwar, aber man kann sie nicht äußern; die Furien der Hölle bemächtigten sich meiner, ich fluchte wie ein Verdammter, ich zerbiß mir die Hände, die Arme, ich riß mir das Haar aus und rannte mit dem Kopf gegen die Wand, ich schlug mir mit den Fäusten vor die Stirn und stopfte mir die Finger in die Ohren, um nicht den Gesang, das Stimmengewirr zu hören; ich war neidisch auf deren Glück, ich wünschte taub und blind zu sein.

Nach einer langen und anstrengenden Reise kam ich auf dem Lido an, es war ein Uhr Nachts, ich ging zu meiner Kaserne und klopfte an die eisenbeschlagene

Thür, ein Fenster öffnet sich und der wachthabende Sergeant sagt:

„Wer ist da?"

„Ich — ist hier Wohnung für mich?"

„Nicht übel, meinen Sie, hier sei ein Gasthaus?"

„Ja, aber ein unfreiwilliges."

„Wer sind Sie denn?"

„Wer soll ich sein!"

„Wie heißen Sie?"

„Antonino!"

„Sind Sie verrückt?"

„Man möchte es meinen."

„Woher kommen Sie?"

„Von Hause."

„Und zum Teufel, was wollen Sie denn?"

„Was ich gesagt habe."

„Und das ist?"

„Hier wohnen."

„Hier wohnen nur Soldaten?"

„Ich bin Soldat."

„Bei welchem Regiment?"

„Ich gehörte nicht zum Regiment."

„Also zur Kompagnie?"

„Ja."

„Zu welcher?"

„Zur ersten."

„Zur Strafkompagnie?"

„Ja, zur Strafkompagnie!"

„So warten Sie!"

Er öffnete die Thür, fuhr mir mit der Nase in's Gesicht und sagte dann:

„Ah, Sie sind es, geliebter M . . ., seien Sie mir willkommen!"

Ich trete ein, der Hauptmann wird gerufen und erscheint mit dem Lieutenant du jour.

„Nun, paßte es Ihnen nicht zu kommen", sagte der Hauptmann, „Sie scheinen zu glauben, daß wir hier dazu da sind, um auf Sie zu warten; Sie miserabler Kerl! Das werden wir Ihnen anstreichen. Führen Sie ihn sofort in Arrest und schließen Sie ihn krumm!"

Tags darauf wurde mir bekannt gemacht, daß ich vor ein Kriegsgericht gestellt werden würde und nach einigen Tagen, die mit Schmähungen seitens des gottverfluchten Hauptmanns Alessandro Ter . . . ausgefüllt waren, brachte man mich in das Militärgefängnis zu Venedig. Der Untersuchungsrichter vernahm mich, ich sagte aus, daß ich krank gewesen sei und deshalb meine Zeit überschritten habe. Nach einiger Zeit kam der Untersuchungsrichter wieder und überhäufte mich mit Schimpfreden; er hatte sich von meinem Arzt, dem Doktor Antonino di B . . . und dem Bürgermeister meiner Heimatstadt mitteilen lassen, daß ich meinen Urlaub überschritten habe.

Nun war ich verloren und erklärte mich der Desertion für schuldig.

Mein Verteidiger kam, ein Marineoffizier, Signor Lodovico L . . . und sagte:

„Sie sind stark belastet, weil Sie sich selbst bezichtigt haben, ich sehe wenig Aussicht für Sie."

„Herr Lieutenant", sagte ich, „ich weiß, daß ich verloren bin, aber man muß vorsichtig operieren und versuchen, die harten Herzen der Richter zu erweichen", und ich erzähle ihm in lebhaften Farben meine langen und schmerzlichen Leiden; sie gingen ihm zu Herzen und zwei große helle Thränen fielen aus seinem schönen Auge.*)

„Sie Armster", beklagte er mich, „soviel haben Sie gelitten und Sie leben noch! Ja, braver junger Mann, erzählen Sie den Richtern diese rührende Geschichte, und sicher, sie werden Mitleid fühlen. Ich wußte nicht, daß das menschliche Leben soviel Unglück und Schande birgt, daß das Schicksal einen Menschen so verfolgen kann. Sie Armster!"

Er drückte mir zärtlich die Hand und ging erschüttert von bannen.

Der Untersuchungsrichter kam von neuem und teilte mir mit, daß der Staatsanwalt beabsichtigte, den Bürgermeister meiner Vaterstadt, den Doktor Antonino di B... und den Wachtmeister der Karabinieri zu Tropea zur Verhandlung laden zu lassen. Das wunderte mich nicht wenig, denn was für einen Zweck hatte es, da ich mein Verbrechen selbst zugab. Es konnte mir nur Schaden bringen, denn sie würden auf der Eisenbahn zweiter Klasse fahren und das mußte ich bezahlen — wozu nun diese Kosten verursachen?

---
*) Wiederum die gewöhnliche Übertreibung der Zuneigung, die der Übertreibung des Hasses entspricht.

Mehrere Tage verbrachte ich deshalb in Sorgen.*)

Am Morgen des Verhandlungstages befand ich mich mit den anderen Soldaten auf dem Hof, als der Wachtmeister aus Tropea erschien. Er sah mich und die Soldaten durchbringend an, ging dann auf den Abtritt und sah uns wieder an.

Man führte mich in das Gerichtsgebäude, das neben dem Gefängnis lag; ich nahm auf der Anklagebank Platz, der Staatsanwalt, in seine große schwarze Toga gekleidet, sah mich an und ein spöttisches Lächeln umspielte seine krummen Lippen.

Die Richter nahmen ihre Plätze ein; der Vorsitzende war der Oberst vom 8. Infanterie-Regiment; mein Verteidiger sah mich mit thränenfeuchtem Blick an.

Der Präsident sagte:

„Stehen Sie auf, M... und sagen Sie uns, weshalb Sie der Aufforderung, zum Regiment zurückzukehren, nicht Folge geleistet haben."

„Erlauchter Herr Präsident, mein gnädiger Herr Richter! Sie haben einen unglücklichen Menschen vor sich, der vierzehn lange Jahre hindurch vom Geschick grausam verfolgt worden ist, vierzehn entsetzliche Jahre lang hat meine Seele keine Ruhe gefunden; beim Zivil bin ich zu sechs Jahren Gefängnis verurteilt, die ich in düsteren Kerkermauern unter schwersten Entbehrungen verbracht habe — als Soldat bin ich in Florenz aus nichtigen Gründen zu drei Jahren Arrest verurteilt, und

---

*) Sollte es nicht vielleicht die Furcht gewesen sein, daß die Beamten sein Treiben in den Bergen von Dassina verrieten?

in dem Pandämonium zu Savona habe ich sie abgebüßt und mein Leben dadurch um zwanzig Jahre verkürzt.

In Salerno wurde ich unschuldig verurteilt, unschuldig in Gott, wegen der Schändlichkeit eines Korporals und der Blindheit der Richter, und unschuldig, ja unschuldig, meine Herren, sperrt man mich ein langes Jahr in eine entsetzliche Festung.

Der ehrenwerte Herr Staatsanwalt weiß, daß ich die Wahrheit sage, er kann es bezeugen, daß ich unschuldig war, er hat selbst die Verurteilung des Korporals Alfonso S... beantragt, wegen Verleumdung und falscher Aussage wider mich. Der Herr Staatsanwalt kennt meine schmerzensreichen Abenteuer; er war bei allen meinen Verurteilungen zugegen, und ich habe wie ein wrackes Schiff, das den schäumenden Wogen überlassen ist, titanenhaft kämpfen müssen, um nicht unterzugehen. Was wollen Sie jetzt noch, weshalb verfolgt mich die unerbittliche Schärfe des Gesetzes?

Wollen Sie mein erbärmliches Leben?

Nehmen Sie es, meine Herren, nehmen Sie es hin; ich gebe es Ihnen, nehmen Sie mich ganz, diesen Haufen von Knochen, an dem das Unglück sein Werk gethan, die Seele, die ..."

„Genug, M..., genug! Beruhigen Sie sich, wir sind nicht von Stein", unterbrach mich der Präsident gerührt.

Meine glühenden Worte hatten Bresche gelegt in den Herzen der Richter, das zahlreich anwesende Publikum weinte, mein Spiel war gewonnen.

Meine Vorstrafen wurden verlesen, aber mehr als alles schmerzte mich das Führungszeugnis, das mir der Hauptmann, Alessandro Ter... ausstellte.

Er sei verflucht!

Der Wachtmeister der Karabinieri wurde aufgerufen und gefragt:

„Kennen Sie den Soldaten M...?"

„Ja, Herr Präsident."

„Wissen Sie, weshalb er desertierte?"

„Meines Erachtens, Herr Präsident, ist M... kein Deserteur."

„Wieso?"

„Weil er von seiner Vaterstadt bis nach Catanzaro sechs Tage gebraucht hat."

„Wie? Sechs Tage?" rief der Präsident aus, „und er sagt selbst, daß er drei Tage gebraucht hat."

„Wenn er die Eisenbahn benutzt hätte, aber diese Linie soll erst gebaut werden."

Er steckte die Hand in die Tasche seines Rockes und holte ein Blatt heraus, das er dem Präsidenten mit den Worten reichte:

„Hier ist meine Reiseroute, ich habe sechs Etappen von Tropea nach Catanzaro markiert."

Der Präsident sah die Karte an, dann wandte er sich an mich und sagte:

„M..., erinnern Sie sich, wieviel Tage Sie gebraucht haben?"

„Genau nicht."

„Dann sagen Sie das, und sagen Sie nicht, daß Sie brei Tage gebraucht haben."

Damit wurde die Anklage wegen Desertion hinfällig. Der Präsident sagte noch, wie meine soziale Stellung in meiner Heimat sei, was für eine Meinung er von mir habe und der Ehrenmann sagte:

„Seine Landsleute beklagen ihn und nennen ihn einen Unglücklichen, vom Schicksal nur zu sehr Heimgesuchten!"

Gott segne ihn!

Der Staatsanwalt sprach bewegliche Wort zu meinen Gunsten, weil er die Ungerechtigkeit, die er mir vor dem Kriegsgericht zu Palermo angethan hatte, wieder gutmachen wollte, und er schloß damit, daß er seine Anklage nicht aufrecht erhalten könne.

Mein Anwalt sagte bewegt:

„Es ist unnötig, daß ich spreche; mein Client hat unsere Herzen gerührt und ich empfehle ihn Ihrer Güte und Gnade."

Der Gerichtshof zog sich zurück, der Staatsanwalt näherte sich der Schranke der Anklagebank und sagte:

„Heute verdienen Sie das Jahr von Palermo."

„Das Jahr ist verloren."

„Sie werden freigesprochen werden."

„Ich habe nichts verbrochen."

„Nehmen Sie sich in Zukunft in Acht."

„Wohl möglich!"

Der Gerichtshof trat wieder ein, ringsum herrschte das größte Schweigen; meine Freisprechung wurde durch den Mund des Präsidenten verkündet.

Laute Hoch- und Bravorufe ertönten aus dem Publikum, ich sprang über die Schranken, eilte auf meinen Verteidiger zu und gab ihm einen lauten glühenden Kuß auf die Hand, und hätten die Umstände es erlaubt, so hätte ich dasselbe dem edlen Wachtmeister der Karabinieri zu Tropea, dem Herrn Luigi Scr . . . getan; die Hochrufe und das Beifallklatschen ertönten von neuem, und so schloß das rührende Schauspiel.

Ein Jahr.

Ich kam zur Kompagnie zurück, meine Unglücksgefährten umarmten mich, aber der Kommandant schmähte mich heftig und sagte:

"Haben Sie Ihren Hauptmann Alessandro Ter... vergessen?"

Er sei tausend Mal verflucht!

Ein Befehl der Strafabteilung im Kriegsministerium verurteilte mich zu der harten Strafe von sechzig Tagen Wasser und Brot in Ketten.

Ich mußte mich fügen, man schloß mich in eine dunkle Zelle und legte mir schwere Ketten um die Hand- und Fußgelenke, ich glaube keine Feder und keine Phantasie vermag meinen Zustand zu schildern und ich überlasse es dem gütigen Leser, je nach seiner Einbildungskraft sich eine Vorstellung davon zu machen. Wiederholt wurde ich krank, und der Stabsarzt, ein Landsmann von mir, sagte:

„Es ist nichts, trinken Sie ein Glas Meerwasser, der Sergeant wird aufpassen, daß es geschieht, und es wird Ihnen gut bekommen" — aber Gott, der allgerechte Richter vergalt ihm diese Schändlichkeit nach seinem eigenen Rezept.

Es war im Monat Juli des Jahres 1881, der schäubliche Stabsarzt begab sich an die Seeküste, um seine verfluchte Seele zu erfrischen; zwei Fährleute, die mit ihrem Boot in der Nähe waren, fragten, ob sie ihn begleiten sollten, wenn er hinausschwimmen wolle, er lehnte es ab, die Schiffer zogen sich in eine Strohhülle zurück und schliefen ein.

Es war gegen Mittag, der Lieutenant zog sich aus, setzte sich einen großen Strohhut auf und glitt über das Wasser; die Schiffer wachten auf und sahen den Strohhut auf dem Wasser, sie dachten, der Lieutenant muß viel Hitze haben, denn es dauerte eine Stunde und er kam nicht heraus; endlich fahren sie mit ihrem Boot an den Strohhut heran, der aber hinwegtrieb; einer streckt nun die Hand aus und ergreift den Hut — der Lieutenant war verschwunden. Die Schiffer begaben sich nach dem Kasino und erzählten den Vorfall.

Alle Soldaten, Offiziere, Chargierten begaben sich nach der Küste und stellten sich am Ufer auf, und warteten, ob der Lieutenant den Wogen entsteigen wird, wie einst Venus dem Meeresschaum. Fünf Tage und fünf Nächte dauerte das, der Kommandant fuhr nach Venedig und hielt Vortrag, darauf wurde die ganze Bucht mit Schiffen aller Art nach dem elenden kleinen Lieutenant abgesucht und endlich am siebenten Tage wurde er zehn Kilometer von der Küste aufgefischt — unförmig, ein ekler Haufen, ohne Augen.

Er wurde auf dem Lido begraben; als die Soldaten an seinem Grab vorbeigingen, spuckte jeder aus und sandte ihm einen Fluch in die gewühlte Erde nach, dem Stabsarzt Ger...., der Seewasser zu verschreiben liebte.

Er sei verflucht!

Mein Arrest ging zu Ende, meine Kameraden nahmen mich unter die Arme und schafften mich nach dem Lazarett in Venedig, ich litt am Skorbut — zwei Monate lang blieb ich dort.

Kaum war ich wieder in der Kompagnie, als der Oberst mich zu zwanzig Tagen Arrest bei Wasser und Brot verurteilte, aber der Hauptmann Ter... behielt mich dreißig Tage in Arrest, damit ich mich stets an ihn erinnere, den charmanten Hahnrei Alessandro Ter...

Er sei verflucht!

Ich füge mich und ging in Arrest, sogleich kam der Hauptmann, schimpfte und schmähte mich und sagte hohnlachend:

„Sie leben hier wie ein Fürst, Sie werden dick und fett wie ein Schwein, ich werde darüber nachdenken, wie ich Sie hier immer behalten kann."

Soll ich die Quälereien erzählen, die er mich erdulden ließ? So hört!

Als ich eines Nachts auf Wache stand, nähert sich eine Gestalt, die Laternen verlöschen, ein heftiger Sturm schien die Kaserne in ihren Grundfesten erschüttern zu wollen.

„Wer da!" rufe ich.

„Ronde!" antwortet die Gestalt.

„Sie dürfen nicht näher kommen, ich muß Sie erst dem dienstthuenden Offizier melden."

„Schweigen Sie, ich bin es, ich kann passieren."

„Ich kenne Sie nicht, zurück!"

Er ging, am andern Morgen wurde ich zu dreißig Tagen Wasser und Brot verurteilt.

Warum?

Weil ich meine Pflicht gethan hatte.

Wer war die Gestalt?

Der Hauptmann Alessandro Ter...

Er sei tausend Mal verflucht!

Weiter!

Eines Tages war ich in der Kaserne konsigniert, ich wußte es nicht, ich ging aus und als ich zurückkam, sagt mir ein Sergeant:

„Sie kommen in Arrest."

Ich war zu zwanzig Tage bei Wasser und Brot verurteilt, auf Befehl des Hauptmanns Alessandro Ter . . .

Er sei tausend Mal verflucht!

Weiter!

Eines Sonntags war Inspektion, wir standen paarweise auf dem Hof, auf Kommando mußten die Tornister heruntergenommen werden, und der Hauptmann durchsuchte alles auf das genaueste.

Als der Schinder mir gegenüber stand, nahm er mir die Mütze ab, um zu sehen, ob das Futter sauber war, dann ließ er mich die Ärmel zurückschlagen und der Teufel wollte, daß die Naht des Futters ein wenig aufgetrennt war.

„Weshalb ist das nicht genäht?" sagte er.

„Ich habe es nicht gesehen, Herr Hauptmann."

„Faule Ausreden; ich werde dafür sorgen, daß Sie es sehen, und Sie werden mir dankbar sein. Sergeant," sagte er, sich an einen Chargierten wendend, „führen Sie ihn in Arrest, dort werden seine Augen schärfer."

Er verurteilte mich zu vierzehn Tagen bei Wasser und Brod, und täglich kam er in meine Zelle und sagte:

„Wie es scheint, Sie sehen schon besser, bin ich nicht ein guter Augenarzt! Wenn Sie einmal wieder nicht sehen können, dann wenden Sie sich an Ihren Hauptmann Alessandro Ter . . ."

Er sei tausend Mal verflucht!

Weiter!

Eines Morgens werde ich krank, ich hatte Fieber und der Arzt verschrieb mir etwas und ordnete zwei Tage Ruhe an.

Der Hauptmann hob diese Anordnung auf und schickte mich fünfundzwanzig Tage in Arrest bei Wasser und Brot, indem er sagte, ich hätte das Fieber selbst herbeigeführt, um vom Dienst dispensiert zu werden.

Er besuchte mich im Arrest und sagte:

„Statt der zwei Tage Ruhe, habe ich Ihnen fünfundzwanzig bewilligt, ich hoffe Sie werden mir dankbar sein."

Er sei tausend Mal verflucht!

Ich würde nie fertig werden, wenn ich alle die ungerechten, grausamen Sachen aufzählen wollte, die mir der verfluchte Schinder, der große **Hahnrei Hauptmann Alessandro Ter...** und seine schändlichen Trabanten auferlegt haben.

Sie seien tausend Mal verflucht!

Schluß.

Nach sovielen Jahren der Leiden und nachdem ich so lange titanisch gekämpft hatte, wurde ich verab=
schiedet, und an dem Tage, wo ich für immer die elende Behausung verlassen sollte, die mich gefangen hielt, da weitete sich mein Herz; an dem Tage, da ich die eiserne Disziplin abstreifte und das elende Leben ein Ende hatte, wo ich in stiller Ergebung die Bedrückung der Vorgesetzten hatte ertragen müssen — in jener Stunde des Jubels, in jenem Augenblick, wo ich die Unglücklichen, die Kranken und Schmachtenden verlassen mußte, da wieder schnürte sich meine Brust zusammen, ein Schluchzen entrang sich meinem Munde, ich um=
armte meine Leidensgefährten zum letzten Mal und ging von dannen, ohne den heißen Strom meiner Thränen zurückhalten zu können.

Zwei Empfindungen kämpften in mir; der Schmerz, die Unglücklichen verlassen zu müssen und die Sehnsucht, meine Angehörigen wieder zu umarmen.

Ich sollte die Scholle wieder sehen, wo ich als Kind mit meinen Altersgenossen gespielt hatte, und ein leuchtender Stern ging mir auf, die Erfüllung lang gehegter Hoffnungen verkündend. **Lebe wohl, Lido! Lebe=
wohl, du fruchtbare Küste der Königin der Meere.** Du allein kennst all die Unthaten, die uns heimgesucht, dir allein, dem Pandämonium der Schande und Schmach

sende ich meinen letzten Gruß, der deinen Opfern Trost bringen möge!

O **Serraglio** (die Kaserne der ersten Strafkompagnie), wo ich meinen Namen in Blut niedergeschrieben habe, ich grüße Dich! Möge in deine düstern Höhlen, wo das Eisen des Despotismus die Fäden des Lebens im Frühling der Jahre und in der Blüte jugendlicher Hoffnungen zerschneidet, eines Tages auch der Ruf der Freiheit denen ertönen, die unter der Schändlichkeit dulden!

Lebt wohl, ihr belaubten Haine, die ihr gegrünt habt und verwelkt seid wie meine Schmerzen, lebt wohl ihr Felder, die ich mit meinen Thränen betaute.

Leb' wohl!, du trübe Woge der Adria; wie oft hast du in schäumenden Strudel deiner ewigen Fluten meine Thränen, das Echo meiner Leiden, hinabgezogen! Ich grüße dich, unseliges Gestade! . . Und wenn mir eine Erinnerung in die Seele geprägt ist, so wird es die von der Qual sein, welche ich erlitt unter der drückenden Herrschaft der Tyrannen und der blutdürstigen Hyäne, des Hauptmanns Alessandro Ter . . . —

Er sei tausend Mal verflucht! —

Unter der Herrschaft eines Despoten, der Italiens Volk knechtet, daß die blumige Erde rot von Blut und feuchten Thränen wird, jene Erde, welche die Wiege der Künste und Wissenschaften sein sollte, die immer wieder unter dem Zepter der Gemeinen gebeugt und dem Gelüst nach feilem Ruhme geopfert wurde.

Vierter Teil.*)
Getäuschte Hoffnungen.

Vorbemerkungen.

Der Mensch denkt, Gott lenkt.

Besser, den Teufel zur Seite haben, als ein schlechtes Weib.

Unselig der Gatte, der sich des Friedens willen dem Unterrock beugt.

Wer Pech angreift besubelt sich.

---

*) In diesem letzten Teil der Schrift des M... wird der Leser einen wahren Verfolgungswahn, eine wahnsinnige Erregung und einen Verfall des Intellekts beobachten. Ich veröffentliche ihn, weil er die Psychologie des Typus mit großer Treue zeigt, den leidenschaftlichen Gigantismus, welcher das Erbteil der Epileptiker ist, wiedergiebt, und gleichzeitig die Geschichte des M... abschließt, indem er sein letztes Verbrechen in gewisser Weise erklären hilft.

Dieser Teil entbehrt auch der sinngemäßen Anordnung; er besteht aus leidenschaftlichen Impressionen, die nicht von realen und augenfälligen Thatsachen, sondern von Hallucinationen hervorgerufen sind, wie sich aus dem Prozeß ergab und wie M... In einem Augenblick der Ruhe selbst zu erkennen scheint, wofür der Brief an den Bruder, der am Schlusse veröffentlicht ist, Beweis ablegt.

An mein liebes Söhnchen Francesco Antonio.

Mein einzig geliebter Junge!*)

Dies ist der dritte und vielleicht der letzte Brief, den ich Dir hinterlasse, und ich glaube, dies ist auch der letzte Teil meiner Erzählung, mit dem ich die traurigen und seltsamen Abenteuer meines Lebens abschließe.

Meine Angehörigen quälten mich furchtbar, fortwährend lebte ich in Aufregung, sie beleidigten mich durch rauhe Worte und reizten mich auf tausenderlei Weisen, würdig einer Bettel, würdig der Tochter Epilingas, die von dem berüchtigten Ruina und den Schweinehändlern von Monte Poro großgezogen ist.

Deine Landsleute werden einmal entscheiden zwischen mir und dem elenden Scheusal, der mein Bruder heißt, dem ehrlosen, ruchlosen, engherzigen, verräterischen Wicht; die Gesellschaft wird, wenn meine Erzählung das Licht erblicken wird, urteilen über meine Handlungen und die des niederträchtigen Michele M . . ., über das unsaubere Betragen seines würdigen Weibes, der Schülerin des berüchtigten Ruina, der berühmten Tochter des berühmten Schweinehändlers von Poro, des Weibes, das sittenlos, geschwätzig, schmutzig, unwürdig ist, den geheiligten

---

*) Daß er die einzelnen Teile seiner Schriften mit einem Brief an den Sohn beginnt, ist ein Charakteristikum des Graphomannen.

Namen Mutter zu tragen, wie wir im Verlauf dieser Erzählung sehen werden.

Alles wirst Du hören, mein lieber Francesco, und Deine Landsleute werden es bestätigen.

Tödlichen Haß sollst Du hegen gegen diese gemeine Brut, ich befehle es Dir; bekämpfe sie, wenn Du kannst, bis ins zehnte Glied und Deinen Söhnen, Deinen Enkeln übermache mein Gebot; ein ewiger Vernichtungskrieg muß zwischen beiden Familien herrschen, das befehle ich Dir, bis von Deinem oder von ihrem Geschlecht kein Sproß mehr übrig ist — dann werde ich vom Höllenrand aus Dich segnen, werde Deine Kinder und Kindeskinder segnen und mein teuflisches Lachen wird die Kommenden erbeben lassen.

Dein Vater

Mai, 1888. Antonino M...

Wieder daheim.

So bin ich denn erlöst von den schweren Ketten meines traurigen Unglücks, erlöst von dem grausamen Druck der Militärzeit, unter dem ich vierzehn lange Jahre geschmachtet habe.

Ich bin im Schoße meiner Familie, in meiner lieben Heimatstadt Parghelia, in der Umgebung meiner

Wohlthäter, meiner lieben Landsleute, die alle freundlich, liebevoll und edelmütig gegen mich sind.

Wir stehen im Monat September 1882.

Ich umarmte meinen Bruder, seine Sprößlinge; ich sah seine würdige Gattin an, und ein neues Leben erschloß sich vor mir, ein Leben voll zärtlicher Familienbande, ein Leben des Jubels, des Friedens, der brüderlichen Liebe.

Es war ein Traum, ein entsetzlicher Traum!!

Gleich am ersten Tage sagte ich meinem Bruder, daß ich Liebe, Freundlichkeit und Wohlwollen gebrauche, da ich vierzehn Jahre alles hatte entbehren müssen, daß ich physischer und moralischer Hilfe bedürftig sei, und daß Mitleid mir nottue, bis ich mich an das neue Leben gewöhnt hatte; ich erklärte ihm rund heraus, daß er allein die Zügel der Familie halten solle, daß er das einzige Oberhaupt sein solle, um mit Sinn und Verstand alles zum Guten zu lenken; daß ich alles dazu beitragen wolle, für das Wohl seiner Kinder zu wirken, daß Harmonie und Friede zwischen uns herrschen, und eine weise Sparsamkeit im Haushalt walten müsse; nur um zwei Soldi für Tabak bat ich ihn, da dies das einzige Laster ist, dem ich ergeben bin.

Ich bin mäßig im Essen, und der Mensch, der lange im Unglück gelebt hat, muß es sein. Ein Bohnengericht, eine Suppe und ein Stück schwarzes Brot genügten mir, wenn ich das hatte, da dünkte ich mich ein Papst oder ein Prinz — mit einem Salat, oder einigen Tomaten war ich glücklich.

Nie bin ich ein Fresser gewesen, die Sparsamkeit hat meine Kehle und meinen Magen stets regiert, nie bin ich lecker gewesen — ob die Suppe zu viel oder zu wenig gesalzen war — stets habe ich sie mit gleichem Appetit verzehrt.

Ich muß immer noch daran denken, wie ich in Neapel im Gefängnis saß, und der Reis schlecht gekocht und schlecht gewürzt war; damals schüttete ich meine Portion in einen großen Napf, aus dem wir uns sonst zu waschen pflegten, belegte mir ein großes Stück Schwarzbrot damit und verzehrte es mit dem größten Appetit der Welt.

Meine schwache Feder möge ein Bild geben von den Familienmitgliedern, ihren Charakterzügen und inneren und äußeren Eigenschaften, damit man sich eine klare Vorstellung machen kann von den Personen, die in dieser schmutzigen Komödie auftreten.

Michele M . . ., Familienoberhaupt, Hauptperson meines Dramas.

Ein Mann in den Vierzigern, mit argwöhnischem, vorsichtigem, unruhigem Auge. Auf den ersten Blick sagt man: das ist ein Verräter, ein kleinlicher Sophist, eine niedrige Seele, ein Schwindler von Natur, ein Skeptiker, ein Haufen von Scheußlichkeit. Michela M . . ., aus Spilinga, die Gattin des erwähnten Michele, die Schülerin des berüchtigten Ruina, die Tochter des Schweinehändlers von Monte Poro, eine abgetakelte Fregatte, mit der Kraft eines hungrigen Riesen, regelmäßig gebaut, dick und fett; die Haare braun und struppig, die Stirn breit und flach, die Augen glanzlos; sie ist kurzsichtig und weitsichtig zu gleicher Zeit, sie blickt mit halbgeöffneten Augen und kneift sie zusammen, als ob sie den Blick in eine Ecke des Auges konzentrieren will; sie sieht über ihre ungeheure Nase nicht heraus, die Unterlippe verschwimmt mit dem Kinn zu einer Fettmasse. Die Ohren sind lang und breit, die Wangen fettig und rot gefleckt, die Backenknochen vorstehend; der Mund ist groß und krumm, die Oberlippe schmal, trocken, blutlos, die Zähne schwarz und schief, der Hals dick und stark und zwei starke Brüste hangen aus dem Schlitz des schmutzigen Hemdes und Kleides heraus, die immer offen stehen, denn sie sagt, sie ist zu fett; die Hand ist kurz und schmierig.

Was meint Ihr dazu? Und ich erzähle die Wahrheit, die reine Wahrheit, die mehr als einmal durch Zeugen erwiesen ist, und ich bin gewiß, ganz gewiß, daß wenn meine Erzählung nur einer der Bestien in die Hände fällt, die in diesem schmutzigen Drama eine Rolle spielen, sie trotz aller ihrer Bestialität nur sagen kann: Er erzählt nur die reine Wahrheit.

Fünf Kinder, zwei Knaben und drei Mädchen.

Francesco Antonio, der erste Sohn, ein verweichlichter Lümmel, der, wenn er geht, mit dem Kopf wackelt, als ob er einen Schlaganfall gehabt hat; er wiegt sich hin und her und wackelt mit den Hinterbacken, wie seine würdige Mutter Donna Michela: wie die Mutter, so der Sohn.

Das älteste Mädchen, jetzt siebenzehnjährig, mit denselben Grundsätzen wie ihre Mutter, die brave, würdige Donna Michela, geschwätzig und liederlich.

Die andern schmutzige und hungrige Murmeltiere.

Hierauf können wir den Faden unserer ekelhaften Geschichte wieder aufnehmen.

Zunächst begegnete mir mein Bruder und seine würdige Gattin, wie seine Söhne mit Liebe. Wir aßen zusammen, und ich schlief in einem mir gehörigen Zimmer, das seiner Wohnung benachbart war.

Mehrere Tage ging die Sache gut, ich liebte meinen Bruder und seine schmutzigen Kinder; täglich empfing ich zwei Soldi für Tabak.

Die starke Donna Michela lief den ganzen Tag mit den bloßen Brüsten herum, und es gefiel ihr, sie profanen Blicken zu zeigen, während sie mit den Hinterbacken schaukelte.

Mein Bruder sagte zu ihr:

"Michela, steck' die Klötze weg!"

"Das halte ich nicht aus," sagte sie schamhaft, indem sie ihren Hintern liebkoste. Dann zog sie sich die Strümpfe aus, so daß der große, lange und breite Fuß in seinem ganzen Schmutz sichtbar wurde, setzte sich nieder, hob den Rock auf und fing an Flöhe zu fangen: der Sohn und die Tochter standen dabei und lachten und freuten sich über ihre Mama. Welch schönes Beispiel, welche Schamhaftigkeit!

Ich ärgerte mich. Ja ich, der ich an jede Art von Laster und Schmutz gewöhnt war, nahm Anstoß an der ekelhaften Scene.

Eines Tages begab sich meine Tante, die Nonne und ich nach Mandaraboni, einem kleinen Dorf, wo wir gemeinschaftlich einen Acker hatten; unterwegs fragte ich sie:

„Habt Ihr Euer Testament gemacht?"

„Ja", sagte sie mit erloschener Stimme, „das haben wir gemacht."

„In welcher Weise, wenn man fragen darf?"

„Wir haben Euch Beiden alles vermacht."

„Aber in welcher Weise?"

„Wir haben Euch Beiden alles vermacht."

Mehr konnte ich nicht herausbringen; aber als wir heim gingen, fragte ich sie noch einmal und drohte ihr, wenn sie es mir nicht sagte, sie auf der Straße zu lassen und allein nach Hause zu gehen.

Da erfuhr ich, daß sie alles meinem Neffen Francesco Antonio, dem Sohn des Michele M... vermacht hatten; auf Anraten des Kanonikus Scord..., ihres Beichtvaters, den Michele M... dazu gebraucht hatte, war das erste Testament umgestoßen worden.

Eines Tages saßen wir bei Tisch, die eine Tante nahm das Essen wie gewöhnlich mit den Fingern aus der Schüssel.

„Scher' Dich vom Tisch, geh und friß' mit den Schweinen!" rief Donna Michela.

Diese Unverschämtheit empörte mich nicht wenig, und der elende Schwachkopf Michele stimmte ihr zu; das durfte die dreckige widerliche Tochter des Schweinehändlers von Monte Poro wagen, die arme alte Nonne so anzureden, die Tochter des verstorbenen Antonino M..., genannt der Baroncito! Ich war still aus Klugheit, aber ich stand im Begriff, ihr einen Faustschlag auf ihre dicke Nase zu versetzen.

Jeden Tag, jeden Augenblick herrschte Zank zwischen Donna Michela und dem alten Schwachkopf, sie schimpfte ihren Mann mit unflätigen Worten, und er schluckte das alles in stillem Ärger hinunter. Diese häßlichen Szenen mißfielen mir und als ich dem Schwachkopf das sagte und ihn zur Rede stellte, antwortete er:

„Was willst Du? Sie ist aus Spilinga und in dem Schmutz des Schweinehändlers von Spilinga aufgewachsen, und vollgepfropft und vollgestopft mit den Ansichten ihres vieledlen Onkels Ruina, der auch so ein Schwein ist! Sie hat mir gedroht, mich von ihren Brüdern umbringen zu lassen."

„Was, und das glaubst Du? Du fürchtest, daß die halbblinden Spilingoten Dich umbringen? Aber Mensch, Du bist ein Weib oder ein Hornvieh, Du fürchtest Dich, daß Deine Michela Dich könnte ermorden lassen! Und von wem? Von den Spilingoten? Eher glaube ich, daß Donna Michela Dich selbst umbringt, mit ihren dicken, fetten Hinterbacken!"

„Ich fürchte mich vor ihren Brüdern."

"Elender Wicht, feiger Bruder! Was nützt Dir das Leben, wenn Du nicht einmal soviel Mut hast!"

Die elende Bestie erzählte mir, in welcher Weise er von den Brüdern der Michela gequält, geärgert und geschunden wurde.

Eines Tages gingen der Schwachkopf und ich nach Spilinga, um meine Schwestern zu besuchen; die eine hatte den Antonio M... zum Mann, über diese kann ich mich nicht beklagen, sonst fehlte es ja nicht an Gelegenheit, aber er kümmerte sich nie um meine Angelegenheiten.

Ich mußte vor Lachen bersten, als ich den Giuseppe, den großen, dicken Giuseppe sah, den Mann meiner anderen Schwester. Nach seinem riesenhaften, kolossalen Aussehen machte er zuerst den Eindruck wie ein großes Tier beim Gericht, ein Koloß von Knochen, Fleisch und Nerven, eine lebende Maschine; eine große Nase hatte er, mit mächtiger Brille, die er sich mit wichtiger Miene aufklemmte, als ob er Wunder was wäre, aber es war nur Albernheit, denn ein dicker Mann, ein dummer Mann, wie das Volk sagt; selbst in meinen langen Unglückszeiten sah ich nicht ein so dummes Vieh, wie meinen stumpfsinnigen Schwager, den großen Giuseppe.

Für gewöhnlich ritt er seinen Maulesel, als fahrender Ritter; das arme Tier! alle Halbjahr wurde es gepfändet und von den Karabinieri nach Tropea gebracht, gepfändet wegen rückständiger Steuern, das unglückliche nichtsahnende Vieh, das aber weniger dumm und unwissend ist als sein Herr, dies Erzvieh!

Er hatte struppiges Haar, eine Stirn, Augen wie ein hungriger Wolf, einen nußfarbenenen Bart, dicke Lippen, einen großen, krummen Mund, häßliche Zähne, einen Hals wie ein Stier und ein Gesicht wie ein verunglückter Hanswurst; damit ist seine physische Beschaffenheit geschildert, was die moralische betrifft, so war er ein ausgemachter Esel, ein liederlicher Schreier, ein gemeiner Verräter, ein schmutziger Filz, auf dem Mist geboren und bestimmt, bereinst auf dem Mist zu verenden.

Meine Schwestern kamen mir freundlich entgegen, sie sprechen nur von Schweinereien, Keilereien, Prügeln, Faustschlägen, Ohrfeigen, Fußtritten u. s. w.: „Sage mir, mit wem Du umgehst und ich werde Dir sagen, wer Du bist."

Nach zwei Tagen war ich müde, ihre Renommistereien, Donquixoterien anzuhören, ich kehrte zurück, und lachte über ihre Albernheiten und beklagte den armen Schwachkopf, der soviel Angst vor ihnen hatte.

Ganze Tage lang lief Donna Michela herum mit ihren bloßen Brüsten, die aus dem Schlitz des Kleides heraushingen, und lag im Fenster, um sich zu zeigen, immer hatte sie die Hände im Schoß oder streichelte ihre wackelnden Hinterbacken. Nie nahm sie eine Nadel in die Hand und sie that wohl daran, denn sie konnte doch den Faden nicht einfädeln. Auch kochen konnte sie nicht, wo hätte sie in Spilinga kochen lernen sollen; ich muß noch lachen, wie sie mir einmal ein Hemd geflickt hatte, es war ein Meisterwerk, das nach Paris oder New-York auf die

Ausstellung gehört hätte; nie sah man sie spinnen oder stricken oder ein Möbel abwischen, wie es einer guten, fleißigen Hausfrau zukommt; sie wusch weder sich noch ihre Kinder, die voll Dreck und Läusen und Schmutz herumliefen.

Sie war gewohnt, ihren lieben Mann mit Ohrfeigen, Fußtritten und Schimpfworten zu behandeln, sie beherrschte alle im Hause, die Einnahmen und Ausgaben gingen durch ihre Hand, und wenn der schwachköpfige Affe sich für zwei Soldi Tabak kaufen wollte, mußte er sein liebes Weibchen erst bitten, ehe sie es ihm unter einer Flut von Schimpfworten gewährte.

Ich, der ich sie kannte und richtig schätzte, hütete mich vor ihr und war entschlossen, wenn sie mir zu nahe käme, ihr einen Schlag ins Gesicht oder einen Tritt in den Hintern zu geben. Ich bat den armen Schwachkopf wiederholt, sich als Mann zu zeigen, und den dreckigen Unterrock, den er sich hatte über den Kopf stülpen lassen, abzuwerfen. Meine Ermahnungen waren fruchtlos, er konnte nicht los, er saß fest drin und ließ sich Leib und Seele fesseln, der Ärmste!

Jeden Augenblick schrie, zankte, fluchte und schimpfte sie; einmal, als gerade die kräftige Faust der Donna Michela dem armen Schwachkopf auf die Nase sauste, warf sich meine Tante, die alte kindische Nonne dazwischen: ein mächtiger Fußtritt schleuderte sie auf das Pflaster, daß sie die Beine in die Luft streckte; aber schnellfüßig erhob sie sich wieder und sprang wieder zwischen die kämpfenden Gatten, ein neuer Fußtritt, ein

Schlag ins Gesicht brachte sie wieder aus der Schuß=
linie; ich stand dabei und wartete gespannt auf das Ende
dieser liebevollen Eheszene, und lachte, lachte aus vollem
Halse.

Ein edles Weib!

Nie habe ich in Stadt und Land ein so nieder=
trächtiges Weibsstück gesehen, wie Donna Michela, einen
solchen Haufen von Gemeinheit und Schmutz.

O Mastriani, Du hättest die Scheußlichkeit dieses
verkommenen Geschöpfes schildern müssen, und Du hättest
ein Meisterwerk geschaffen, das Deine „Veilerin", Deine
„Geheimnisse", tausendfach übertroffen hätte; ich weiß
nichts und kann nichts, meine Feder vermag meinen Ge=
danken nicht zu folgen; aber andererseits, eine einfache
Schilderung wird auch vom einfachen Menschen ver=
standen, der die Schriften eines Dante, eines di Vico,
eines Manzoni und anderer Genies nicht fassen
würde.

Und noch eines! Ich glaube, daß der Schriftsteller
sich dem Thema anpassen muß, das er darzustellen hat;
wenn man über Philosophie schreibt, braucht man Ver=
stand, über Geschäfte, Gedächtnis, und über Litteratur,
Kunst und Industrie, so braucht man Nachdenken und
Kenntnisse — aber ich schreibe die Abenteuer der säu=
ischen Donna Michela und des schmutzigen Schwach=
kopfes, deshalb muß ich säuisch und schmutzig schreiben.

Habe ich recht, Francesco Mastriani?

Täglich sagte ich dem Schwachkopf, daß es so nicht
weiter gehe, daß ich Ruhe und Frieden brauchte und nicht

Zank und Streit sehen möchte, er war betrübt, trostlos und sagte:

„Was soll ich machen, ich habe das Unglück, einen Satan zum Weib zu haben."

Ich wurde krank; allein, von allen verlassen, mußte ich meine Schmerzen dulden.

Der Doktor bi B... kam, niemand war da, ihm einen Stuhl anzubieten; er sagte:

„Wie, Nino, Du bist allein hier? Deine Tante, die kräftige Donna Michela kümmert sich nicht um Dich?"

„Nein, ich bin allein, von allen verlassen, wie Sie sehen."

Er untersuchte mich, verordnete mir Umschläge von Lattich und ging betrübt von dannen.

Ich mußte aufstehen, mich in die Küche schleppen, und selbst die Lattichblätter kochen, ein Tuch zurecht machen und die Umschläge anlegen.

Und während dieser drei Tage, die ich krank war, wollten sie mich verhungern lassen, ja verhungern!

Ich wurde wieder gesund und ging meinem gewöhnlichen Leben und häuslichen Gewohnheiten nach, ich kam zum Essen; oben am Tisch saß die brave Donna Michela, die Brüste hingen heraus, das Haar baumelte ihr bis auf die Nase, die Hände waren dreckig und schwarz, das Kleid schmierig und zwei Rotzlichter flossen ihr aus der Nase; ihre halbverhungerten Kinder waren auch da, mit ihren Köpfen voller Patz und Läuse, ihren Rotznasen und Triefaugen; gierig schmatzend schlangen sie den elenden Fraß hinunter.

Täglich beklagte sich der Schwachkopf bei dem üppigen Mahl, daß er etwas im Essen fand, lange Haare, Stücke Stroh oder Holz, Fliegen oder Mistkäfer; dann wieder schimpfte er, daß das Essen nicht gar oder versalzen war, und seine Klagen waren gerechtfertigt, wie ich bezeugen kann, aber Donna Michela sagte:

„Wenn Dir das Essen schmeckt, so iß; wenn nicht, geh in's Wirtshaus."

Eine alte schiele Vettel mit eitertriefenden Augen, schmierig und schmutzig zum Übermaß trug das Essen auf, das sie und die säuische Donna Michela gekocht hatte.

Ich konnte nicht über meine zwei Soldi für Tabak verfügen, ich durfte kein Stück Brot annehmen; alles ging durch die Hände der Donna Michela, ich war immer zurückhaltend gegen das bösartige Weibstück und ließ mich nicht mit ihr ein. In meinem Bruder Michele fand ich die ganze Erbärmlichkeit des Mannes, in der Donna Michela die ganze Schlechtigkeit des Weibes.

Ich überlegte, was mir von einem Tag zum andern bei diesen beiden Dummköpfen begegnen konnte, hauptsächlich von der Verworfenheit und Bosheit der Spilingotin, und ich beschloß, mich von ihnen zu trennen.

Als rücksichtsvoller Mensch teilte ich meinem Bruder mit, daß ich mich von ihnen trennen und für mich allein leben wollte. Mein Bruder willigte ein, und so gingen wir auseinander.

Ich dachte ernstlich über meine Lage nach und fand sie höchst traurig; in allem mußte ich mich allein bedienen, — that ich das nicht, so war ich in vierzehn Tagen voller Läuse.

Mein Bruder liebte in mir nicht den Bruder, sondern seinen Vorteil, er wäre froh gewesen, wenn ich mir den Hals gebrochen hätte, damit er noch das Wenige nehmen könnte, das mir mein verstorbener Vater hinterlassen hatte; um seines Vorteils willen hätte der hinterlistige Mensch, mit seinem Herzen so schwarz wie die Nacht, seine Söhne verraten oder umgebracht, um seines Vorteils willen hätte er sein Weib zur Hure gemacht, um seines Vorteils willen hätte er seine Ehre dahingegeben, wenn er eine besessen hätte, ja sein Leben.

Und verdient dieses Vieh den Namen Mensch?

Du unersättliche Bestie, Du Vieh unter dem Vieh, Du würdest Deine Ehre um Deines Vorteils willen verraten, Deine Kinder verschachern, Dein schmutziges Weib verkaufen, Du Erbärmlicher, Du boshafte Bestie unter den Bestien, Du würdest Gott, Vaterland und Familie verraten um Deines Vorteils willen, feile Bestie!

Und Du bist Schullehrer in dieser Stadt, und stiehlst der Gemeinde und den armen Familienvätern das Geld; Du bist Lehrer! Was verstehst Du denn, Du, der von Dummheit, Gemeinheit und Bosheit strotzest, was weißt Du, was kannst Du? Deiner Frau den Unterrock tragen, das kannst Du!

Dieses dreckige Schwein ist Lehrer! Meine armen Landsleute!

Ich wollte das Gemüt meines Bruders auf die Probe stellen und stellte mich verrückt, ich fing an mit den Armen umherzufuchteln, das Gesicht zu verzerren und mit stieren, gläsernen Augen in eine Ecke zu blicken; ich aß wenig und auf Fragen antwortete ich gar nicht oder unsinnig.

Eines Tages war ich allein in meinem Zimmer, ich ging hin und her, gestikulierte und zog Grimassen; mein Bruder und sein niedriges Weib guckten durch die Thürspalte, sahen was ich machte und lachten vergnügt; mein Bruder sagte zu seiner Ehehälfte: „Er ist verrückt, total verrückt;" und Donna Michela antwortete lachend.

Nun war ich entschlossen, für immer mit diesen schändlichen Bestien zu brechen und nur an mich und meine Zukunft zu denken.

Ich sprach mit Herrn Francesco Antonio Z... und bat ihn, meinem Bruder mitzuteilen, daß ich die Absicht hätte, mich von ihm zu trennen.

Mein Bruder war traurig über die Trennung, denn er sah seine Hoffnungen getäuscht, aber ich blieb fest und wir gingen auseinander. Nun ich allein war, dachte ich an Gegenwart und Zukunft: allein konnte ich nicht wie ein Mensch leben; ich brauchte Liebe, Beistand, Gesellschaft; ich entschloß mich, ein Weib zu nehmen und auf des Himmels Fügung droben zu bauen. — Der arme Diego P... teilte meinem Bruder mit, daß ich sein liebes Töchterchen zur Frau verlangt hätte und daß er nach sorgfältiger Erkundigung über mich eingewilligt habe.

Mein Bruder war anfänglich vernichtet; als er wieder zu sich kam, versuchte er, den P... umzustimmen, indem er ihm sagte, daß ich verrückt, ein Sträfling, ein Schuft, ein Mordgeselle, ein Trunkenbold und ich weiß nicht was sonst noch, sei.

Aber trotz meines lieben Bruders und seines Weibes, trotz der Spilingoten heiratete ich meine liebe Vincenzina und machte sie zur Herrin meines Herzens und meiner Hoffnungen.

Meine Schwester schrieb an Herrn Diego P... und nannte seine Tochter eine Dirne; die Spilingoten, mein Bruder, sein Weib, meine Verwandten fielen über mich her, und Monate lang wurde ich von den Verfolgungen dieser verfluchten Brut gequält.

Da ich mich nicht mehr halten und in meinem niedergeschlagenen Geist keinen klaren Gedanken mehr fassen konnte, so ging ich alle Abend nach der Droguerie Cal..., wo sich die Honoratioren von Parghelia zusammen fanden; ihnen stellte ich mein Unglück vor und bat sie:

"Meine Herren, ich kehre zur Gesellschaft zurück, geben Sie mir einen Rat; meine Verwandten beleidigen mich schwer," und ich erzähle ihnen, was ich zu erdulden hatte; die braven, ehrenwerten Herren rieten mir zur Klugheit und ich folgte ihren vorzüglichen Ratschlägen wörtlich.

Dann begab ich mich nach der Pharmain des A... und auch hier bat ich die Herren um Rat.

Die Donna Michela kam mir öfter mit den Fäusten ins Gesicht, ich litt es geduldig und noch viel, viel mehr, so daß ich tagelang erzählen könnte. — Mein unglücklicher Onkel starb und hinterließ mir zwei Zimmer, die mit denen meines Bruders gemeinschaftlichen Eingang hatten. Und wollt Ihr es glauben? Eines Abends, als ich nach Hause kam, verschlossen sie mir die Thür, ich klopfte mehrere Male; aber von innen hörte ich mehrere Stimmen rufen: „Fort, Du Mörder! Dies ist nicht Dein Haus!" Und sie brüllten, so laut sie konnten. Und meint Ihr, daß ich mich erregte? Nein, ruhig zog ich zur Droguerie Cal... und erzählte dort den Vorfall und bat die Herren um Rat, und sie rieten mir, zum Bürgermeister zu gehen und in Namen des Gesetzes Einlaß zu fordern; das that ich, und so konnte ich unter meinem Dach schlafen.

Als ich im Gefängnis war und zu fünf Jahren verurteilt war, heiratete meine Schwester, mein Bruder heiratete auch, und das väterliche Erbteil gelangte zur Verteilung.*)

---

*) Hier bricht die Erzählung ab.

An eine Seele.

Du bist im Jenseits, entweder im Reiche der Glücklichen oder im tiefen Abgrund der Sünde; glaube es, meine Seele, mein Gedanke, meine Erinnerungen an ehemals sind mir ein furchtbarer Traum; denkst du noch an den unheilvollen Tag? An jenen Augenblick, wo unsere Sünden sich vereinten, um gegen die Natur zu kämpfen, trotz der schwachen, irdischen Materie; — sprich, o meine Seele, hast du mich denn damals verflucht? Hast du den Hauch eines leuchtenden Augenblicks empfunden? Kannten sich unsere Seelen in der unermeßlichen Leere des Äthers? Und du weissagtest, daß unsere Seelen mit einander kämpfen werden? Und wer weiß es? Du sicherlich nicht, und wenn ein Funke des Bewußtseins im Spiegel deiner Seele erschienen ist, so ist er nicht von mir ausgegangen — nein, schön und häßlich kann nicht eins sein, nicht der Traum und das Wachen, der Geist der Hölle und des Lichtes; die Finsternis kann nicht das Gestirn des Tages erzeugen.

Es ist die Wahrheit. Und du, o meine Seele, siehst du mich von dort, schauen deine Augen das geheimnisvolle Drama des nichtigen Daseins? Siehst du es, das Ich des ewigen Lebens? Kannst du durch den ungeheuren Raum schweifen, durch die Unendlichkeit fliegen und meiner Seele dich nahen?

Wer weiß? Es ist ein Geheimnis.

In dem Traum meiner Träume hast du mir die Arbeit meines Lebens gezeigt: du hast befohlen und ich habe gehorcht.

Das sind diese Blätter, die ich ohne deinen Hauch nicht hätte verfassen können. Du forderst sie, du hast sie verlangt, und ich glaube mich einer alten Schuld entledigen zu müssen, wie ich sie dir darbiete, sie sind dein, dir gehören sie nach Recht und deinem Wunsch.

Weißt du, wie ich dieses mein Werk eingeteilt habe? In vier Teile.

Im ersten Teil sind schmerzensreiche Erlebnisse und ich widme sie dir unter dem Namen: **Mein erstes Unglück**.

Den zweiten und dritten Teil, der meine Leiden als Soldat darstellt, betitelte ich: **Meine Dienstzeit**.

Den vierten Teil, der Familienerlebnisse schildert, betitelte ich: **Getäuschte Hoffnungen**.

Du meine Seele hast mich begeistert im Unglück und in der Trübsal, du hast mir große und edle Gefühle eingehaucht. Ich bin dir dankbar. Nimm diese ärmlichen Blätter an als Pfand meiner Dankbarkeit und deines gütigen Verzeihens, und sei nachsichtig und mild, wenn du mich liebst, wie du es immer warst.

Wenn ich ein gutes Werk vollbracht hatte, so stände es mir nicht zu, es zu beurteilen, aber glaube mir, ich habe nur danach gestrebt, ein gutes Werk zu vollbringen.

Verzeihe mir, meine Seele, in meinem Eifer und verzeihe in deinem Edelmut dem Unglücklichen, der dir so viel Leid zugefügt hat.

Parghelia, 20. Februar 1869.

Stets der Deine
Antonino M. . .

Erlauchte und gnädige Richter!*)

Widerwillig habe ich auf der Anklagebank Platz nehmen müssen, um mich gegen eine Anklage zu verteidigen, welche in schwarzen und tragischen Farben mein geliebter Bruder, Michele M. . ., gegen mich vorgebracht hat. Ich verteidige mich mit klaren Beweismitteln, um die Schändlichkeit und Dummheit einiger Spilingoten zu entlarven, und die Feigherzigkeit, Unwissenheit und den schlechten Charakter meines vorbesagten Bruders an das Licht der Gerechtigkeit zu bringen, ich nehme die Aufgabe auf mich, die häufigen Leiden, die Qualen und Heimsuchungen klarzulegen, die ich acht lange Jahre von diesem elenden Spilingoten habe erdulden müssen.

Ich bitte Sie flehentlich, meine Herren Richter, mir das Wort zu gestatten, bis ich meine Aufgabe er-

---

*) Das folgende ist ein Teil der Verteidigungsrede des M. . ., als er wegen Mordversuches auf seine Schwägerin vor Gericht stand.

füllt habe, da ich diese Aufgabe keinem Anwalt anvertrauen wollte und zwar aus den folgenden Gründen.

1) um mir keine Kosten zu machen; da ich ein armer Familienvater bin, habe ich es für besser gehalten, meinen armen Kindern ein Stück Brot zu geben, als es in den gierigen Rachen eines Advokaten zu werfen.

2) niemand vermag besser als ich die Kraft und die Wärme der Verleibigung zu empfinden, und niemand kennt besser als mein gequältes Herz die Leiden und die Schmähungen, die Drohungen und die Kränkungen, die mein lieber Bruder und seine würdige Gattin Donna Michela mir zugefügt haben.

Am Mittag des 17. September 1868 gab mir mein Bruder eine große Pistole in die Hand und sagte:

„Geh', töte ihn!"

Ich war damals ein Jüngling, von erregbarem Temperament, ich ergriff die tötliche Waffe und habe auf öffentlichem Platze einen armen Menschen getötet.

Die gnädigen Richter zu Monteleone verurteilten mich zu fünf Jahren Gefängnis, während der Anstifter nur meinetwillen frei ausging, da ich leugnete, daß er mich zu der unseligen That angeregt hatte.

Ob mittelbar oder unmittelbar, mein lieber Bruder war die Ursache, daß ich einen armen Menschen ermordet habe und einer langen Zeit zwischen düsteren Kerkermauern entgegenging.

Aber die Hand Gottes wacht über unseren Geschicken. Die fünf Jahre verstrichen, ich wurde Soldat im königlichen Heer; dort habe ich mich nicht so geführt,

wie ich sollte (ich möchte nicht, daß die ehrenwerten
Spilingoten nebst meinem engherzigen Bruder erst ihr
Urteil darüber abgeben; das hieße mich feige zeigen;
nein, meine mündliche Erklärung möge Ihnen genügen).
Wie gesagt, beim Militär habe ich mich nicht brav geführt,
zweimal wurde ich verurteilt und ein Jahr war ich bei
der Strafkompagnie. Das ist das, was die Spilingoten
Ihnen vorstellen wollen, in dem Glauben, daß sie auf
diese Weise Ihre leuchtende Urteilskraft blenden, wie sie
es mit so viel anderen gethan haben.

Nachdem ich wieder zu Hause war, war es mein
fester Entschluß, bei meinem Bruder zu bleiben.

Es war im September des Jahres 1882, ich
umarmte meinen Bruder, seine Zöglinge, ich sah
seine Gattin an, und ein neues Leben erschloß sich
vor mir, ein Leben voll zärtlicher Familienbande,
ein Leben des Jubels, des Friedens, der brüder=
lichen Liebe.

Es war ein Traum, ein entsetzlicher Traum!!...*)

Und nun, meine gnädigen Herren Richter, bitte ich
um Gerechtigkeit, ich erkläre mich für nichtschuldig,
ich fürchte die Anklage meines Bruders und den Einfluß
seiner Verwandten nicht.

Er behauptet, daß ich ihn in die Hand gebissen
habe, das ist falsch, eine schwarze Verleumdung, fragen
Sie, meine Herren, ob er nicht gern lügt, fragen Sie
seine Landsleute.

---

*) Hier folgt die Wiederholung derselben Worte, die im Anfang
dieses Kapitels sich befinden.

Einen Menschen für schuldig halten, ist das wirklich ein Urteil?

Mir erübrigt nur, dem Michele M... eine letzte Antwort zu geben, und ich will mich eines Dichterworts bedienen —

Den grimmen Wogen sucht er zu entfliehen . .

Anhang.

No. 307.
Strafanstalt zu Lucca.
Brief des Gefangenen
Antonino M. . . .*)

Den 18. September 1892.

Teurer, edelmütiger Bruder!

Gern hätte ich Dir schon früher geschrieben, wenn es erlaubt gewesen wäre. Wir haben einen neuen Direktor bekommen, eine große edle Seele, und auf meine Bitte hat er mir gern gestattet, Dir zu schreiben. Seit mehreren Tagen liege ich zu Bett wegen Nervenschwäche; meine Beine wollen mich nicht mehr tragen; und was ich für Schmerzen habe, weiß nur Gott im

---

*) Dieser Brief des Antonino M . . . bildet ein merkwürdiges und wichtiges psychologisches Dokument. Zwar giebt ihm der Bruder eine ziemlich einfache Deutung, daß er nämlich dazu dienen soll, sein Mitleid zu wecken, um die weitere Sendung der fünfzehn Lire monatlich zu erreichen, aber es ist unleugbar, daß im Stil eine gewisse Überzeugung sich bemerkbar macht. M . . . hat immer einen Hang zur Religiosität, zum Mystizismus gezeigt, das beweisen seine spekulativen Versuche, und auch sein zur Ascetik neigender Fatalismus. Die vollständige Einsamkeit und einige religiöse Lektüre müssen auf seinen — was Form und Abstraktion anbelangt — leicht suggestionierten Geist ein, man kann wohl sagen, psychologisches Wunder bewirkt haben. Die

Himmel, aber größer und schlimmer sind meine moralischen Schmerzen. Seit einem Jahre bin ich in dieser Zelle und verbringe meine traurigen Tage damit, Gott den Herrn anzuflehen um Vergebung für meine großen Verbrechen, für meine Thorheiten, meine schlechten Handlungen, meine Verworfenheit. Wenn Du mich sehen könntest, würde Dein gerechter Zorn dahin schwinden, und Du würdest weinen, daß Du mir nicht verziehen hast — denn Du würdest nur einen Schatten Deines Bruders sehen, in einem Jahr ist mein Haar und mein Bart grau geworden bei dem Gedanken an meine

Tendenz seines leidenschaftlichen Gigantismus, die Denturi in seinem Gutachten so vorzüglich hervorgehoben hat, und welche Übergänge und halbe Maßregeln nicht zuläßt, und in Antithesen lebt, scheint ihn auch hier zum Exzeß geführt zu haben.

Vielleicht war der mächtigste Faktor die Unmöglichkeit, sich zu bewegen. Wenn der Teufel alt wird, so wird er Eremit, sagt das Sprichwort, und es ist bekannt, daß die Dirnen, wenn sie altern, unter die Betschwestern gehen: dasselbe scheint mit M... der Fall zu sein. Und da er ein Epileptiker ist, so ist dabei nichts zu lachen, es würde vielmehr eine besondere pfychische Bildung vorliegen, wie bei dem Koch Berardi, der, nachdem er gemordet hat, mit Skapularen behängt, im Namen der Religion den König schmäht.

Bei der Pfychologie der Heiligen, mit der Professor Lombroso sich beschäftigt, wird er sich sicher mit diesem seltsamen Zusammenhang auseinandersetzen müssen. Es genügt, an den Epileptiker Sankt Paulus und so viele andere Menschen zu erinnern, die in der Blüte ihrer Jahre einen verworfenen Lebenswandel führten, und im Alter heilig gesprochen wurden, um zu begreifen, daß das Phänomen nicht ungewöhnlich ist und in anderer Form auf dem Gebiet der Pathologie der Seele wiederkehrt.

Verworfenheit; zu sehr haben mir die angedrohten Strafen des Herrn das Herz zerrissen und nur zu gerecht ist seine Rache. Mein Leib ist krank und hinfällig unter seiner Geißel geworden; ich finde keinen Frieden in mir, wenn ich an meine schwere Sündenschuld denke. Zu groß ist meine Verworfenheit, und alle meine Kraft reicht nicht aus, um Gott zu versöhnen; Tag und Nacht lastet der Druck meiner Sünden auf meiner Seele.

Ich habe Gott von mir gewiesen und mir mein Elend selbst geschaffen, deshalb leide ich gerecht.

Ich weiß, daß Gott mir diese schwere Züchtigung zufügt, und daß Du lieber Bruder, und alle meine Angehörigen, die ihr so gut und so edelmütig seid, von Gott als Werkzeug seines Willens ausersehen seid, um einen Verderbten, einen Verbrecher, einen Verworfenen zu strafen. Ich denke an die alten Zeiten, wo der Herrgott die ganze Welt wegen eines meinem ähnlichen Verbrechen gestraft hat*) und ich erkenne, daß in allen seinen Werken die furchtbare Gerechtigkeit herrscht. Diese Gerechtigkeit hat mich getroffen und Tag und Nacht liege ich mit der Stirn im Staube und flehe um Mitleid, um Verzeihung.

Bald wird meine arme Seele vor ihrem Richter stehen — und deshalb fühle ich die Pflicht in mir, Dich von ganzem Herzen demütig um Verzeihung zu bitten,

---

*) Er meint die Sündflut, welche den Mord Abels durch Kain rächte.

für alles Übel und alle Undankbarkeit, die ich Dir neun Jahre lang erwiesen habe, auch Dein liebes Weib, Deine Söhne, unsere liebe Schwestern, alle unsere Landsleute bitte ich um Verzeihung, und bereue alles Üble, das ich gethan, allen Kummer, den ich verursacht habe. Ich würde leichter sterben, wenn ich Dir die Hand küssen könnte, die Hand, die mir so lange Jahre hindurch nur Gutes erwiesen hat. Ich erkläre, daß bei allen unsern Streitigkeiten stets ich die Ursache, der Missethäter gewesen bin. Deinen Edelmut habe ich stets mit Undankbarkeit und Schlechtigkeit vergolten. Verzeih' mir, um der bitteren Schmerzen willen, die ich leide. Ich verzeihe allen und insbesondere auch den Zeugen, die falsch geschworen haben.

Mein lieber Bruder, um unserer lieben Eltern willen verzeihe mir!! Ich umarme und küsse Dich und alle die Unseren, verzeiht mir von Herzen.

     Dein unglücklicher Bruder
      Antonino M...

Gesehen.   Der Direktor der Strafanstalt zu Lucca.

www.ingramcontent.com/pod-product-compliance
Lightning Source LLC
Chambersburg PA
CBHW020326240426
43673CB00039B/931